# König/Volmer · Systemische Organisationsberatung

System und Organisation · Band 1

Herausgegeben von Eckard König

Eckard König/Gerda Volmer

# Systemische Organisations- beratung

Grundlagen und Methoden

2. Auflage 1994

Deutscher Studien Verlag · Weinheim

Über die Autorin und den Autor:

Eckard König, Dr. phil. habil., Jg. 44, ist Professor im Fachbereich Erziehungs-wissenschaft der Universität Paderborn. Arbeitsschwerpunkte: Grundlagenforschung, Organisationsberatung und Weiterbildung. Langjährige Beratungstätigkeit in unterschiedlichen Organisationen.

Dr. Gerda Volmer, Jg. 56, ist nach mehrjähriger Forschungstätigkeit Leiterin des Wissenschaftlichen Instituts für Beratung und Kommunikation, Paderborn, mit Schwerpunkt Organisationsberatung. Durchführung von Ausbildungen in Systemischer Organisationsberatung.

CIP-Titelaufnahme der Deutschen Bibliothek

**König, Eckard:**
Systemische Organisationsberatung : Grundlagen und
Methoden / Eckard König ; Gerda Volmer. – 2. Aufl. –
Weinheim : Deutscher Studien Verlag, 1994
    (System und Organisation ; Bd. 1)
    ISBN 3-89271-400-2
NE: Volmer, Gerda:; GT

1. Auflage 1993
2. Auflage 1994

Druck nach Typoskript (DTP)

© 1993 Deutscher Studien Verlag · Weinheim
Druck: Druck Partner Rübelmann, 69502 Hemsbach
Seriengestaltung des Umschlags: Atelier Warminski, 63654 Büdingen
Printed in Germany

ISBN 3 89271 400 2

# Inhaltsverzeichnis

# Vorwort

Beratung in Organisationen (die Spannbreite reicht von Unternehmen bis zu Kommunen, Schulen oder Kliniken) wird zunehmend immer wichtiger. Und zugleich ist dabei deutlich geworden, daß Beratung etwas anderes sein muß als bloß "irgendwie miteinander reden" und sich auch nicht auf der Basis technischen oder lediglich betriebswissenschaftlichen Wissens durchführen läßt, sondern eine spezifische Beratungskompetenz voraussetzt.

Zielsetzung dieses Buches ist es, Grundlagen, Vorgehensweisen und die dabei jeweils erforderlichen Schritte Systemischer Organisationsberatung darzustellen.

Entstanden ist dieses Buch aus zwei Ansätzen:

- zum einen aus der praktischen Organisationsberatung und den Erfahrungen in den von uns durchgeführten Ausbildungsgruppen Systemischer Organisationsberatung,

- zum anderen aus langjähriger Forschungstätigkeit zu Fragen einer systemischen Grundlegung von Beratung, innerhalb derer z.B. eine Reihe von Methoden entwickelt wurde, die hier Eingang gefunden haben.

Diese Verzahnung von Praxis und Forschung unterscheidet dieses Buch von vielen anderen Beratungsbüchern:

Die Verzahnung mit der Forschung stellt sicher, daß hier nicht irgendwelche Rezepte und subjektive Erfahrungen nebeneinander gestellt werden, sondern daß Systemische Organisationsberatung ein theoretisch reflektiertes Konzept darstellt: Grundlage ist der ursprünglich in der Tradition von Bateson entwickelte Systembegriff, der sich deutlich von anderen Systembegriffen unterscheidet.

Die Verzahnung mit praktischer Arbeit stellt demgegenüber sicher, daß es sich hier nicht um bloße Theorie handelt, sondern daß hier Vorgehensweisen dargestellt werden, die in der Praxis erprobt wurden und sich hier bewährt haben.

Die große Resonanz auf die "Systemische Organisationsberatung" hat innerhalb eines dreiviertel Jahres eine 2. Auflage erforderlich gemacht, die im Vergleich zur 1. Auflage an einigen Stellen präzisiert und im Blick auf die Diskussion des letzten Jahres ergänzt wurde.

Zu danken haben wir unseren Gesprächspartnern in den von uns beratenen Organisationen, in unseren Ausbildungsgruppen und im Hochschulbereich, die uns immer wieder zwangen, unsere Überlegungen theoretisch zu reflektieren, praktisch umzusetzen und neue Lösungen zu entwickeln.

Paderborn, im Januar 1994                    Eckard König
                                             Gerda Volmer

# Kapitel 1: Eigenschaftsmodell, Maschinenmodell, Systemmodell: Zu den Grundlagen Systemischer Organisationsberatung

Systemische Überlegungen haben seit gut zwanzig Jahren für Therapie und Familienberatung, aber auch für die Arbeit in Organisationen zunehmend an Bedeutung gewonnen: Für Beratung in Organisationen bieten sie eine Möglichkeit, Problemsituationen umfassender zu klären und effektiver zu lösen als es mit herkömmlichen Ansätzen der Fall ist.

In diesem Kapitel sollen die Grundlagen systemischen Denkens für Beratungsprozesse dargestellt werden. Dabei geht es hier nicht um eine allgemeine Einführung in Systemtheorie, sondern die wichtigsten Elemente dieses Konzeptes sollen anhand einer ganz alltäglichen Situation verdeutlicht werden.

Gehen wir von folgender Situation aus: Ein Mitarbeiter ist nicht motiviert. Er engagiert sich nicht, zeigt wenig Interesse, erledigt schlecht seine Aufgaben und stellt damit für den Vorgesetzten (und auch für Kollegen) ein Problem dar.

Als Führungskraft oder als Personalverantwortlicher machen wir uns "ganz natürlich" über eine solche Situation Gedanken: Wir überlegen, woran das liegen kann (d.h. wir versuchen, die Situation zu erklären und Ursachen anzugeben), und wir versuchen, auf dieser Basis Lösungen für das Problem zu finden.

Es ist eine der wichtigsten Entdeckungen der neueren Sozialforschung, daß wir bei solchen Erklärungen stets bestimmte "Modelle" zugrundelegen, d.h. allgemeine Annahmen darüber, wodurch menschliches Handeln bestimmt ist. Diese Modelle helfen uns, die Welt zu erklären und bestimmen zugleich die Richtung, in der wir Möglichkeiten zur Lösung von Problemen suchen. Dabei lassen sich im groben drei grundlegende Modelle unterscheiden:

- ein Eigenschaftsmodell, in dem menschliches Tun aus relativ stabilen Eigenschaften erklärt wird,

- ein Maschinenmodell, das von der Vorstellung ausgeht, Menschen "funktionieren" ähnlich wie Maschinen

- und ein systemisches Modell (wo das Augenmerk auf das jeweilige "System" gerichtet wird).

## 1.1 Das Eigenschaftsmodell

Die Hauptthese des sog. Eigenschaftsmodells lautet: Menschliches Handeln ist durch relativ stabile Eigenschaften geprägt.

Dieses Modell hat in der Psychologie eine recht lange Tradition: So gab es z.B. in den 20er Jahren eine relativ weit verbreitete "Charakterkunde", in der man versuchte, Menschen nach bestimmten Eigenschaften zu unterscheiden: z.B. zwischen Cholerikern, Melancholikern und Sanguinikern (Lersch) oder zwischen introvertiert und extrovertiert (Jung - vgl. auch Strunz 1960, 173ff.; Wellhöfer 1977, 6ff.).

Solche pauschalen Typologien sind heute überholt. Aber das Eigenschaftsmodell findet sich auch heute noch, z.B. als Grundlage der sog. Trait-Psychologie:
Man geht davon aus, daß Menschen durch relativ stabile Verhaltensmerkmale (sog. Traits) bestimmt sind, die sich etwa mit Hilfe von Fragebogen erfassen lassen.
So unterscheidet Guilford (1964, 398ff.; vgl. Ruch/Zimbardo 1975, 378ff.) im Rahmen seiner Persönlichkeitstheorie verschiedene Temperamentfaktoren wie:

- Selbstvertrauen - Minderwertigkeitsgefühle
- Impulsivität - Bedachtsamkeit
- Frohnatur - Depressivität
- Durchsetzung - Schüchternheit.

Mit solchen Eigenschaftskonzeptionen, denen zufolge menschliches Tun durch Eigenschaften oder Traits bestimmt ist, sind im wesentlichen drei Vorstellungen verbunden (Weidenmann/Krapp 1986, 576; vgl. auch Graumann 1960; Herrmann 1973):

- Konsistenz: Das Vorhandensein einer Eigenschaft führt dazu, daß man sich in vergleichbaren Situationen gleich verhält.

- Generalisierbarkeit: Eine Person mit einer bestimmten Eigenschaft verhält sich in verschiedenen Situationen bei ähnlichen Anforderungen gleich.

- Konstanz: Persönlichkeitseigenschaften bleiben über längere Zeit hin erhalten.

Auf der Basis des Eigenschaftsmodells kann man (um auf das eingangs genannte Beispiel zurückzukommen) das Verhalten des unmotivierten Mitarbeiters damit erklären, daß fehlende Motivation eben eine relativ stabile Eigenschaft dieser Person ist: "er ist eben wenig motiviert", d.h. er wird sich wenig verändern und auch bei noch so "motivierenden Situationen" unmotiviert bleiben.

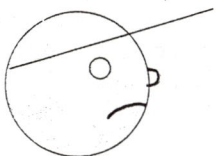

## Das Eigenschaftsmodell

**"Er ist eben von Natur aus nicht motiviert!"**

Das hat aber zur Konsequenz:
Wenn fehlende Motivation als relativ stabile Eigenschaft gesehen wird, macht es wenig Sinn, darauf zu vertrauen, daß der betreffende Mitarbeiter motiviertes Handeln lernen wird. Entscheidend sind Eigenschaften. Aus den Eigenschaften lassen sich Vorhersagen treffen, wie sich der Mitarbeiter bei konkreten Aufgaben verhalten wird.

Ein Bereich, wo das Eigenschaftsmodell in der Praxis immer wieder angewandt wird, ist die Personalauswahl (vgl. Brambring 1983; Jäger 1970). Es ist das Standardvorgehen, Personalauswahl auf der Basis von Soll-Ist-Profilen zu ermitteln. D.h. es werden Anforderungen an die Stelle bestimmt (der Mitarbeiter muß...) und es wird dann (etwa auf der Basis von Testverfahren, Fragebogen, Einschätzungen durch Vorgesetzte usw.) das Ist-Profil bestimmt, d.h. die Eigenschaften, die den Mitarbeiter auszeichnen. Der Mitarbeiter ist wenig einsatzfreudig, aber sehr gründlich usw. Und ausgewählt wird dann derjenige Bewerber, bei dem Soll- und Ist-Profil am meisten übereinstimmen.

Nun hat sicher das Eigenschaftsmodell durchaus seinen praktischen Nutzen: Wir erleben in der Tat immer wieder, daß sich bestimmte Eigenschaften relativ stabil halten, daß z.B. ein Mitarbeiter in der Tat unmotiviert bleibt.
Aber wir machen im Alltag auch gegenteilige Erfahrungen, daß nämlich das Eigenschaftsmodell keineswegs immer zu dem gewünschten Erfolg führt: Das gilt bereits für den Bereich Personalauswahl: Daß der Bewer-

ber mit dem besten Ist-Profil keineswegs immer der erfolgreichste sein muß, während andererseits Mitarbeiter mit "schlechteren" Eigenschaftsprofilen möglicherweise die Aufgaben besser bewältigen, ist eine Erfahrung, die man immer wieder machen kann.

Offenbar ist menschliches Verhalten keineswegs immer von stabilen Eigenschaften geprägt. Sondern es gibt die Möglichkeit, daß Menschen ihr Verhalten ändern, daß sie etwas Neues lernen können (vgl. z.B. Christensen 1981; Wicker 1981). Und das Verhalten ist darüber hinaus offenbar auch irgendwie von der "Umwelt" beeinflußt, denn nur so läßt sich erklären, daß ein bislang unmotivierter Mitarbeiter, der in eine andere Abteilung, zu einem anderen Vorgesetzten kommt, dann möglicherweise sehr stark engagiert ist, sich voll einsetzt und letztlich andere Eigenschaften entwickelt.

## 1.2 Das Maschinenmodell

Das Maschinenmodell stellt den extremen Gegensatz zum Eigenschaftsmodell dar: Geht letzteres von der Annahme stabiler Eigenschaften aus, so das Maschinenmodell von der Auffassung von einer gleichsam unbegrenzten Veränderbarkeit des Menschen: Menschen, so die Hauptthese, funktionieren wie Maschinen und sie sind entsprechend Maschinen auch steuer- und veränderbar, man muß nur die entsprechenden Verhaltensgesetze kennen:

"Der Mensch ist ein Apparat, der von Kräften aktiviert und gesteuert wird, die außerhalb seiner Kontrolle liegen" (Herzog 1984, 98; vgl. 97ff.; Meinberg 1988, 105ff.).

Trotz der Distanz, in der wir heute gegenüber einer solchen Denkweise stehen, war es eine der großen Leistungen der Sozialforschung zu Beginn dieses Jahrhunderts, die im Umgang mit der Technik bewährte Modellvorstellung auf den Menschen zu übertragen. Auf dem Hintergrund der Erfolge der Newtonschen Technik und "materialistischer" Auffassungen in der Philosophie (der französische Philosoph La Mettrie spricht schon 1748 von der "Maschine Mensch": La Mettrie 1990; vgl. Capra 1982, 107ff.; Schmidt 1991) wird zu Beginn dieses Jahrhunderts im sog. Behaviorismus dieses Maschinenmodell zur Grundlegung für die Sozialwissenschaft.

Für Watson, einen der bekanntesten Vertreter dieses Behaviorismus, ist der Mensch nichts anderes als eine "zusammengesetzte organische Maschine" (Watson 1968, 266) und damit entsprechend den Maschinen veränderbar.

Grundlage für solche Veränderbarkeit ist das klassische Reiz-Reaktions-schema: Ein externer Reiz führt zu einem bestimmten Verhalten:

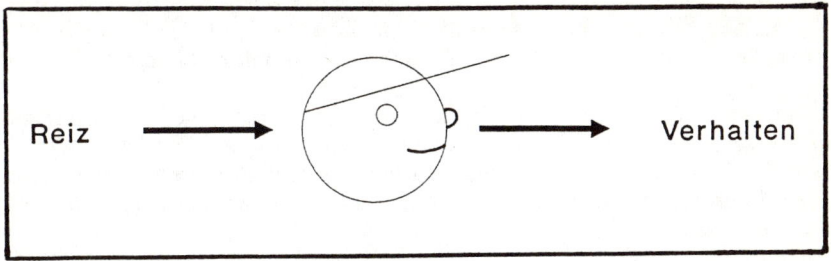

Reiz       ⟶                ⟶      Verhalten

Auf dieser Basis führte Watson das berühmte (und aus ethischen Gründen schon damals umstrittene) Experiment mit dem "kleinen Albert" (Watson 1968, 170ff.) durch, bei dem mit Hilfe lauter Geräusche bei einem Kleinkind Angst vor Ratten bzw. Kaninchen konditioniert wurde: Nachdem in einer ersten Phase ein Kaninchen und lautes Geräusch gleichzeitig als Reiz dargeboten werden, löst mit der Zeit der Anblick des Kaninchens allein (Reiz) eine bestimmte Reaktion (Angst) aus.

Die Konzeption von der Veränderbarkeit des Menschen auf der Basis des Reiz-Reaktions-Schemas gipfelt dann in der Vorstellung des beliebig veränderbaren Menschen:

"Gebt mir ein Dutzend gesunder, wohlgebildeter Kinder und meine eigene Umwelt, in der ich sie erziehe, und ich garantiere, daß ich jedes nach dem Zufall auswähle und es zu einem Spezialisten in irgendeinem Beruf erziehe, zum Arzt, Richter, Künstler, Kaufmann oder zum Bettler, Dieb, ohne Rücksicht auf seine Begabungen, Neigungen, Fähigkeiten, Anlagen und die Herkunft seiner Vorfahren" (Watson 1968, 123).

Nicht viel anders - und deutlich ebenfalls auf der Basis des Maschinen-modells - stellt dann auch Skinner ab Mitte der 30er Jahre die These auf, daß "das Verhalten eines Organismus fast beliebig zu formen" ist (Skinner 1978, 247).

Durch unterschiedliche Zufügung äußerer Reize (die Palette reicht von Elektroschocks über Bestrafung oder Nichtbeachtung bis zur Vergabe von Verstärkern wie Lob, Anerkennung usw.: vgl. z.B. Fliegel u.a. 1989, 34ff.) kann vorhandenes Verhalten gelöscht oder gesichert bzw. neues Verhalten aufgebaut werden.

Auch im Alltag ist dieses Modell keineswegs unbekannt, obwohl wir uns häufig über das zugrundeliegende Menschenbild nicht im klaren sind. Das Maschinenmodell ist das Modell, das klassischen Verhaltenstrainings zugrundeliegt. So basiert z.B. ein klassisches Verkaufstraining (in der

Regel auch unbewußt) in doppelter Hinsicht auf dem Maschinenmodell:

- zum einen auf der Annahme, daß das Verhalten des Trainers (Reiz) das Verhalten des Verkäufers (Reaktion) beeinflußt: Der Trainer konditioniert den Verkäufer, indem er z.B. richtiges Verhalten verstärkt.

- zum anderen auf der Annahme, daß das Verhalten eines Verkäufers seinerseits den Kunden konditionieren kann: Bestimmte Verhaltensweisen des Verkäufers sind als Reize zu verstehen, die bestimmte Reaktionen beim Kunden (v.a. die Reaktion, das Produkt zu kaufen) auslösen sollen.

Auf der Basis dieses Maschinenmodells läßt sich aber ebenso das Verhalten des nichtmotivierten Mitarbeiters erklären: Fehlende Motivation ist dann zu verstehen als Reaktion auf bestimmte Reize - etwa das Verhalten des Vorgesetzten, das den Mitarbeiter nicht genügend motiviert.

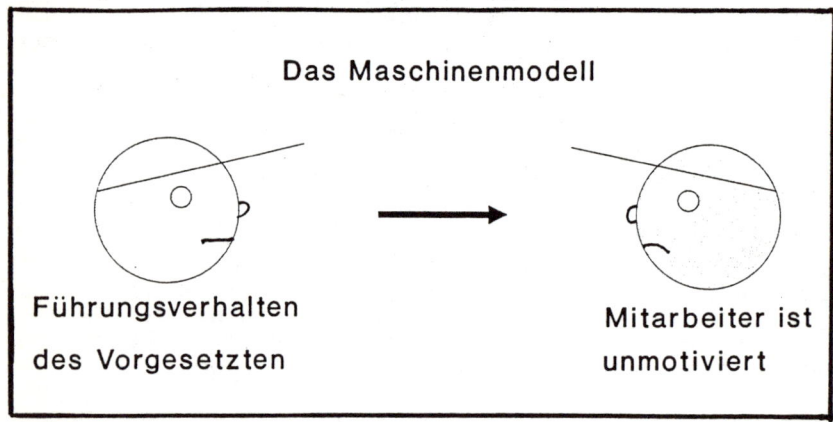

Das Maschinenmodell

Führungsverhalten
des Vorgesetzten

Mitarbeiter ist
unmotiviert

Sicherlich gibt es zahlreiche Situationen, wo sich dieses Maschinenmodell im Alltag bestätigt. In der Tat kann ein verändertes Verhalten der Führungskraft das Verhalten des Mitarbeiters verändern. Aber andererseits gibt es ebenso Situationen, wo sich das Maschinenmodell nicht bestätigt, wo sich also z.B. Mitarbeiter nicht so verändern, wie man es aufgrund bestimmter äußerer Verstärker (eines bestimmten Führungsverhaltens oder eines Verhaltenstrainings) erwarten würde.

Vor allem in zwei Bereichen, so hat sich herausgestellt, werden die Grenzen des Maschinenmodells deutlich:

Zunächst einmal wissen wir, daß Menschen nicht bloß reagieren, sondern daß ihr Verhalten von den Gedanken abhängt, die sie sich machen. In diesem Zusammenhang hat sich etwa seit zehn Jahren ein ganzer Forschungsbereich herangebildet, der sich mit sogenannten "subjektiven Theorien" von Menschen befaßt, d.h. mit Gedanken, Empfindungen und Einstellungen von Menschen, und wo untersucht wird, wie weit diese subjektiven Theorien das Handeln beeinflussen (z.B. Groeben u.a. 1988).

An einem Beispiel verdeutlicht: Wenn ein Mitarbeiter gelobt wird, so führt das keineswegs, wie man in der Tradition des Maschinenmodells erwarten würde, "automatisch" zu höherer Leistung. Sondern der Mitarbeiter macht sich zunächst Gedanken über die Situation (Meyer/Plöger 1979). Dabei hängt es davon ab, wie er selbst die Aufgabe, für die er gelobt wird, einschätzt.

- Wenn er die Aufgabe als schwer einschätzt, wird er das Lob als Anerkennung ansehen, das Lob wird ihn vermutlich bestätigen und zu weiteren Leistungen anspornen.

- Wenn er selbst die Aufgabe als sehr leicht und selbstverständlich ansieht, wird er sich Gedanken machen, warum er trotzdem gelobt wurde: "Wieso lobt er mich für diese Aufgabe? Heißt das, daß er mir so wenig zutraut, daß er mich dafür loben muß?" - Und das Ergebnis kann dann durchaus sein, daß er gerade dadurch entmotiviert wird.

D.h. je nachdem, welche Gedanken sich der Mitarbeiter zu dem Lob des Vorgesetzten macht, ob er es als ehrlich akzeptiert, als methodischen Trick deutet oder für übertrieben hält, wird sein Verhalten ein anderes sein.

Eine zweite Grenze des Maschinenmodells liegt in der Komplexität sozialer Situationen (vgl. z.B. Capra 1982, 203ff.): Veränderungen sozialer Systeme wie etwa Veränderungen in einem Unternehmen finden in einem hochkomplexen Umfeld statt, bei dem sich die Wirkungen bestimmter Handlungen überhaupt nicht auf der Basis irgendwelcher Gesetzmäßigkeiten voraussagen lassen. Deutliches Beispiel dafür sind Umstrukturierungen in Unternehmen: Häufig werden solche Entscheidungen (ggf. unbewußt) auf der Basis eines Maschinenmodells getroffen:
Man geht von der Annahme aus, daß sich damit ganz bestimmte Wirkungen (z.B. Einsparung von Kosten) erreichen lassen. Doch die Erfahrung zeigt, daß solche Umstrukturierungen oft Folgen nach sich ziehen, die vorher überhaupt nicht vorausgesehen wurden und auch nicht voraussehbar sind: Es werden Teams neu zusammengesetzt, in denen einzelne nicht miteinander arbeiten können. Es besteht Unklarheit über neue Aufgaben oder Widerstand gegenüber Veränderungen. Es treten neue Kosten auf, weil nunmehr der Informationsfluß nicht mehr klappt, es fehlen klare Regeln der Kompetenz in der neuen Organisationsform, es breitet sich Resignation aus ("es lohnt nicht, sich anzustrengen, wir werden ja doch

wieder umstrukturiert!"), so daß letztlich die gesamte Umstrukturierung keinen Gewinn mit sich bringt, sondern nur Kosten verursacht - die Grenzen des linearen Denkens, wie sie im Maschinenmodell vorliegen, werden hier deutlich.

## 1.3 Das Systemmodell

Erfahrungen, daß sich komplexe Probleme nicht einfachhin auf der Basis linearer Modelle wie z.B. des Maschinenmodells lösen lassen, haben dazu geführt, daß seit den 60er Jahren in zunehmendem Maße eine andere Modellvorstellung an Bedeutung gewonnen hat: das Systemmodell:

"Immer mehr aber tritt uns auf allen Gebieten, von subautomaren zu organischen und soziologischen, das Problem der organisierten Kompliziertheit gegenüber, das anscheinend neue Denkmittel erfordert - anders ausgedrückt - verglichen mit linearen Kausalketten von Ursache und Wirkung, das Problem von Wechselwirkungen in Systemen. Damit gelangen wir aber zur Systemtheorie" (Bertalanffy 1972, 20).

Systeme sind üblicherweise definiert durch die Elemente, die Beziehungen (Relationen) zwischen den Elementen und die Systemumwelt (Überblick dazu etwa bei Kiss 1989, 89ff.; Saldern 1991, 58ff.).

Grundthese des Systemmodells ist, daß sich komplexe Probleme (sei es im technischen Bereich, in der Natur oder in Organisationen) nicht lösen lassen, wenn man die Aufmerksamkeit lediglich auf ein Element (z.B. auf eine bestimmte Person) richtet, sondern daß man das gesamte System zu berücksichtigen hat.

Gleichsam Standardbeispiel dafür ist das sog. Sündenbock-Phänomen, wie es insbesondere aus dem Bereich der Familientherapie bekannt ist und dort übrigens auch einer der wichtigen Anstöße für die Übernahme systemischer Überlegungen war (z.B. Vogel/Bell 1992; Watzlawick u.a. 1969):

In einer Familie ist ein Kind auffällig: Es hat schlechte Leistungen, schwänzt die Schule, ist aggressiv usw., die Eltern kommen mit ihm nicht mehr zurecht.

Auf der Basis des Eigenschaftsmodells würde man die Ursache für dieses Verhalten in dem betreffenden Kind selbst suchen, auf der Basis des Maschinenmodells das Verhalten als Reaktion z.B. auf die Erziehung der Mutter deuten. Doch beide Erklärungsansätze sind in der Praxis offenbar nicht immer ausreichend: Denn es stellt sich heraus, daß dann, wenn man die vermeintliche Ursache beseitigt (also z.B. das Kind aus der Familie nimmt oder die Mutter ihr Verhalten gegenüber dem Kind ändert) plötzlich an anderer Stelle innerhalb des sozialen Systems Familie Probleme auftreten, daß z.B. ein anderes Kind, das bislang unauffällig war, dieselben problematischen Verhaltensweisen zu zeigen beginnt.

Offenbar ist das Problemverhalten nicht durch eine individuelle Person bedingt, sondern resultiert aus dem sozialen System insgesamt: etwa dergestalt, daß Probleme zwischen den Eltern zu Verhaltensstörungen eines Kindes und damit zur Entstehung eines "Sündenbockes" führen.

Entsprechend läßt sich das Verhalten des unmotivierten Mitarbeiters erklären: Auf der Basis des Systemmodells gibt es dafür nicht eine ganz bestimmte Ursache (z.B. das Verhalten des Vorgesetzten), sondern das Verhalten des Mitarbeiters resultiert aus dem gesamten sozialen System, also z.B. aus den Beziehungen zwischen den Mitarbeitern in der betreffenden Abteilung. Zur Lösung des Problems hat man demzufolge die Aufmerksamkeit auf dieses gesamte System zu richten, etwa auf die übrigen Personen (Vorgesetzter, übrige Mitarbeiter), auf die Beziehungen zwischen diesen Personen oder auf die Systemumwelt (etwa die Abgrenzung zu anderen Bereichen oder auch die räumliche Umwelt, die Beschaffenheit des Arbeitsplatzes usw.).

Bertalanffy, einer der Hauptbegründer der modernen Systemtheorie, hat versucht, den Systembegriff zur Grundlage einer "Allgemeinen Systemtheorie" zu machen, d.h. einer Disziplin, die sich "beschäftigt mit allgemeinen Eigenschaften und Prinzipien von Ganzheiten oder Systemen, unabhängig von deren spezieller Natur und der Natur ihrer Komponenten" (Bertalanffy 1970, 75; vgl. auch 1968, 1970a).
Im Anschluß an dieses Programm einer allgemeinen Systemtheorie wird der Systembegriff als gemeinsamer Oberbegriff in sehr unterschiedlichen Disziplinen von Physik und Technik über Biologie und Ökologie bis zur Familientherapie und Organisationsentwicklung angewendet.

Das Problem, das bei einer solchen Ausweitung der Systemtheorie entsteht, ist, daß damit der Systembegriff zwangsläufig unscharf wird und mögliche wichtige Unterschiede etwa zwischen physikalischen und sozialen Systemen verwischt werden. In der Tat dürfte gerade im Bereich der Organisationsberatung die Berufung auf systemische Ansätze daran leiden, daß hier häufig eine "mehr vernebelnde als erklärende Begrifflichkeit" verwendet wird (Wimmer 1992, 62), so daß im Grunde sich jeder auf systemische Überlegungen berufen kann, ohne daß dabei eine klare Begrifflichkeit oder eine klare darauf basierende Konzeption erkennbar werden.

Angesichts dieser Unklarheit ist es sinnvoll, nicht pauschal von dem Systembegriff oder der Systemtheorie zu reden, sondern je nach dem Gegenstandsbereich zwischen verschiedenen Arten von Systemen zu unterscheiden (vgl. auch Häfele 1993, 86ff.; Jensen 1983, 26ff.; Parsons 1976, 275ff.): Sicher haben Maschinen als technische Systeme, Pflanzen als biologische Systeme oder Arbeitsteams als soziale Systeme Gemeinsamkeiten, andererseits aber zweifelsohne auch wichtige Unterschiede, so daß im folgenden eine Unterscheidung zwischen technischen, biologischen und soziale Systemen zugrundegelegt wird.

### 1.3.1 Technische Systeme

Der technische Systembegriff ist im Rahmen der sog. Kybernetik von Wiener (z.B. 1952) eingeführt und dann im Zusammenhang mit Automatentheorie, Regelungstechnik usw. als Grundlage komplizierter Steuerungstechniken weiterentwickelt worden (vgl. z.B. Ashby 1974; Ropohl 1979).

Grundlegendes Merkmal des technischen Systemsbegriffs ist der Regelkreis:
Im Unterschied zu linearem kausalem Denken (wo ein Element A das Verhalten eines Elementes B bestimmt) sind Regelkreise durch Rückkopplungsprozesse gekennzeichnet, d.h. dadurch, daß zwei (oder mehrere) Elemente sich gegenseitig beeinflussen: A wirkt auf B, und umgekehrt wirkt B wiederum auf A.

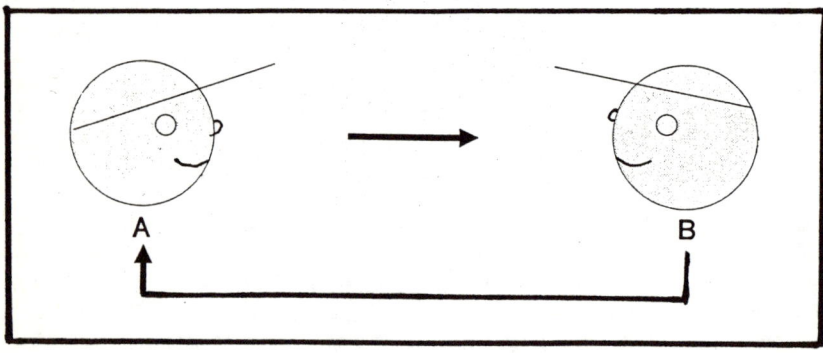

Gleichsam das Standardbeispiel für solche technischen Systeme ist das durch einen Thermostat gesteuerte Heizsystem (vgl. Bertalanffy 1970a, 117ff.; Vester 1988, 58ff.): Die Heizung (A) verändert die Temperatur (B), zugleich wirkt aber die Temperatur mittels eines Thermostates wieder auf die Heizung ein, indem sie etwa bei einer bestimmten Temperatur die Heizung ausschaltet.

Der technische Systembegriff ist dann auch auf andere Systeme wie biologische Systeme (z.B. Keidel 1972), auf Computersimulationen von Problemlösungsprozessen (z.B. Funke 1992) u.a. angewandt worden.

Auf Organisationsprobleme ist der technische Systembegriff seit den 50er Jahren zunächst im Rahmen des sog. soziotechnischen Ansatzes im englischen Tavistock-Institut herangezogen worden (z.B. Emery/Trist 1965), wobei es darum ging, mit Hilfe des Systemansatzes die Arbeitsorganisation im Bergwerksbereich zu verbessern.

Im deutschsprachigen Bereich ist der technische Systembegriff in der Unternehmenstheorie der 70er Jahre u.a. von Bleicher und Grochla (vgl. Bleicher 1972) sowie bei Hans Ulrich (dem Begründer der sog. St. Gallener Schule) vertreten.

Unter ausdrücklicher Berufung auf die Kybernetik wird bei Ulrich der Systembegriff für die Betriebswirtschaftslehre in Abhebung von kausalen Betrachtungen als Analyse von Rückkopplungsprozessen bestimmt:

"Der Systemansatz ist auf das Erkennen von Zusammenhängen und von vielgliedrigen Ursache-Wirkungsbeziehungen ausgerichtet und deshalb für das Erfassen der komplexen Vorgänge in Unternehmungen besonders geeignet. Er wirkt unzweckmäßigen isolierenden Betrachtungsweisen entgegen und führt zur Aufdeckung bisher unbekannter Zusammenhänge" (Ulrich 1970, 135f.).

Weitere Vorgänge innerhalb des Systems bleiben dabei unberücksichtigt:

"Wir... begnügen uns mit dem, was wir von außen beobachten können: Inputs und Outputs. Das System selbst betrachten wir als etwas Unzugängliches, Dunkles, eben als schwarzen Kasten. Wir beobachten nun aber nicht nur die Ein- und Ausgänge, sondern wir manipulieren den Input und registrieren, was dabei als Output herauskommt (Ulrich 1970, 132).

Obwohl in der Tradition der St. Gallener Schule im Anschluß an Ulrich versucht wurde, den theoretischen Rahmen etwa durch Rückgriff auf Evolutionstheorie oder Logischen Konstruktivismus beträchtlich zu erweitern (vgl. z.B. Malik 1989; Probst 1987; Ulrich/Probst 1988), liegt einer Reihe von konkreten Verfahren noch weiterhin der technische Systembegriff zugrunde.

Deutliches Beispiel ist die in der St. Gallener Schule vorgeschlagene Analyse von Wirkungsverläufen, wobei ein Verfahren aufgegriffen wird, das 1963 von Maruyama (1963; vgl. auch Weick 1985, 106 ff.) im Zusammenhang mit kybernetischer Überlegung entwickelt wurde. Ziel der Analyse von Wirkungsverläufen ist es, Regelkreise und die dabei auftretenden Wirkungen einzelner Elemente auf andere zu erfassen.

Für ein komplexes System ergibt sich dabei etwa folgendes Bild, wobei das Zeichen "+" gleichgerichtete Wirkungen kennzeichnet (Erhöhung des Umsatzes führt zur Erhöhung der Erlöse), das Zeichen "-" entgegengerichtete Wirkungen (Erhöhung der Selbstfinanzierung führt zur Verringerung der Belastung durch Kapitalzinsen;ULRICH/PROBST 1988, 39):

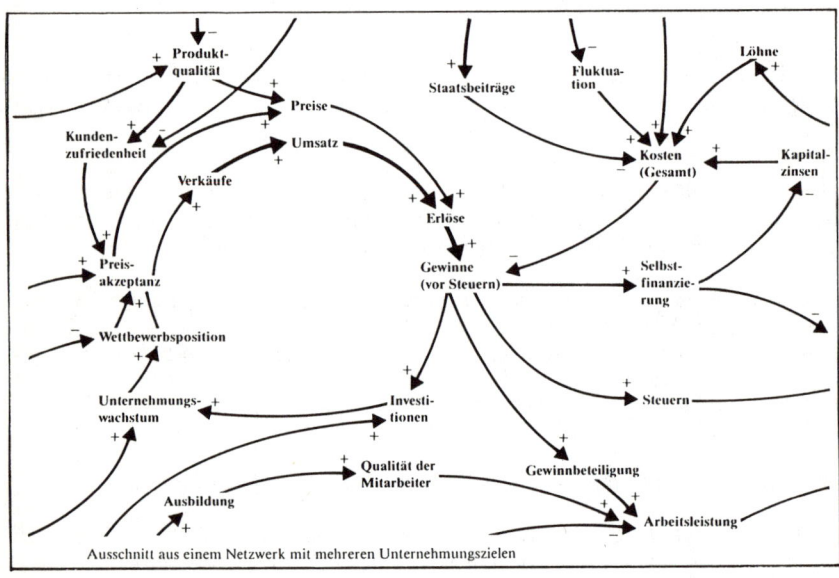

Ausschnitt aus einem Netzwerk mit mehreren Unternehmungszielen

Sicher kann eine solche Analyse möglicher Zusammenhänge sehr hilf-reich sein. Aber ihre Grenze liegt darin, daß ein soziales System hier nur als ein technisches System berücksichtigt wird und daß andere Faktoren (z.b. Einstellung von Mitarbeitern, Einstellung von Kunden usw.) hier nicht eigens thematisiert werden, sondern bestenfalls als zusätzliche Wirkungsfaktoren in den Blick kommen.

## 1.3.2 Biologische Systeme

Bereits bei BERTALANFFY ist die Zelle gleichsam als Standardbeispiel für ein System aufgeführt (z.B. Bertalanffy 1972, 128). Und im Anschluß daran ist ein zweiter Hauptbereich systemtheoretischer Überlegungen entstanden, der sich nicht an Maschinen, sondern an Organismen als Standardbeispiel für lebende Systeme orientiert (vgl. z.B. Capra 1985, 293ff.; Marx 1991).

Biologische Systeme sind (analog zu technischen Systemen) auch durch Rückkopplungsprozesse gekennzeichnet - etwa die Rückkopplung zwi-schen Bluttemperatur und gewissen Hirnzentren, die (analog zum Ther-mostaten) für die Konstanthaltung der Körpertemperatur sorgt (Bertalanf-fy 1972, 118). Aber im Unterschied zu technischen Systemen sind biolo-gische Systeme darüber hinaus durch das Merkmal der Evolution gekenn-zeichnet: Ein Regelkreis der Heizung entwickelt sich nicht, aber das biologische System eines Organismus kann sich entsprechend den Um-weltbedingungen weiter entwickeln.

Dabei bedeutet Evolution biologischer Systeme:

(1) Biologische Systeme entstehen aus biologischen Ursachen, d.h. ein Organismus wird geboren, er entsteht aus vorausgegangenen Systemen, die bestimmte Informationen an das neue System weitergeben.

(2) Biologische Systeme verändern sich fortwährend: Sie wachsen und können sich fortwährend an veränderte Umweltbedingungen anpassen. Dabei unterscheidet Capra (1985, 302ff.) drei Arten solcher Anpassun-gen:
- kurzfristige Anpassungen (etwa die kurzfristige Anpassung des Orga-nismus an verändertes Klima, wenn man für einen Tag aus der Ebene ins Gebirge kommt)
- längerfristige Anpassungen (wenn sich etwa bei längerem Aufenthalt im Gebirge mit der Zeit Herz und Kreislauf normalisieren)
- und schließlich auf der Basis von Selektion erfolgte Anpassung im Prozeß der Evolution über den einzelnen Organismus hinaus.

(3) Biologische Systeme zerfallen schließlich zu einem bestimmten Zeitpunkt: "Werden und Vergehen erscheinen daher als ein zentraler Aspekt der Selbstorganisation, als das eigentliche Wesen des Lebens... Der Tod ist also nicht das Gegenteil vom Leben, sondern ein wesentlicher Aspekt vom Leben" (Capra 1985, 313).

Auch der biologische Systembegriff ist mittlerweile auf andere Bereiche übertragen. Am bekanntesten ist wohl die Übertragung auf ökologische Systeme durch Vester (1983; 1984; 1988).

Ausgehend von der These, daß die Erde selbst "ein lebendes Wesen aus eigener Kraft" zu sein scheint (Capra 1985, 315), untersucht Vester ökologische Abläufe auf dem Hintergrund des biologischen Systembegriffs:

- Ökologische Abläufe sind von Rückkopplungsprozessen bestimmt (wie etwa der Wasserkreislauf zwischen Verdunstung, Regen, Abfluß).

- Ökologische Prozesse sind aber zugleich Entwicklungsprozesse, die dann auch zum Zusammenbruch eines ökologischen Systems (etwa zum Umkippen eines Gewässers oder zum Austrocknen von Landschaften) führen können (z.B. Vester 1984, 279ff.).

Entsprechend finden sich Versuche, den biologischen Systembegriff auf Organisationen zu übertragen, was dann zu unterschiedlichen Konzepten evolutionären Managements führt (vgl. z.B. Königswieser/Lutz 1992; Malik 1989; Ringelstetter 1988; Servatius 1991).

Dabei wird z.B. von Servatius statt mechanistischer Beherrschung sozialer Systeme eine "ganzheitlich evolutionäre Führung" gefordert, die von einer "Grundhaltung einer evolutionären Anpassung" ausgeht (Servatius 1991, 24): Um zu überleben, so die These, muß sich ein Unternehmen fortwährend mit ausreichender Lerngeschwindigkeit verändern, wobei dann z.B. (analog zu biologischen Systemen) bestimmte Wachstumszyklen zu berücksichtigen sind: Ein neues Produkt durchläuft (analog zu einem biologischen Organismus) eine bestimmte Wachstumsphase, bis es dann zu einem bestimmten Zeitpunkt auf dem Markt "nicht mehr ankommt" - was zum Zusammenbruch des Unternehmens führen kann, es sei denn, dieser Zusammenbruch wurde durch ein neues in der Wachstumsphase befindliches Produkt aufgefangen (Servatius 1991, 32ff.; vgl. Turnheim 1991, 37ff.).

### 1.3.3 Soziale Systeme als Systeme handelnder Personen

Die Personen innerhalb des sozialen Systems, also z.B. die Mitarbeiter in einer Projektgruppe, die Angehörigen eines Unternehmens usw. unterscheiden sich in einem zentralen Merkmal von Elementen technischer und biologischer Systeme: Sie reagieren nicht lediglich, sondern ihr Verhalten ist von Gedanken, persönlichen Zielen und Absichten sowie von ihren Empfindungen bestimmt: Ein Mitarbeiter reagiert nicht einfachhin als gleichsam willenloser Teil eines größeren Systems, sondern er handelt aktiv aufgrund der Gedanken und Annahmen, die er sich von seiner Welt macht:

- Er macht sich z.B. Gedanken darüber, was sein Vorgesetzter von ihm will, wie dessen Einstellung ihm gegenüber ist.
- Er macht sich ein Bild von sich selbst: wo seine Stärken und Schwächen liegen, was ihm wichtig ist.
- Und er macht sich ein Bild von seinem sozialen System, z.B. von den Stärken, Schwächen und Zukunftschancen "seines" Unternehmens. Und er handelt entsprechend diesem Bild, das er sich von seiner Welt macht.

Was hier angesprochen ist, ist eine der zentralen Entdeckung der modernen Sozialwissenschaft: Wenn wir versuchen, menschliches Handeln zu verstehen, müssen wir berücksichtigen, daß Menschen eben nicht einfachhin auf Reize reagieren, sondern daß sie handelnde Subjekte sind (vgl. Kampen 1987; König 1992a). Das bedeutet im einzelnen:

(1) Menschen machen sich ein Bild von ihrer Situation
Sie machen sich Gedanken über sich, über ihre Fähigkeiten und Vorlieben, sie setzen sich Ziele und haben subjektive Erklärungen (warum etwas nicht klappt oder klappt), Befürchtungen, Hoffnungen usw.

Es gibt aus der Tradition der sog. Gestaltpsychologie ein bekanntes Bild, das diesen Sachverhalt (daß wir uns aus Wahrnehmungen ein Bild machen) gut verdeutlicht: das Bild von der alten und jungen Frau (z.B. Antons 1973, 50).

Dieses Bild kann vom Betrachter unterschiedlich gedeutet werden: Man kann es als eine alte Frau sehen oder auch als eine junge Frau. Dabei ist dieser Prozeß offenbar kein bloßes Reagieren auf von außen vorgegebene Wahrnehmungen. Das Bild bleibt dasselbe (d.h. die Wahrnehmungen sind gleich), aber unterschiedliche Personen sehen etwas anderes, geben diesen Wahrnehmungen eine unterschiedliche Bedeutung: Jemand "erkennt" dabei eine alte Frau (wobei bestimmte Linien des Bildes eine wichtige Bedeutung erhalten, andere eher in den Hintergrund treten), oder jemand anderes "erkennt" das Bild einer jungen Frau (vgl. Zimbardo 1983, 322f.).

Ein anderes Beispiel dafür, daß die Bilder, die wir uns von unserer Welt machen, zwischen den Menschen unterschiedlich sein können, gibt der Existenzphilosoph Martin Heidegger in seinem Hauptwerk "Sein und Zeit" aus dem Jahr 1927: Die Pflanze des Botanikers ist etwas anderes als die Blume, die der Spaziergänger am Feldrain sieht (Heidegger 1976, 70): Jeder nimmt sie anders wahr, gibt dem selben Gegenstand eine andere Bedeutung. Oder man stelle sich den Wald vor: Derselbe Wald kann für unterschiedliche Personen unterschiedliche Bedeutung besitzen: Für einen Spaziergänger hat er eine andere als für einen Autofahrer, für einen Straßenplaner, einen Förster oder für ein Liebespaar.

(2) Diese Bedeutung, die Menschen einer Situation geben, bestimmt ihr Handeln
Ein Botaniker geht anders mit der Pflanze um als ein Spaziergänger. Ein Spaziergänger verhält sich anders im Wald als ein Straßenplaner, ein Förster oder ein Liebespaar.

In der Tradition der Sozialwissenschaft gibt es eine Reihe von Belegen, die den Zusammenhang zwischen dem Bild, das wir uns von der Welt machen, und unserem praktischen Handeln verdeutlichen:

Einer der bekanntesten ist das sog. Thomas-Theorem "Wenn die Menschen Situationen als real definieren, sind sie in ihren Konsequenzen real" (Merton 1968, 144), das Merton an folgendem Beispiel verdeutlicht:
"Es ist 1932. Die Last National Bank ist ein blühendes Unternehmen. Ein Großteil ihrer Mittel ist liquide, ohne verwässert zu sein. Cartwright Millingville hat guten Grund, stolz auf die Bank zu sein, welcher er präsidiert. Bis zum Schwarzen Mittwoch. Als er seine Bank betritt, bemerkt er, daß das Geschäft ungewöhnlich lebhaft ist. ... Noch keine zwanzig Schriftstücke sind mit seiner markanten Unterschrift versehen, als ihn die Abwesenheit von etwas Vertrautem und das Auftauchen von Fremdartigem beunruhigt. Das leise, diskrete Summen des Geschäftsbetriebes einer Bank hat sich in ein seltsames und störendes Schrillen vieler Stimmen verwandelt. Eine Situation ist als real definiert worden. Und das ist der Anfang dessen, was als Schwarzer Mittwoch endet - übrigens der letzte Mittwoch der Last National Bank. Cartwright Millingville hatte noch nie etwas vom Thomasschen Theorem gehört. Aber es fiel ihm nicht schwer zu erkennen, wie es arbeitet. Er wußte, daß trotz der verhältnismäßig großen Liquidität der Aktiva der Bank das bloße Gerücht der Insolvenz tatsächlich zur Insolvenz der Bank führen würde, wenn es erst einmal von genügend Kunden geglaubt würde. Und am Ende des Schwarzen Mittwochs - und des noch schwärzeren Donnerstags -, als die Schlangen vor den Kassenschaltern immer länger und die Kunden, die alle verzweifelt ihre Schäfchen ins trockene zu bringen suchten, immer ängstlicher geworden waren, stellte sich heraus, daß Millingville recht hatte" (Merton 1968, 145).

Ein typischer Beleg aus der Pädagogik ist der sog. Pygmalion-Effekt (Rosenthal/Jacobsen 1971; vgl. Weidenmann/Krapp 1986, 332ff.):
Lehrern wurde mitgeteilt, daß auf der Basis eines besonderen Intelligenz-Testes bei bestimmten Schülern in Kürze deutliche Leistungssteigerungen zu erwarten seien. Tatsächlich war jedoch die Auswahl der betreffenden Schüler rein zufällig erfolgt. Und trotzdem änderten sich die Leistungen der Schüler deutlich. Ursache dafür war nicht die "Realität" (die Schüler waren nicht tatsächlich intelligenter als andere), sondern das Bild, das sich der Lehrer von den Schülern machte: Wenn ich davon überzeugt bin, daß der betreffende Schüler in Zukunft Leistungsverbesserungen zeigen wird, dann gehe ich als Lehrer mit diesem Schüler anders um, werde seinen Beiträgen vermutlich mehr Aufmerksamkeit schenken, werde eher die positiven Ansätze in seinen Äußerungen wahrnehmen usw.

In der Wissenschaftstheorie wird die These, daß Menschen sich ein Bild von der Wirklichkeit machen, gerade in letzter Zeit verstärkt unter dem Begriff "Konstruktivismus" diskutiert:

- Im Grunde reicht die dahinterstehende These bis auf Kant zurück, der in seiner Philiosophie die These aufstellt, daß wir "Dinge an sich" überhaupt nicht erkennen können, sondern daß die Gegenstände unserer Erfahrung immer nur "Erscheinungen" sind, die geprägt sind von unseren "Anschauungsformen" wie Raum und Zeit. Raum und Zeit sind für Kant gleichsam grundlegende Kategorien, auf deren Basis wir z.B. räumliche und zeitliche Beziehungen zwischen verschiedenen Gegenständen überhaupt erst erstellen können.

- Explizit als Konstruktivismus versteht sich im Anschluß an Kamlah und Lorenzen der in den siebziger Jahren begründete "Erlanger Konstruktivismus". Grundlegende These ist hier, daß die Wissenschaften keine Beschreibung der Wirklichkeit bieten, sondern daß in unterschiedlichen Wissenschaften zunächst jeweils ein grundlegendes Begriffssystem, (etwa das der Physik) konstruiert wird, auf dessen Basis überhaupt erst wissenschaftliche Erkenntnis möglich ist (vgl. z.B. Schwemmer 1981). Entsprechend gilt diese These aber auch für die Alltagssprache: Auch hier erkennen wir nicht die Wirklichkeit an sich, sondern legen unserer Erkenntnis bestimmte (sprachliche) Unterscheidungen, wie etwa die Unterscheidung zwischen "Busch" ,"Strauch" und "Baum" zugrunde. Wenn wir also etwas als "Busch" oder als "Baum" erkennen, so bedeutet das, daß wir dabei immer schon sprachliche Unterscheidungen voraussetzen (vgl. Kamlah/Lorenzen 1972, 45ff.).

- Daß Menschen sich ein Bild von der Wirklichkeit machen, ist auch eine zentrale These in der "Psychologie der persönlichen Konstrukte" im Anschluß an Kelly (1986, 59ff.). Konstrukte sind für Kelly grundlegende Unterscheidungen: Wenn wir z.B. das Mittagessen von gestern mit dem von heute vergleichen und es etwa vom Abendessen unterscheiden, so setzen wir damit eine von uns getroffene Unterscheidung zwischen verschiedenen Konstrukten "Mittagessen" und "Abendessen" voraus: "Das Mittagesen,das wir gestern zu uns nahmen, ist nicht dasselbe wie das Mittagessen, das wir heute zu uns genommen haben, aber unser Konstrukt 'Mittagessen' ist ein expliziter Ausdruck des Wiedererkennens einer gewissen Gleichheit, gewissen Wiederholung, die wir uns und anderen bestätigen möchten. Folglich liegt den Sinngebungen, mit denen wir unsere Welt und unser Leben zu erfassen suchen, das immerwährende, sich stets wiederholende Entdecken wiederkehrender Themen, das Kategorisieren dieser Themen und das dementsprechende Einteilen unserer Welt in Abschnitte zugrunde" (Bannister/Fransella 1981, 10).

Konstrukte sind für Kelly jedoch zunächst einmal "persönliche Konstrukte", so daß sich Menschen "in ihrer Konstruktion der Ereignisse" voneinander unterscheiden (Individualitäts-Korollarium von Kelly: 1986, 67f.):
"Jeder von uns sieht seine Situation mit den 'Augen' seines Systems persönlicher Konstrukte. Wir unterscheiden uns von anderen darin, wie wir eine Situation wahrnehmen und interpretieren, was wir für wichtig an ihr halten, welche Implikationen wir in ihr vermuten, zu welchem Grad sie uns klar oder undurchschaubar erscheint, ob und inwieweit sie bedrohlich oder verheißungsvoll ist, von uns begehrt oder uns aufgezwungen wurde" (Bannister/Fransella 1981, 12).

- Und schließlich ist die These, daß Menschen ihre Wirklichkeit konstruieren, gerade in letzter Zeit im Zusammenhang mit dem sog. Radikalen Konstruktivismus in der Tradition von Maturana und Glasersfeld (auch Watzlawick ordnet sich dieser Tradition zu) diskutiert worden (z.B. Glasersfeld 1987; Maturana 1985; Schmidt 1987; 1992; Watzlawick/Krieg 1991).

Der Radikale Konstruktivismus greift dabei in starkem Maße auf Untersuchungen aus dem Bereich der Neurobiologie zurück (vgl. z.B. Riegas/Vetter 1990): Bereits Wahrnehmung ist keine unmittelbare Erkenntnis der Realität, sondern ist Bedeutungszuweisung:

"Der Bau der Sinnesorgane und ihre Leistungen legen also fest, welche Umweltereignisse überhaupt auf das Gehirn einwirken können... Das Gehirn bewertet dabei die eintreffenden Signale strikt nach dem Ort ihrer Verarbeitung" (Roth 1987, 234).

Im Radikalen Konstruktivismus gibt es keine "objektive Erkenntnis" (Maturana 1985, 310), denn alle Aussagen, die wir über die Wirklichkeit machen, sind notwendigerweise durch die Operationen des Beobachters mit bestimmt (Maturana 1985, 264; zur Kritik des Radikalen Konstruktivismus vgl. z.B. Nüse u.a. 1991).

Gemeinsam ist (trotz einer Reihe von Unterschieden) all diesen Konzepten, daß wir eben nicht die Wirklichkeit einfach abbilden, sondern daß wir uns "ein Bild von der Wirklichkeit machen", das unsere Empfindungen und unser Handeln bestimmt. Und diese These gilt ebenso für einzelne Personen wie für soziale Systeme: Auch das Verhalten sozialer Systeme ist von den Bildern bestimmt, die sich die Personen dieses Systems von ihrer Wirklichkeit machen.
Das läßt sich gut an dem zu Beginn dieses Kapitels 1.3 aufgeführten "Sündenbock-Beispiel" verdeutlichen: Das Verhalten der Familie ist bestimmt von den subjektiven Deutungen der einzelnen Personen:

Das Verhalten der Eltern etwa ist bestimmt von der Annahme, daß die Ursache für Probleme in dem Kind liegt; das Verhalten des Kindes möglicherweise von der Annahme, daß es sich selbst als unfähig und gescheitert sieht. Und erst diese Gedanken führen dann zu einem bestimmten "Systemzustand", etwa zu einem immer wiederkehrenden Sündenbock-Verhalten.

Die Formulierung "das Verhalten eines Systems ist vor den subjektiven Deutungen der handelnden Personen dieses Systems bestimmt" bedeutet nicht, daß der "Systemzustand" beabsichtigtes Ergebnis bestimmter Handlungen ist. Die Eltern im Sündenbock-Beispiel haben gewiß nicht die Absicht gehabt, ihr Kind zu einem Sündenbock zu machen - und trotzdem haben ihre Deutungen und ihr Verhalten (sowie das des Kindes selbst) eben dazu geführt.

Dieser Systembegriff, bei dem ein soziales System bestimmt ist als ein System handelnder Personen, die sich ein Bild von ihrer Wirklichkeit machen, findet sich erstmals in der Tradition von Bateson.

Bateson (ursprünglich Anthropologe, der über primitive Kulturen, aber auch über Kommunikationsverhalten von Tieren arbeitete) führte in den 50er Jahren ein Forschungsprojekt über die Entstehung von Schizophrenie durch, wobei er zu dem Ergebnis kam, daß Schizophrenie keine individuellen Ursachen hat, sondern aus dem sozialen System resultiert:

- aus einer bestimmten Familien-Konstellation - dergestalt etwa, daß ein Kind enge Kontakte zur Mutter hat, aber eine andere Person fehlt, die das Kind unterstützen könnte,

- aus den Bedeutungen, die verschiedene Personen ihrer Situation geben: Etwa daraus, daß die Mutter Angst vor engem Kontakt mit dem Kind hat, aber zugleich ihre Ablehnung leugnet und versucht, besonders liebevoll zu sein

- und schließlich aus bestimmten Verhaltensregeln, die in der Familie gelten: z.B. der Regel, daß das Kind nicht über die widersprüchliche Situation sprechen darf (Bateson 1981, 15ff., 321ff.).

Bateson's Ansatz ist dann zunächst von seinen Mitarbeitern in dem damaligen Forschungsprojekt weiterentwickelt worden. Hier sind zu nennen:

- Watzlawick, der in seinem Buch "Menschliche Kommunikation" versucht, Bateson's Überlegungen zu einer allgemeinen systemischen Kommunikationstheorie auszuweiten

- Haley, Jackson und Satir (ebenfalls Mitarbeiter von Bateson), die auf dem Hintergrund von Bateson's Ansatz eine systemische Familientherapie entwickeln, wobei es darum geht, Probleme einzelner Familienmitglieder im Kontext des sozialen Systems insgesamt zu sehen und zu bearbeiten.

Neben der Bateson-Gruppe sind dann systemtheoretische Überlegungen in der Familientherapie etwa in der sog. Mailänder Schule (z.B. Selvini-Palazzoli 1991; vgl. Boscolo u.a. 1988) und innerhalb der strukturellen Familientherapie (z.B. Minuchin 1977; Minuchin/Fishman 1983) aufgegriffen und weitergeführt worden (vgl. die Übersichten bei Hoffmann 1984; Schlippe 1988; Schneider 1988).

Neben der Bateson-Tradition (auch die Mailänder Schule oder die strukturelle Familientherapie haben dann in vielen Punkten den Ansatz von Bateson übernommen) gibt es in der Soziologie noch andere Ansätze, die sich mit sozialen Systemen befassen. Die wichtigsten sind hier die Ansätze von Parsons und Luhmann.

Parsons geht aus von dem Begriff des "theoretischen" Systems als einer Menge von Grundannahmen, von denen er dann das "empirische" System unterscheidet als "eine Menge von Phänomenen ..., die sich mit Hilfe eines theoretischen Systems beschreiben und analysieren läßt" (Parsons 1976, 275). Das soziale System ist damit für ihn ein theoretisches System, das durch den Begriff "Handeln" gekennzeichnet ist.

Luhmann wendet sich in seiner Systemtheorie ausdrücklich gegen "traditionelle" Auffassungen, denen zufolge soziale Systeme aus "Personen bzw. Handlungen" bestehen (1984, 191) und definiert "Kommunikation" als grundlegendes Element sozialer Systeme: "Soziale Systeme bestehen aus ... Kommunikation und der Zurechnung als Handlung" (1984, 240).

Nun gilt zweifelsohne, daß sich Systeme unter verschiedenen Gesichtspunkten unterschiedlich aufgliedern lassen. So mag im Zusammenhang soziologischer Fragestellungen eine Aufgliederung sozialer Systeme in Handlungen oder Kommunikationen sicherlich hilfreich sein - im Blick auf Beratung dagegen steht die Frage nach relevanten Personen des sozialen Systems im Mittelpunkt, so daß hier (in der Tradition von Bateson) Personen als Elemente sozialer Systeme angesetzt werden - was sicher nicht an einzelnen Punkten Verbindungen zu den Ansätzen von Parsons oder Luhmann ausschließt.

## 1.4 Merkmale sozialer Systeme

Auf der Basis des Systembegriffs in der Tradition von Bateson lassen sich die Merkmale sozialer Systeme genauer bestimmen, wobei zur Verdeutlichung wieder das Beispiel des nichtmotivierten Mitarbeiters aufgegriffen wird:

### (1) Personen als Elemente sozialer Systeme

Die Elemente eines sozialen Systems sind die betreffenden Personen, also z.B. die Mitarbeiter eines Teams, einer Arbeitsgruppe, einer Familie.

Bereits bei diesen Beispielen wird deutlich, daß sich soziale Systeme in der Regel nicht scharf abgrenzen lassen, sondern daß die Grenzen fließend sind: Betrachtet man in diesem Beispiel den Mitarbeiter und seinen Vorgesetzten als soziales System, oder die Arbeitsgruppe, die Abteilung, das Unternehmen als ganzes? D.h. es gibt bei sozialen Systemen keine scharfe Grenze. Sondern es hängt von der Perspektive des Betrachters ab, worauf er seine Aufmerksamkeit lenkt und wo er die Grenze des sozialen Systems zieht: Wenn es etwa um Probleme allein zwischen dem Mitarbeiter und seinem Vorgesetzten geht, wobei andere Personen keine Rolle spielen, dann liegt es nahe, diese zwei Personen als soziales System zu definieren:

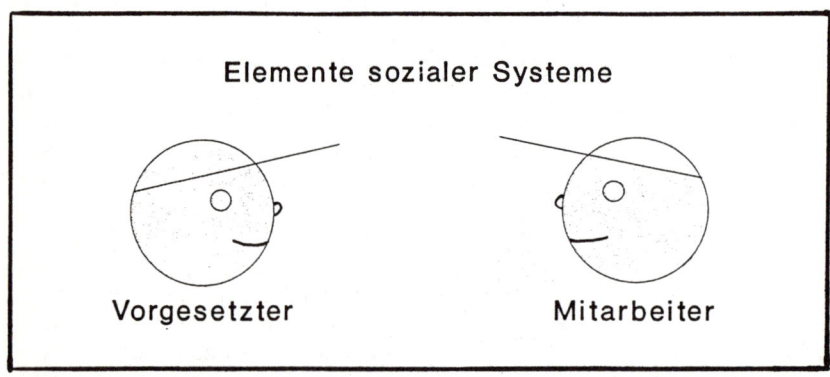

Elemente sozialer Systeme

Vorgesetzter　　　　　Mitarbeiter

**(2) Subjektive Deutungen der einzelnen Personen des sozialen Systems**

Soziale Systeme unterscheiden sich von technischen und biologischen Systemen dadurch, daß die Elemente dieses Systems handelnde Personen sind, die sich ein Bild von ihrer Wirklichkeit machen.

Auf das Beispiel bezogen:
Der Mitarbeiter macht sich ein Bild von seinen Fähigkeiten, verfolgt bestimmte Ziele und macht sich ein Bild vom Vorgesetzten: "dieser Trottel". Und entsprechend macht sich der Vorgesetzte ein Bild von der Situation, z.B.: "der hat keine Ahnung!".

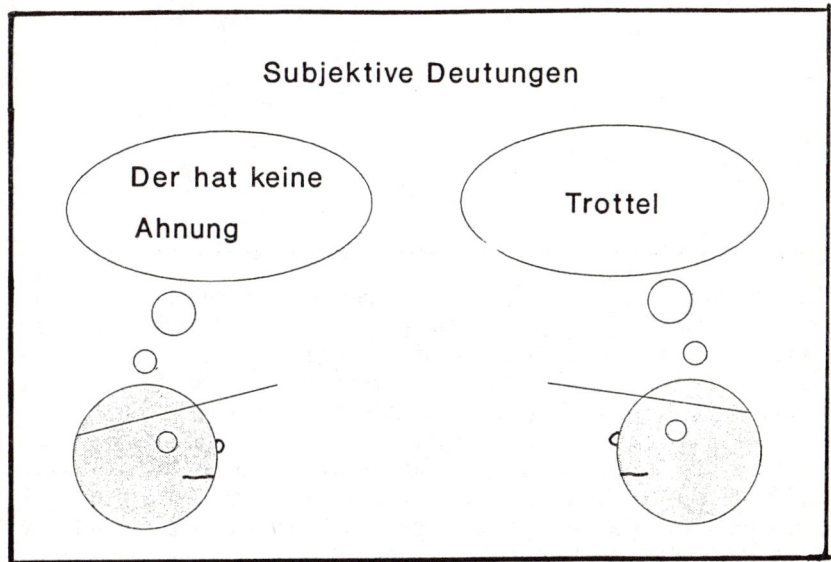

**(3) Regeln sozialer Systeme**

Und schließlich ist das soziale System (auch das hat bereits Bateson herausgestellt) durch bestimmte Regeln bestimmt, d.h. durch bestimmte Vorschriften darüber, was man tun soll bzw. nicht tun darf. So gibt es in einem sozialen System Regeln darüber, wie die Arbeit verteilt wird, wie Produkte entwickelt und hergestellt werden. Es gibt Regeln der Organisationsstruktur und zahllose "inoffizielle" Regeln, die festlegen, wie sich Mitglieder des Systems zu verhalten haben. So mag es z.B. in dem Beispiel des unmotivierten Mitarbeiters die Regeln geben "immer freundlich sein!" und "Konflikte dürfen nicht thematisiert werden!" - was dann dazu führt, daß eben die Probleme zwischen Vorgesetztem und Mitarbeiter nicht thematisiert werden.

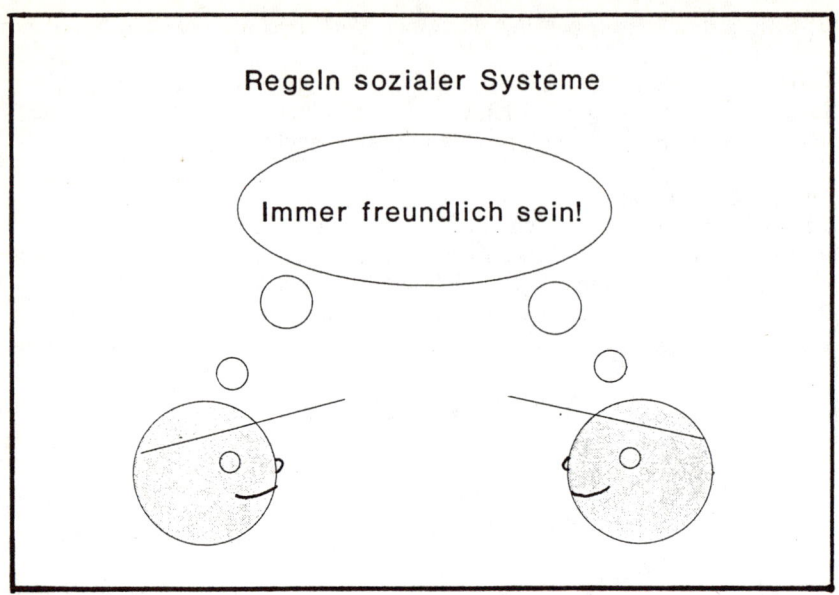

Auf der Basis solcher Regeln entstehen dann auch gemeinsame Deutungen. Dies ist ein Bereich, der gerade in den letzten Jahren unter dem Thema "Unternehmenskultur" des öfteren diskutiert wurde. So gibt es z.B. gemeinsame Sichtweisen, wie die Mitarbeiter eines Systems ihre Organisation, ihr Unternehmen, aber auch ihr Team sehen.

Diese gemeinsamen Deutungen und Verhaltensregeln sind teilweise schriftlich fixiert (z.B. im Unternehmensleitbild, in Organigrammen, Arbeitsplatzbeschreibungen usw.), zum Teil haben sie sich im Laufe der Zeit herangebildet. So kann sich z.B. hinter einer Äußerung eines Mitarbeiters "wir verstehen uns alle sehr gut" eine (unausgesprochene) Verhaltensregel verbergen wie z.B. "es darf bei uns keine Konflikte geben!" oder "Konflikte dürfen nicht thematisiert werden!" oder "immer freundlich sein!".

Diese gemeinsamen Deutungen und Regeln beeinflussen das Verhalten der einzelnen Personen. Sie können im Blick auf die anstehenden Problemlösungen die Entwicklung des Systems funktional oder dysfunktional sein: Sie können Problemlösungen fördern - sie können aber auch unzweckmäßig sein und Problemlösungen behindern. So ist z.B. zu vermuten, daß eine Regel "bei uns darf es keine Konflikte geben" eher eine dysfunktionale Regel ist, weil sie verhindert, daß mögliche Spannungen und Probleme unter den Mitarbeitern eines sozialen Systems überhaupt angesprochen und bearbeitet werden können.

## (4) Interaktionsstrukturen

Rückkopplungsprozesse innerhalb sozialer Systeme haben die Form von Interaktionsstrukturen, d.h. immer wiederkehrenden Verhaltensmustern. Watzlawick gibt in dem Buch "Menschliche Kommunikation" dazu ein mittlerweile klassisches Beispiel von einem Ehepaar, wo der Mann sich sehr passiv zurückgezogen verhält, während die Frau nörgelt (Watzlawick u.a. 1969, 57ff.; vgl. 92ff.).

Schulz von Thun (1981, 86) gibt dafür folgende bildliche Darstellung:

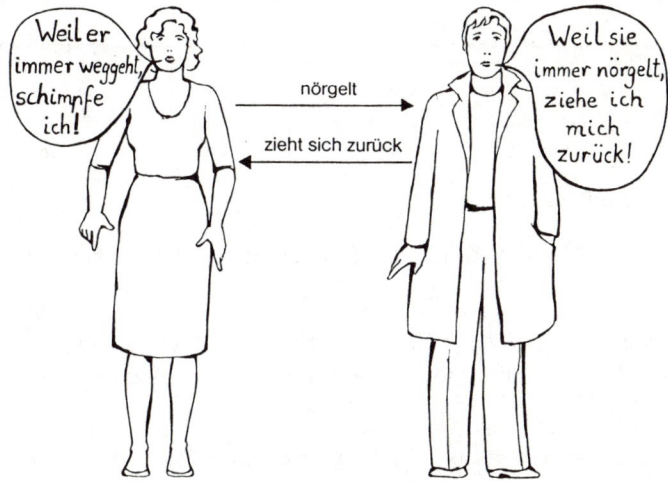

Hier liegt eine Interaktionsstruktur als typischer "Regelkreis" vor: Das Verhalten des Mannes beeinflußt die Frau (sie nörgelt, weil ihr Mann sich zurückzieht), während umgekehrt das Verhalten der Frau das des Mannes beeinflußt (er zieht sich zurück, weil die Frau nörgelt). Dabei ist diese Interaktionsstruktur Ergebnis der unterschiedlichen Deutungen, die die Personen des betreffenden sozialen Systems von der Situation geben: Der Mann deutet sein Verhalten als Reaktion auf das der Frau, die Frau entsprechend ihr Verhalten als Reaktion auf das des Mannes (Watzlawick u.a. 1969).
Entsprechend können in anderen sozialen Systemen Interaktionsstrukturen entstehen. Auf das Beispiel des nicht-motivierten Mitarbeiters bezogen: Möglicherweise entsteht hier eine ähnliche Struktur: Kritik (nörgeln) auf Seite des Vorgesetzten und Rückzug auf Seite des Mitarbeiters.

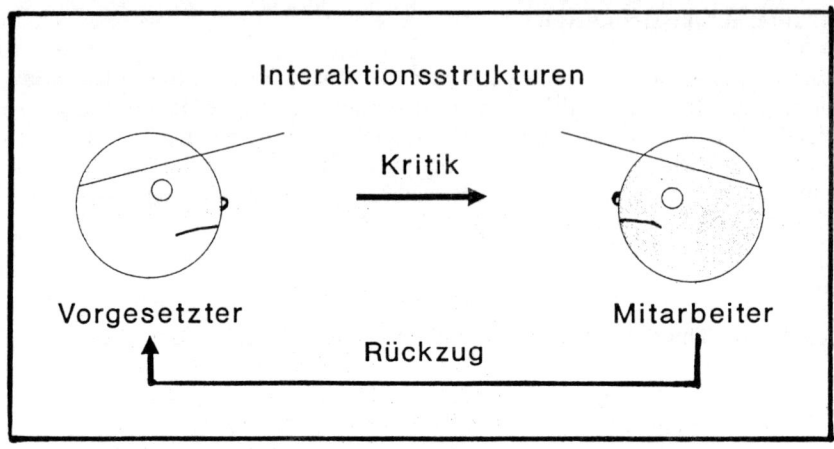

**(5) Systemumwelt**

Das Verhalten des betreffenden Sozialsystems ist bestimmt durch die Systemumwelt:

- durch die materielle Umwelt: den Arbeitsplatz, die vorhandenen Geräte, durch den Arbeitsraum, die Gebäude, die räumliche Anlage des Unternehmens usw.

- durch die Personen und Sozialsysteme außerhalb des betreffenden Systems, wozu möglicherweise andere Bereiche des Unternehmens gehören, wie etwa die Geschäftsführung, aber auch bestimmte Kunden oder möglicherweise externe Berater, die für die Abteilung Teil der Systemumwelt sind.

- durch die Werte, Normen und Regeln, die von außerhalb das soziale System beeinflussen.

So mag das Verhalten des unmotivierten Mitarbeiters z.B. von räumlichen Gegebenheiten beeinflußt sein (z.B. davon, daß ein Arbeitsplatz an einem anderen Ort in einem anderen Gebäude ist als der des Vorgesetzten), von bestimmten Forderungen, die von außen an die Abteilung getragen werden (z.B. von der Entscheidung der Geschäftsführung, ein bestimmtes Projekt dieses Mitarbeiters nicht weiter zu verfolgen) usw.

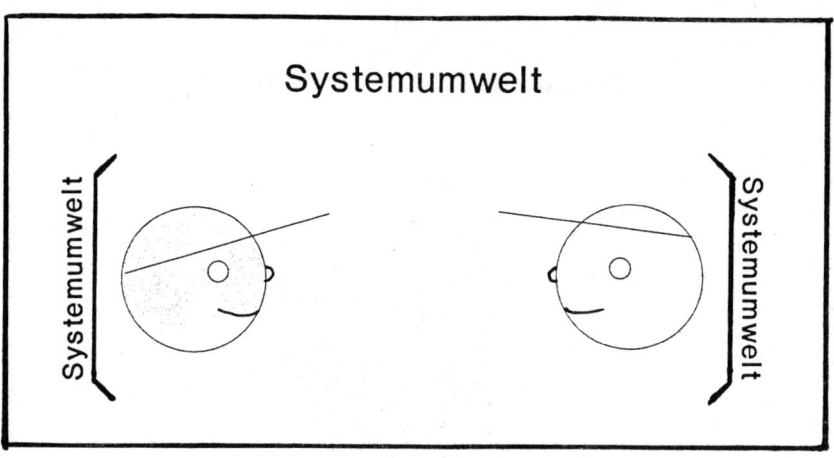

### (6) Entwicklung des sozialen Systems

Analog zu biologischen Systemen entwickeln sich soziale Systeme. Watzlawick u.a. deuten das bei dem Ehepaar-Beispiel selbst an: Die Interaktionsstruktur kann aus kleinen Ansätzen entstehen und sich allmählich hochschaukeln. Das System kann sich dabei stabilisieren (solche Interaktionsstrukturen können sich manchmal über Jahre hinziehen). Oder es kann schließlich eine Grenze erreicht werden, wo das System umkippt: sei es, daß die Partner sich trennen (womit sich das System auflöst), sei es, daß sich das System verändert, indem die Partner neue Verhaltensweisen lernen, miteinander umzugehen.

Entsprechend gilt für das soziale System Vorgesetzter - Mitarbeiter: Es ist zu einem bestimmten Zeitpunkt entstanden, hat sich im Laufe der Zeit verändert (etwa dadurch, daß sich bestimmte Interaktionsstrukturen herangebildet haben oder eskaliert sind) und wird zu einem anderen Zeitpunkt beendet sein (etwa dadurch, daß der Mitarbeiter kündigt, der Vorgesetzte wechselt oder sich neue Verhaltensweisen etablieren).

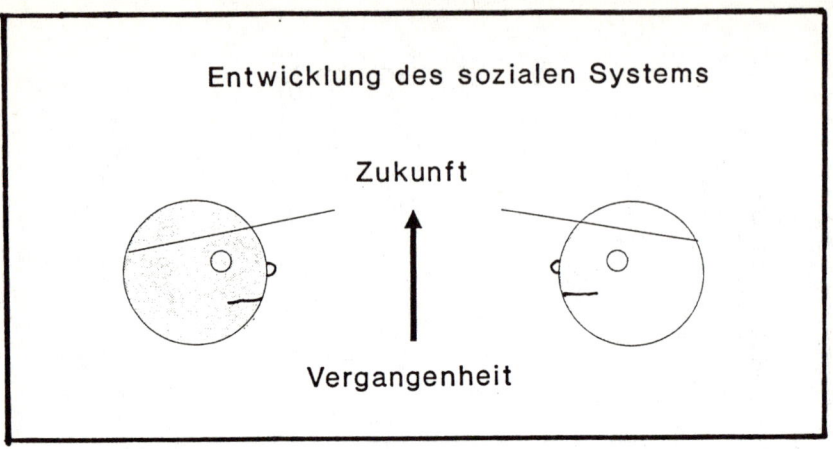

Insgesamt ergibt sich damit ein komplexes Bild sozialer Systeme, die bestimmt sind von den Personen als den Elementen, von deren subjektiven Deutungen, von gemeinsamen Regeln, Interaktionsstrukturen, von der Systemumwelt und der jeweiligen Entwicklung:

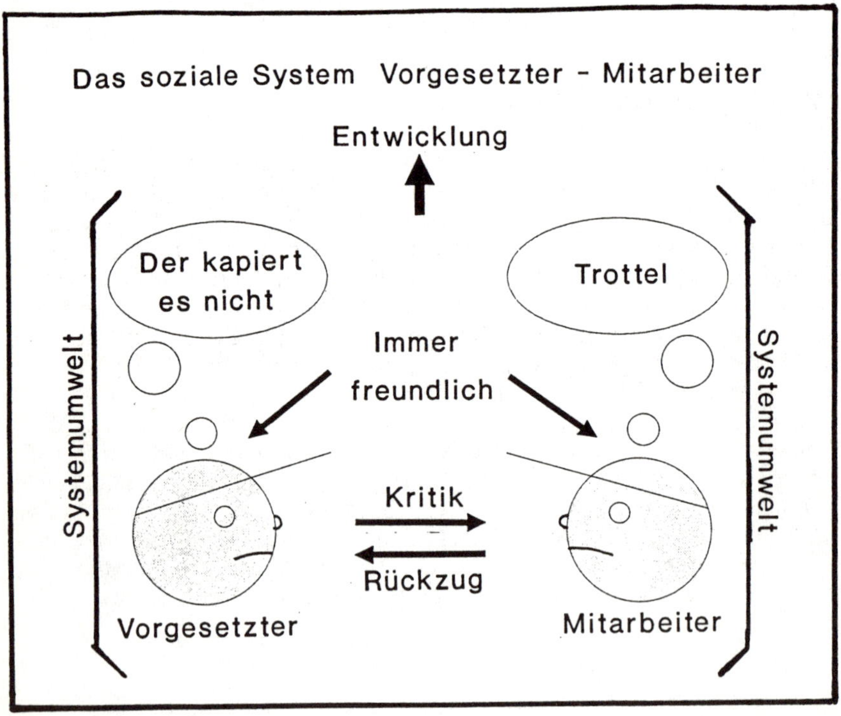

Das soziale System Vorgesetzter – Mitarbeiter

## 1.5 Problemlösung aus systemischer Sicht

Die zentrale These systemischen Denkens lautet, daß Probleme grundsätzlich im Zusammenhang des jeweiligen sozialen Systems zu sehen sind. D.h. bei Problemen geht es nicht darum, einen Schuldigen zu suchen oder die Ursache herauszufinden (wie man es beim Eigenschafts- oder Maschinen-Modell tut), sondern es geht darum, das gesamte System im Blick daraufhin zu analysieren, welche Faktoren das Problem hervorbringen oder verstärken.

Solche Faktoren können auf den in 1.4 genannten sechs Ebenen sozialer Systeme liegen:

* in den Personen des sozialen Systems
* in ihren subjektiven Deutungen
* in gemeinsamen Verhaltensregeln und darauf basierenden gemeinsamen Deutungen
* in Interaktionsstrukturen
* in der Systemumwelt
* in der bisherigen Evolution des sozialen Systems.

Entsprechend ergeben sich daraus sechs zentrale Ansatzpunkte für eine Lösung von Problemen aus systemischer Sicht:

* Veränderung in bezug auf die Personen des sozialen Systems
* Veränderung der subjektiven Deutungen
* Veränderung von Verhaltensregeln und darauf basierenden gemeinsamen Deutungen
* Veränderung von Interaktionsstrukturen
* Veränderung der Systemumwelt
* Veränderung hinsichtlich der zukünftigen Entwicklungsrichtung oder Entwicklungsgeschwindigkeit.

Zur Verdeutlichung sei nochmals auf das Beispiel des unmotivierten Mitarbeiters zurückgegriffen. Auf der Basis des Systemmodells wird hier die Aufmerksamkeit nicht nur auf einen Faktor, sondern auf das soziale System insgesamt gelenkt. Und dabei werden verschiedene Ansatzpunkte zur Problemlösung deutlich:

**(1)**. **Veränderung in bezug auf die Personen** bedeutet, daß z.B. der Mitarbeiter in eine andere Abteilung, in eine andere Arbeitsgruppe wechselt. Im Grunde ist das ja bereits eine Alltagserfahrung: Jemand, der in einem bestimmten sozialen System erfolglos war, kann in einem anderen sozialen System (einer anderen Abteilung) sehr wohl plötzlich erfolgreich sein, anerkannt werden und sich wohlfühlen.

**(2) Veränderung der subjektiven Deutungen einzelner Personen** bedeutet, daß der betreffende Mitarbeiter oder andere Personen des sozialen Systems (Vorgesetzte oder Kollegen) lernen, die Situation anders zu deuten. Das kann heißen, daß der Mitarbeiter, der sich bisher selbst als erfolglos oder als Versager gesehen hat, seine Stärken und Fähigkeiten entdeckt oder daß er seinen Vorgesetzten in einem anderen Licht sieht. Oder es kann heißen, daß der Vorgesetzte den Mitarbeiter anders sieht (z.B. nicht nur die Aufmerksamkeit auf das negative Verhalten richtet), daß Kollegen einander anders sehen usw.

*Systemstruktur, ( z.B. hnfg. Verkehr)*

**(3)** **Veränderung von Verhaltensregeln des sozialen Systems** bedeutet Veränderung offizieller, z.B. in Ablaufstrukturen schriftlich fixierter Regeln oder auch Veränderung inoffizieller Regeln. So kann z.B. die Abteilung umstrukturiert werden (Veränderung offizieller Regeln). Oder es können die inoffiziellen Regeln "immer freundlich sein!" und "Konflikte dürfen nicht angesprochen werden!" und darauf möglicherweise basierende gemeinsame Deutungen ("wir haben keine Konflikte") abgeändert werden.

*der Beziehungsqualität*

**(4)** **Veränderung von Interaktionsstrukturen** bedeutet, daß Personen des Systems neue Verhaltensmöglichkeiten entdecken, daß sie lernen, anders mit der Situation umzugehen. Das kann darin bestehen, daß der Vorgesetzte, der bisher den Mitarbeiter immer kritisiert hatte, stärker die Sachkompetenz des Mitarbeiters nutzt - oder daß der Mitarbeiter, der sich bisher immer zurückgezogen hatte, deutlicher seine eigene Meinung vertritt usw.

**(5) Veränderung der materiellen Umwelt des Systems** kann Wechsel des Arbeitsplatzes bedeuten (z.B. Wechsel in ein anderes Büro) oder möglicherweise auch nur Umstellung der Büromöbel, Veränderung der Ausstattung usw. Etwa die Tatsache, daß der Mitarbeiter selbst über einen eigenen PC verfügt und nicht bei anderen um Erlaubnis fragen muß, kann seinen Status im System und damit das System insgesamt entscheidend verändern.

**(6) Veränderung hinsichtlich der Entwicklungsrichtung und Entwicklungsgeschwindigkeit** kann bedeuten, daß man in dem betreffenden sozialen System Veränderungen vorantreibt und z.B. verstärkt Alternativen für die Gestaltung der Arbeitsabläufe entwickelt. Das kann für das Beispiel des unmotivierten Mitarbeiters bedeuten, daß im Rahmen von Workshops zunächst einmal mögliche zukünftige Aufgaben der Abteilung diskutiert werden, woraus sich dann veränderte Aufgabenverteilungen und möglicherweise veränderte Einstellungen bei den Mitarbeitern ergeben.

Problemlösungen auf der Basis traditioneller Konzepte wie Eigenschaftsmodell oder Maschinen-Modell sind stets in Gefahr, den Blick einzuschränken und damit nur einen bestimmten Bereich möglicher Lösungen ins Auge zu fassen. Systemische Organisationsberatung versucht, den Blick auszuweiten auf Faktoren, die normalerweise nicht in den Blick kommen und bietet damit die Chance, neue und divergente Lösungen zu finden.

# Kapitel 2: Systemische Organisationsberatung als Prozeßberatung

## 2.1 Intervention und Beratung

Veränderung sozialer Systeme setzt immer eine bestimmte Art von Intervention (von außerhalb oder innerhalb) voraus.

Interventionen sind Maßnahmen, "mit denen wir das Verhalten eines anderen Menschen (bzw. einer Gruppe oder Organisation) nach einem bestimmten Konzept beeinflussen oder leiten" (Eck 1990, 36). Direkte Interventionen werden demzufolge hier verstanden als direkte Eingriffe in ein soziales System.

Solche direkten Interventionen können z.B. die Veränderung der Organisationsstruktur aufgrund eines Beschlusses der Geschäftsführung, die Entwicklung eines neuen Produktes, das Mitarbeiter-Gespräch eines Vorgesetzten, die Errichtung eines neuen Bürogebäudes oder ein Wechsel des EDV-Systems sein, aber auch die Ausführung eines Trainings, Veränderung gesetzlicher Rahmenvorschriften, die das System betreffen usw. Die Beispiele machen deutlich, daß Interventionen von außerhalb oder von innerhalb des Systems erfolgen können: Installation eines neuen Großrechners durch eine entsprechende Firma ist sicher eine unmittelbare Intervention für das System, die jedoch vorwiegend von außen erfolgt, wo sich also jemand von außen in das System einmischt: "Man überschreitet Grenzen, da man in ein System eindringt, man tritt zwischen übliche, tradierte Handlungszusammenhänge" (Titscher 1991, 313). Das Gespräch, das ein Vorgesetzter mit seiner Arbeitsgruppe führt, ist auch eine Intervention (sie verändert das soziale System), aber sie erfolgt aus dem sozialen System heraus, ebenso etwa wie die von der Geschäftsführung beschlossene Zusammenlegung von zwei Abteilungen.

Dabei gilt, daß solche Interventionen zwar stets auf bestimmte Zwecke hin ausgerichtet sind (sie zielen auf Veränderung des Systems), daß aber über die Wirkungen immer nur innerhalb des betreffenden sozialen Systems (abhängig von dem jeweiligen Systemzustand) entschieden wird. Das weist wieder auf das Grundverständnis von Systemen hin: Soziale Systeme sind eben nicht auf der Basis des Maschinenmodells von außen steuerbar, sondern soziale Systeme entscheiden selbst über die Wirkung von Interventionen. Wie Interventionen sich auswirken, hängt also (so Willke 1992, 36f.) "in erster Linie nicht von der Absicht der Intervention, sondern von der Organisationsweise und den Regeln der Selbststeuerung des Systems ab". Eine Kündigung eines Mitarbeiters als eine direkte Intervention etwa kann ganz unterschiedliche Konsequenzen haben: Sie kann zu einer deutlichen Verbesserung des sozialen Systems führen (alle sind froh, daß der Betreffende nicht mehr in der Abteilung ist), sie kann aber auch zu einer deutlichen Verschlechterung (z.B. aufgrund der Befürchtung, daß damit nur der Anfang einer Kündigungswelle markiert ist) oder zum Aufbrechen neuer Probleme (Sündenbock-Phänomen) führen.

Beratung eines sozialen Systems ist zum einen eine direkte Intervention: Wenn Berater in eine Abteilung kommen, dann verändern sie bereits durch ihre Anwesenheit das soziale System etwa dadurch, daß sich subjektive Deutungen der Personen des Systems verändern: Die Mitarbeiter der Abteilung machen sich Gedanken darüber, was die "wirklichen" Zwecke der Berater sind.

Zum anderen aber unterscheiden sich Beratung und direkte Intervention durch die Trennung von Berater- und (wie man üblicherweise formuliert) Klientensystem (so bereits Lippitt 1959, 5; vgl. auch Göppner 1984, 89ff.). Berater sind etwas anderes als Entscheider oder Ausführende: Ein Berater entscheidet nicht, daß die Abteilung umstrukturiert wird, oder er übernimmt auch nicht den Bau eines neuen Bürogebäudes, sondern ein Berater "berät" andere Personen des Systems, d.h. er gibt den Klienten Unterstützung, Hinweise, Anregungen (wie auch immer) zur Lösung ihrer Probleme: "Die Funktion der Beratung besteht darin, dem Ratsuchenden eine Hilfestellung bei seinen Entscheidungen zu geben, nicht jedoch, die Entscheidungen für ihn zu treffen" (Daumenlang/Fischer 1986, 43).

Die Aufreihung der Begriffe "Unterstützung", "Hinweise", "Anregungen", "Vorschläge" macht jedoch ein Dilemma des Beratungsbegriffs deutlich: Beratung ist nicht eindeutig definiert. Es gibt zahlreiche Bücher über Beratung, wo zwar Verfahren dargestellt werden, ohne daß aber der Begriff "Beratung" überhaupt genauer bestimmt wird. Und die Palette verschiedener Berater (vom Anlagenberater über Versicherungsberater, Bauberater, Farbberater, Gartenberater bis zum therapeutisch ausgerichteten Berater, dem Familienberater, Gesundheitsberater, Ausländerberater, Berufsberater - die Liste ließe sich beliebig erweitern) zeigt, daß es kaum ein Gebiet gibt, wo nicht Beratung angeboten und offenbar auch nachgefragt wird.

## 2.2 Experten- und Prozeßberatung

Zur Strukturierung dieser unterschiedlichen Beratungsansätze ist eine Unterscheidung hilfreich, die Schein (der in der Tradition von Lewin und Mc Gregor am MIT, dem Massachusetts Institute of Technology, tätig war) Ende der 60er Jahre eingeführt und Ende der 80er Jahre nochmals aufgegriffen und weitergeführt hat: die Unterscheidung zwischen Experten- und Prozeßberatung (Schein 1969, 4ff.; 1987; 1993; vgl. auch Fatzer 1990, 62ff.).

Gemeinsamer Ausgangspunkt für beide Beratungskonzepte (Experten- und Prozeßberatung) ist, daß ein Klient (oder ein Klientensystem) bestimmte Probleme hat, zu deren Lösung Berater als Unterstützung herangezogen werden. Im Vorgehen der Berater und in der Definition der Beziehung zwischen Klienten- und Beratersystem ergeben sich aber deutliche Unterschiede:

### 2.2.1 Expertenberatung

Expertenberatung (im Verständnis von Schein) ist dadurch gekennzeichnet, daß das Klientensystem ein Problem gleichsam an einen Berater (oder ein Berater-Team) delegiert mit dem Auftrag, eine Problemlösung vorzuschlagen. Dabei kann es sich um Vorschläge zur Lösung bestimmter EDV-Probleme handeln - wobei es dann Aufgabe des Beraters wäre, eine EDV-Konzeption zu entwickeln und vorzuschlagen. Oder den Ausgangspunkt können Probleme der Organisationsstruktur oder des Organisationsklimas bilden, wobei es dann wiederum Aufgabe des Beraters wäre, dafür konkrete Lösungen zu unterbreiten. Oder im Rahmen des sog. "Mentoring" (vgl. z.B. Looss 1991, 153ff.) kann ein älterer "Mentor" einem jungen Bereichsleiter den Ratschlag geben, sich mehr durchzusetzen.

Expertenberatung (einschließlich der von Schein zusätzlich aufgeführten Arzt-Patienten-Beratung, die jedoch nur eine spezifische Form der Expertenberatung ist) ist das, was Klienten in vielen Fällen erwarten. Das gilt für den Alltag (wenn jemand z.B. wegen Problemen mit seinen Kindern um Rat sucht, erwartet er in der Regel Lösungsvorschläge) und gilt ebenso für Beratung in Organisationen: Die übliche Erwartung ist, für Probleme in einer Abteilung, in einem Projektteam usw. einen Lösungsvorschlag zu erhalten. Und Expertenberatung ist auch - gerade in Organisationen - das, was die meisten Berater versprechen: Sie bieten eine Lösung für bestimmte Probleme an.

Die Erfahrungen mit solcher Expertenberatung zeigen jedoch, daß dieses Vorgehen keineswegs unproblematisch ist:

Auf ein erstes Problem hat bereits Schein (1969, 5) hingewiesen: Dieses Modell funktioniert nur, wenn der Klient das Problem konkret diagnostiziert und korrekt an den Berater kommuniziert hat und wenn schließlich durch die Beratung keine zusätzlichen Nebenwirkungen auftreten. Daß jedoch gerade diese Voraussetzungen häufig nicht gegeben sind, erklärt, daß in vielen Fällen der Lösungsvorschlag keineswegs zu den intendierten Zielen führt. Da werden von Berater-Firmen große Analysen durchgeführt, die dann lediglich zu selbstverständlichen (und unabhängig von dem tatsächlichen Zustand des Systems "passenden") Vorschlägen führen. Oder es wird ein kompliziertes System von Veränderungen entwickelt, das eine verwirrende Zahl von (oft widersprüchlichen) Empfehlungen enthält, die oft mehr Verwirrung stiften als Probleme lösen.

Ein zweites Problem entsteht daraus, daß offenbar die Komplexität moderner Organisationen die Fähigkeit von Experten außerhalb des Systems übersteigt. Es scheint, daß komplexe Probleme überhaupt nicht mehr von außen adäquat beschreibbar und lösbar sind. Bereits im technischen Bereich deutet die relativ hohe Zahl von Katastrophen bzw. Beinahe-Katastrophen darauf hin, daß die Komplexität technischer Systeme Experten grundsätzlich überfordert (vgl. Perrow 1988) - ebenso scheinen bei zunehmender Komplexität in sozialen Systemen die innerhalb des Systems entwickelten Lösungen häufig besser und verläßlicher zu sein als von außen durch Experten herangetragene Lösungsvorschläge - was auf eine grundsätzliche These hindeuten würde, daß nämlich bei steigender Komplexität die Rationalität des sozialen Systems die Rationalität von Expertensystemen außerhalb übersteigt.

## 2.2.2 Prozeßberatung

Bereits aus den vorangegangenen Überlegungen ergeben sich Hinweise auf die zweite von Schein angesprochene Form der Beratung, die (im Anschluß an Schein) als Prozeßberatung bezeichnet wird.

Ausgangspunkt für Prozeßberatung sind auch wieder Probleme innerhalb eines Klientensystems, zu deren Lösung ein Berater (oder Beratersystem) herangezogen wird. Aber hier liefert der Berater keinen Lösungsvorschlag. Sondern ein Lösungsvorschlag wird innerhalb des Klientensystems entwickelt. Fatzer drückt das folgendermaßen aus, "daß der Klient das Problem besitzt... und auch während des gesamten Beratungsprozesses behält" (Fatzer 1990, 65).

Beispiele dafür wären etwa:

- daß innerhalb eines internen Projektes eine EDV-Konzeption entwickelt wird, wobei dieser Prozeß von einem Berater begleitet und unterstützt wird,

- daß ein Mitarbeiter Beratung in Bezug auf seine eigene Karriereplanung erhält, wobei er Unterstützung bekommt, seine Situation und seine Chancen klarer zu sehen. Aber er trifft selbst die Entscheidung,

- oder ein Team wird durch einen Berater dabei unterstützt, Reibungspunkte herauszufinden, dysfunktionale Regeln zu erkennen und dafür selbst Abänderungen zu entwickeln.

Diese Unterscheidung von Schein's Überlegungen zur Prozeßberatung sind jedoch insbesondere in der betriebswirtschaftlich ausgerichteten Beratung nicht oder kaum aufgegriffen worden. Häufig werden hier beide Formen von Beratungsprozessen (Experten- und Prozeßberatung) zusammengenommen, etwa wenn Elfgen/Klaile (1987, 29) Unternehmensberatung definieren als "Identifizierung und Lösung bzw. Anleitung zur Lösung betriebswirtschaftlicher Probleme des Auftraggebers". Oder es werden verschiedene Beraterrollen unterschieden, die sich in ihrem "Grad an Direktivität" unterscheiden. So führen Lippitt/Lippitt (1977, 105ff.) z.B. die Beraterrolle des "Advokaten" auf, wo sich der Berater bemüht, "den Klienten zu beeinflussen", die Rolle des "technischen Spezialisten", der "aufgrund seines Fachwissens, Könnens und seiner beruflichen Erfahrung ... gewonnen wird, um ... eine spezielle Aufgabe für eine Organisation zu übernehmen" oder des "Reflektors", der "die Entscheidungsbasis des Klienten durch reflektierende Fragen" erweitert (Lippitt/Lippitt 1977, 109; grundsätzlich ähnlich z.B. auch Wohlgemuth 1983, 346 und Hafner/Reineke 1992, 37ff., wo die Spannbreite der Beraterrollen vom "Krisenmanager" mit weitgehender Weisungsbefugnis bis zum "Prozeßberater" und "neutralen Dritten" reicht).

Bei einer solchen Zusammenfassung unterschiedlicher Beraterrollen wird aber verwischt, daß Experten- und Prozeßberatung ein grundsätzlich unterschiedliches Vorgehen bedingen, das offenbar nicht ohne weiteres miteinander kombinierbar ist. Das läßt sich gut an der Beratung bei Konflikten verdeutlichen:

- Expertenberatung würde hier bedeuten, eine "inhaltliche Stellungnahme" (Hafner/Reineke 1992, 40) abzugeben, also gleichsam als Schiedsrichter den Konflikt zu entscheiden.

- Prozeßberatung würde bedeuten, daß hier kein Votum von außen abgegeben wird. Sondern Ziel ist es, daß die Beteiligten den Konflikt selbst lösen. Aufgabe des Beraters ist dabei, den Prozeß zu begleiten, also z.B. abzuklären, wie weit Übereinstimmung und Unterschiede bestehen, selbst aber nicht zu werten, sondern neutral zu bleiben.

Das Verständnis von Prozeßberatung im Sinne von Schein deckt sich mit einem Beratungsverständnis in der Tradition von Pädagogik und (zumindest teilweise) Psychologie. Ausgehend von der klassischen Definition von Beratung im Rahmen der Sozialarbeit von Bang aus dem Jahr 1958, wo Beratung als "Hilfe zur Selbsthilfe" definiert wird (Bang 1958) und der These von Mollenhauer, daß "die Frage des Ratsuchenden ... eine Frage nach seinen eigenen Möglichkeiten ist" (Mollenhauer 1965, 34) wird Beratung hier definiert im Blick auf das Ziel der "Steigerung von Handlungs-, Gestaltungs- und Entscheidungsrationalität... der beratenen Individuen", wobei "Nicht-Bevormundung" als das "wichtigste Prinzip eines derartigen Beratungsverständnisses" gilt (Scheller/Heil 1986, 96; vgl. Kaiser/Seel 1981). Der Berater, so faßt Zygowski (1989, 173) diese Auffassung zusammen,

"...stellt... dem Ratsuchenden Hilfen zur eigenständigen Problembewältigung zur Verfügung, nimmt ihm trotz kritischer Urteile weder die Entscheidung über Handlungsalternativen oder ihre Umsetzung aus der Hand, noch versucht er, den Ratsuchenden auf seine persönliche Überzeugung zu verpflichten...".

Dabei kann eine solche Hilfestellung zur eigenständigen Problembewältigung bzw. Problemlösung durchaus unterschiedlich verlaufen:

- Sie kann darin bestehen, den Klienten darin zu unterstützen, sich über seine Ziele klar zu werden.

- Sie kann darin bestehen, ein Projektteam dabei zu unterstützen, Reibungspunkte und Probleme der Zusammenarbeit genauer herauszufinden und z.B. Regeln abzuändern.

- Sie kann darin bestehen, daß eine Organisation darin unterstützt wird, sich selbst klar zu werden über das Organisationsklima - wobei diese Unterstützung durchaus in Form von Interviews, Gruppendiskussionen oder auch Fragebogen verlaufen kann, deren Ergebnisse dann in das soziale System zurückgespiegelt werden.

- Und Beratung kann schließlich auch darin bestehen, daß ein Experte verschiedene Möglichkeiten der Problemlösung (verschiedene Formen der Organisationsgestaltung) und aus anderen Situationen bekannte mögliche Vor- und Nachteile darstellt. In dieser Form kann Prozeßberatung durchaus auch Phasen der Expertenberatung, also Information über Handlungsmöglichkeiten einschließen, aber nicht mit der Zielsetzung, einen fertigen Lösungsvorschlag zu unterbreiten, sondern mit der Zielsetzung, dem Gesprächspartner zusätzliche Informationen für die Entscheidung zur Verfügung zu stellen.

Systemische Organisationsberatung, wie sie hier dargestellt wird, ist definiert als Prozeßberatung mit dem Ziel, die Gesprächspartner (das Klientensystem) bei der eigenständigen Problemlösung zu unterstützen. Für den Berater bedeutet das, daß er grundsätzlich nicht die Verantwortung für eine bestimmte Lösung des Problems übernimmt. Es geht nicht darum, das zu tun, was der Berater in dieser Situation tun würde. Aber der Berater trägt Verantwortung für den Problemlösungsprozeß insofern, als es seine Aufgabe ist, das soziale System darin zu unterstützen, die zur Verfügung stehenden Ressourcen zu nutzen, nicht vorschnell mögliche Informationen und Lösungsmöglichkeiten auszublenden und eine Lösung zu finden, die der Klient oder das Klientensystem als seine eigene akzeptiert.

## 2.3 Beratung von Organisationen

Beratung insbesondere in der Tradition von Psychologie und Pädagogik ist lange Zeit vor allem Einzelberatung gewesen: Es ging darum, einen Klienten mit persönlichen Schwierigkeiten zu beraten, einen Schüler im Rahmen der Bildungsberatung über verschiedene Bildungsmöglichkeiten usw. zu informieren.

Beratung ist dann seit den 60er Jahren in stärkerem Maße (beeinflußt von der Familientherapie in der Tradition der Bateson-Schule) als Familienberatung auf soziale Systeme ausgeweitet worden, wobei Hintergrund ist, daß sich viele Probleme eben nicht individuell, sondern nur im Kontext der Familie lösen lassen.

Neben einzelnen Personen und Familien (oder Teilen von Familien) sind schließlich Organisationen das dritte mögliche Feld von Beratung.

Nach einigen frühen Ansätzen unter der Bezeichnung "Betriebsberatung", "Industrieberatung", "Wirtschaftsberatung" (vgl. Schleip 1966, 107ff.) wurde dann (insbesondere seit der Gründung des Bundesverbandes deutscher Unternehmensberater 1954) Beratung von Organisationen zunächst und v.a. unter dem Begriff "Unternehmensberatung" geläufig (vgl. z.B. Krebs 1980; Steyrer 1991).

Dabei ist Unternehmensberatung bis heute im Schwerpunkt deutlich auf Expertenberatung ausgerichtet. Das ergibt sich zum einen aus der Herkunft der Berater (an erster Stelle stehen Absolventen ingenieurwissenschaftlicher Studiengänge, gefolgt von Betriebswirten: Steyrer 1991, 37f.), darüber hinaus aber auch aus ihrem Rollenverständnis: Gemäß der Untersuchung von Hoffmann (1991, 91) sehen sich 63% der Unternehmensberater als Problemlöser, 19% als Informationslieferanten - und nur 4% als Katalysatoren/Moderatoren im Sinne einer Prozeßberatung.

Seit Ende der 80er Jahre finden sich neben dem klassischen Begriff "Unternehmensberatung" zunehmend auch Begriffe wie "Organisationsberatung" oder "Beratung von Organisationen" (z.B. Gotthardt-Lorenz 1992; Nevis 1988; Wagner/Reineke 1992; Weigand 1990; Wimmer 1992; Wimmer/Oswald 1987).

Hinter dieser von einigen Autoren vollzogenen Abwendung vom Begriff "Unternehmensberatung" dürften v.a. zwei Gründe stehen:

(1) Zum einen deutet sich damit eine Ausweitung gegenüber herkömmlicher Unternehmensberatung an (so deutlich z.B. Bartling 1985, 9): Organisationsberatung hat eben nicht nur Unternehmen, sondern auch andere Organisationen wie Schulen (z.B. Wimmer/Oswald 1987), Heime, Jugendämter, Kliniken, Projekte der Stadtteilarbeit oder Wohngruppen (Gotthardt-Lorenz 1992; Schreyögg 1991) zum Gegenstand.

(2) Daneben scheint der Wechsel zum Begriff "Organisationsberatung" auch eine Abwendung von (technisch oder betriebswirtschaftlich orientierter) Expertenberatung hin zu einer Prozeßberatung anzudeuten: Die unter dem Begriff "Organisationsberatung" angesiedelten Ansätze sind in der Regel vorwiegend prozeßorientiert, so daß auf dem Hintergrund von zunehmender Komplexität, die mit Hilfe von Expertenberatung nicht mehr steuerbar ist, Prozeßberatung als der "Organisationsberatungsansatz der 90er Jahre" deklariert wird (Fatzer 1992).

Fließend sind dabei die Übergänge zwischen Organisationsberatung und Organisationsentwicklung auf der einen und Organisationsberatung und Coaching auf der anderen Seite: Versteht man entsprechend dem Leitbild der Deutschen Gesellschaft für Organisationsentwicklung "Organisationsentwicklung" als einen "längerfristig angelegten organisationsumfassenden Entwicklungs- und Veränderungsprozeß von Organisationen und der in ihr tätigen Menschen" (Thom 1992, 1478), dann ist Organisations- oder Prozeßberatung eine Methode etwa neben Diagnose, Feed-back-Methoden, Qualitätszirkeln, aber auch Trainingsphasen, strukturellen Veränderungen usw. (vgl. z.B. French/Bell 1982, 124ff.; Thom 1992; Wohlgemuth 1984).

Organisationsberatung kann, aber muß nicht notwendigerweise Teil eines größeren Organisationsentwicklungs-Prozesses sein: Neben Beratungsphasen, die im Rahmen einer umfassenden Konzeption zur Entwicklung eines sozialen Systems stehen, kann Organisationsberatung ebenso für sich stehen als Beratung von Teams oder einzelnen Personen etwa im Rahmen von Personalentwicklung, Coaching usw.

Coaching ist zunächst einmal verstanden als "Einzelberatung von Menschen in der Arbeitswelt" (Looss 1991, 13; vgl. Klein 1991). Dabei finden sich innerhalb des Coaching zum einen Formen vorwiegender Prozeßberatung - so spricht Looss (1991, 13ff.) ausdrücklich von "personenbezogener" bzw. "personenzentrierter" Einzelberatung. Daneben findet sich aber auch Coaching im Sinne des sog. Mentoring (vgl. Looss 1991, 153ff.), wo ein Mentor z.B. einer jüngeren Führungskraft Vorschläge macht - Mentoring ist dann aber eindeutig eine Form von Expertenberatung. Im Unterschied zu Coaching kann dann Organisationsberatung zwar durchaus auch Einzelberatung von einzelnen in sozialen Systemen sein, aber ebenso Beratung von Teams, Projektgruppen, Abteilungen oder gesamten Organisationen.

## 2.4 Theorie der Organisationsberatung

Organisationsberatung, insbesondere wenn sie in der Tradition der Unternehmensberatung steht, verfügt ursprünglich über keine "Beratungstheorie", die eine theoretische Grundlegung und Absicherung des Beratungsprozesses leisten könnte. Unternehmensberater sind ihrer Herkunft nach in der Mehrzahl Spezialisten für technische oder betriebswirtschaftliche Probleme, aber nicht Spezialisten für Beratungsprozesse - und sind als solche in Gefahr, Probleme beim Ablauf des Beratungsprozesses zu unterschätzen und auf Grund fehlender Beratungskompetenz Beratungsprozesse nicht adäquat steuern zu können. Bis heute ist das Beratungswissen vieler Berater "nicht-professionelles", d.h. nicht auf gesicherte Wissensbestände gestütztes Wissen:

"Das diesbezügliche Know-how entsteht entweder durch die Mitarbeit in den diversen Beratungsunternehmen, durch das Hineinwachsen in die dort zur Verfügung gestellten Fachlaufbahnen, letztlich durch die Identifikation mit den für jedes dieser Unternehmen charakteristischen Standards und beraterischen Grundüberzeugungen... die vielen Tausenden freiberuflich tätigen Berater und kleinen Beraterteams verfügen in erster Linie über einen... höchst persönlich zugeschnittenen Erfahrungsschatz, in dem ihr beraterisches Tun fundiert ist. Ihr Beratungswissen ist im wesentlichen über viele Jahre durch 'handwerkliche Selbsterfahrung' entstanden" (Wimmer 1992, 61).

Beratungsprozesse sind jedoch keineswegs so einfach zu steuern, wie man in der traditionellen Unternehmensberatung offenbar weithin meinte. Und damit stellt sich die Frage nach der theoretischen und methodischen Absicherung des Beratungsprozesses.

In der Beratungstradition im Kontext von Pädagogik und Psychologie griff man in diesem Zusammenhang auf therapeutische Konzepte zurück, die sich durch weitaus stärkere theoretische und methodische Reflexion auszeichnen. Beratung wurde dann definiert als Anwendung therapeutischer Verfahren in eher alltäglichen Situationen - ohne daß eine genaue Abgrenzung zwischen Beratung und Therapie überhaupt zu treffen ist. In Folge unterschiedlicher therapeutischer Richtungen entstanden damit unterschiedliche Beratungskonzepte wie z.B.:

- die klientzentrierte Beratung in der Tradition der von Rogers begründeten klientzentrierten oder nichtdirektiven Gesprächstherapie (z.B. Nickel u.a. 1976; Rogers 1972)
- Individualpsychologische Beratung in der Tradition der von Adler begründeten Individualpsychologie (z.B. Sweeney 1989; Tymister 1990)
- Gestaltberatung in der Tradition der von Perls begründeten Gestalttherapie (z.B. Rahm 1983)
- Transaktionsanalytische Beratung auf der Grundlage der von Berne entwickelten Transaktionsanalyse (z.B. Stewart 1991)
- und schließlich die (weniger auf einzelne, sondern auf Familien ausgerichtete) Familienberatung oder systemische Beratung in der Tradition der Systemischen Familientherapie (z.B. Brunner 1990; Crolla-Baggen u.a. 1978; Oswald/Müllensiefen 1985).

Innerhalb der Organisationsberatung finden sich etwa seit Mitte der 80er Jahre die ersten deutlicheren Ansätze, Beratung stärker theoretisch und methodisch zu fundieren.

Einer der ersten Ansätze ist die von Sievers entwickelte "Rollenberatung" (z.B. Sievers/Weigand 1986; Weigand 1985), bei der Sievers jedoch nicht auf therapeutische Ansätze, sondern auf die soziologische Rollentheorie in der Tradition von Parsons und Dahrendorf zurückgreift. Ziel der Rollenberatung ist es, Angehörige von Organisationen dabei zu unterstützen, ihre "Rolle angesichts der Aufgabe der anderen Personen und anderen Rollen sowie der gegebenen Grenzen selber zu gestalten" (Sievers in: Weigand 1985, 50).
Verfahren einer solchen Rollenberatung bzw. eines Rollencoaching sind etwa (Eck 1990):

- Rollenanalyse:
wie ist die Rolle konzipiert?
wie weit ist die Rolle klar und konkret definiert?
wie stark ist die Rollenidentifikation?

- Rollenverhandeln:
mit der Zielsetzung, unterschiedliche Rollenerwartungen auszugleichen.

- Rollenkonfliktlösung:
mit der Bearbeitung von Veränderungswünschen und Widerständen in Bezug auf die Rolle.

Daneben findet sich der Rückgriff auf therapeutische Konzepte, wobei die Palette von Beratungskonzepten in der Tradition der themenzentrierten Interaktion (z.B. Freudenreich/Meyer 1992) über die Gestalttherapie (z.B. Nevis 1988) bis zur Psychoanalyse (z.B. Fürstenau 1992; Hofmann 1991) reicht.

Seit Mitte der 80er Jahre finden sich auch Ansätze, systemtheoretische Überlegungen für die Beratung von Organisationen heranzuziehen. Der Anlaß ist der gleiche wie für den Rückgriff auf Systemtheorien in anderen Bereichen: die Erfahrung, daß die Bearbeitung komplexer Probleme in Organisationen eines umfassenderen theoretischen Rahmens bedarf als es in herkömmlichen Therapie- und Beratungskonzepten der Fall ist.

Ausgangspunkt dafür ist das 1981 erstmals erschienene Buch "Hinter den Kulissen der Organisation" von Selvini-Palazzoli und Mitarbeitern (1984). Selvini-Palazzoli versucht hier, die in der Tradition von Bateson entwickelten und von ihr im Rahmen familientherapeutischer Arbeit ergänzend konzipierten familientherapeutischen Interventionsmethoden auf Organisationen anzuwenden. "Hinter den Kulissen der Organisation" beschreibt Organisationsentwicklungsprozesse, wobei Ansatzpunkte für eine schrittweise Veränderung, aber zugleich auch die dabei auftretenden Schwierigkeiten deutlich werden.

Während in den letzten zehn Jahren systemisches Management relativ umfangreich diskutiert und weiterentwickelt wurde (exemplarisch seien die Arbeiten aus der St. Gallener Schule genannt wie z.B. Probst 1987; Ulrich/Probst 1988; vgl. aber auch Jackson 1991; Königswieser/Lutz 1992; Schmitz 1992), liegen für systemische Beratung in Organisationen bislang lediglich verschiedene Ansätze vor (z.B. Borwick 1990; Christ/Wedekind 1988; Elfgen 1991; Exner u.a. 1987; Hargens/Grau 1992; König 1992; Kommescher/Witschi 1992; Schober 1991; Willke 1992; Wimmer 1991; 1992).

Im einzelnen zeigt sich dabei ein recht uneinheitliches Bild:

(1) Auf theoretischer Ebene findet sich ein recht verwirrendes Nebeneinander verschiedener systemtheoretischer Bezugspunkte. Da werden unterschiedliche Systembegriffe wie etwa der von Parsons, Luhmann oder
Bateson zugrundegelegt. Es werden darüber hinaus Anleihen bei sehr
unterschiedlichen anderen theoretischen oder therapeutischen Konzepten
gemacht. Deutliches Beispiel dafür ist der 1992 herausgegebene Sammel-
band "Organisationsberatung" von Wimmer, wo gleichsam nebeneinander
als "elaborierte wissenschaftliche Theorie personaler Systeme" die
Psychoanalyse propagiert (Fürstenau 1992, 48) und von anderer Seite in
Frage gestellt wird ("der Rückgriff auf psychoanalytische Beschreibungs-
kategorien... hat bislang... seine theoretische Fruchtbarkeit vermissen
lassen": Wimmer 1992, 76).

(2) Der fehlenden und häufig widersprüchlichen theoretischen Basis
entspricht Unklarheit hinsichtlich der Frage nach dem praktischen Vorgehen. Neben der These, daß "systemisch geleitetes Vorgehen kaum an
bestimmte konkrete Techniken gebunden ist" (Titscher 1991, 312) -
wobei sich die Frage stellt, was dann systemische Überlegungen für die
Praxis leisten - finden sich sehr unterschiedliche Zusammenstellungen
verschiedener Verfahren. Da werden z.B. genannt:

- sog. zirkuläres Fragen, wo verschiedene Personen des sozialen Systems
  über ihre Meinung nach der Meinung anderer Personen gefragt werden,
  z.B.: "was denken Sie, erwarten andere von der Beratung?" (z.B.
  Exner u.a. 1987; Titscher 1991, 336ff.).

- sog. "Meta-Dialoge" (z.B. Hargens/Grau 1992, 236ff.), wo ein oder
  mehrere Berater das System öffentlich (d.h. in Anwesenheit des sozialen Systems selbst) reflektieren

- sog. "Positive Konnotationen" (Borwick 1990, 379ff.), wobei jede
  Aktion des sozialen Systems bestätigt und unterstützt wird

- inhaltliche Inputs, um Information über Entscheidungsmöglichkeiten zu
  geben (Titscher 1991, 339f.)

- Informationsbeschaffung, Generierung von Lösungsalternativen, Bewertung von Lösungsalternativen, Ergebnis, Präsentation und Empfehlung
  (Elfgen 1991, 286), wobei unter dem Etikett "systemisch" die bekannten Verhaltensweisen technisch ausgerichteter Expertenberatung wieder
  auftreten.

Zweifelsohne können die jeweils aufgelisteten Verfahren (die Liste ließe sich noch ergänzen) in einer Reihe von Situationen sinnvoll sein. Aber sie bleiben zum Teil recht additiv und zufällig.

Der hier vorgeschlagene Entwurf versucht demgegenüber, eine umfassende Konzeption Systemischer Organisationsberatung zu entwickeln. Kennzeichnend sind dafür zwei Thesen:

(1) Grundlage ist der in der Tradition von Bateson entwickelte (und in Kap. 1 dargestellte) Systembegriff mit der Zielsetzung, eine einheitliche theoretische Grundlage für Systemische Organisationsberatung zu gewährleisten.

(2) Auf dieser Basis werden zentrale Methoden Systemischer Organisationsberatung entwickelt. Dabei handelt es sich zum Teil um Verfahren, deren Ansätze ursprünglich auf Überlegungen in der systemischen Familientherapie zurückgehen, teilweise um eigene Weiterentwicklungen, die sich (nicht zuletzt auf dem Hintergrund der eigenen praktischen Erfahrung mit Systemischer Organisationsberatung in den letzten 15 Jahren) in Organisationen bewährt haben.

## 2.5 Die Definition der Beratungssituation

### 2.5.1 Die Definition der Situation

Bevor in den nächsten Kapiteln die unterschiedlichen Vorgehensweisen Systemischer Organisationsberatung dargestellt werden, ist zunächst noch eine Frage zu diskutieren, die z.B. in Ausbildungsgruppen für Systemische Organisationsberatung immer wieder gestellt wird: In welchen Situationen ist Beratung überhaupt angemessen?

Bereits diese Fragestellung impliziert, daß es Situationen gibt, wo Beratung nicht angemessen ist:

- Wenn ich mit einem Kollegen zusammenarbeite, dann ist das keine Beratungssituation - in der Regel wird sich der Kollege strikt weigern, hier "beraten" zu werden.

- Auch private Situationen sind keine Beratungssituationen: Wenn ich mit meinem Kollegen ein Bier trinke oder mit meinem Partner in einer persönlichen Beziehung stehe, dann ist es problematisch, daraus "unter der Hand" eine Beratung zu machen: Partnerschaft ist z.B. auf Gleichberechtigung angelegt, aber Beratung verändert die Situation und hebt den Berater sozusagen aus der Situation heraus.

- Beratung ist offensichtlich auch problematisch gegenüber dem eigenen Vorgesetzten: Ich kann meinem Vorgesetzten zustimmen, ich kann mich vielleicht auch über ihn ärgern oder versuchen, meine Meinung ihm gegenüber zu vertreten, aber ich bin zunächst nicht der geeignete Berater - ebenso wenig wie ich geeigneter Berater für jemanden bin, mit dem ich Konflikte habe, den ich z.B. ablehne.

- Ebenso wenig ist auch der Vorgesetzte in einer Teambesprechung, der bestimmte Ziele durchsetzen möchte, in dieser Situation Berater des Teams - er ist Vorgesetzter.

Andererseits gibt es aber auch Situationen, wo unter Kollegen, Partnern, Vorgesetzten und Mitarbeitern Beratung möglich ist - etwa dann, wenn ein Kollege zu mir kommt mit der Bitte: "kannst Du mich nicht mal beraten, ich habe da ein Problem...". Es gibt sogar Situationen, wo ein Partner den anderen beraten kann. Und es gibt die Forderung, daß Vorgesetzte als Personalverantwortliche auch Beratungsaufgaben für Mitarbeiter übernehmen sollen. Wie ist dabei aber die Grenze zwischen Beratung und Nicht-Beratung scharf zu ziehen?

Als theoretische Basis für die Diskussion dieser Frage kann das Konzept der "Definition der Situation" dienen, wie es in der Tradition des sog. Symbolischen Interaktionismus insbesondere von Goffman (v.a. 1977) entwickelt wurde. Goffman geht von der These aus, daß wir im Alltag Situationen "als etwas" definieren, d.h. einen Rahmen festlegen und unter bestimmten "Regeln" definieren, der dem Gesprächspartner zugleich die Interpretation der Situation ermöglicht (Goffman 1977, 18ff., 31ff.).

Für alltägliche Situationen ist dies gut nachvollziehbar: Eine Vorlesung etwa in einer Hochschule ist durch einen bestimmten "sozialen Rahmen" definiert, d.h. durch bestimmte Verhaltensregeln, die festlegen, was die Interaktionspartner tun dürfen und was nicht: Da gibt es die Regel, daß ein Dozent oder eine Dozentin etwas vorträgt, daß die anderen Teilnehmer in erster Linie zuhören sollen (und nicht gleichzeitig in Arbeitsgruppen andere Probleme diskutieren), daß Anfangs- und Endpunkt festgelegt sind usw.

Entsprechend gibt es andere Regeln, die eine Situation etwa als Problem-lösungsbesprechung, als Kritikgespräch, als Verkaufsgespräch, als Plaudern beim Bier usw. definieren - und jeder kennt die Unsicherheit (und möglicherweise auch Verärgerung), die dadurch entsteht, daß eine Situation eben nicht eindeutig definiert wird, daß sich z.b. eine Plauderei plötzlich in ein Kritikgespräch verwandelt.

Auf Beratung angewandt bedeutet das: Beratung setzt voraus, daß die Situation als Beratungssituation definiert ist. Und das heißt, daß bestimmte Regeln vereinbart sind, die festlegen, was Berater und Klienten in dieser Situation zu tun haben, was nicht, z.B.:
- daß der Klient, nicht aber der Berater sein Problem darstellt
- daß der Berater berät, aber z.B. nicht den Klienten beschimpft
- daß der Klient die Wahl hat, Vorschläge des Beraters anzunehmen oder abzulehnen, aber nicht zu etwas gezwungen wird.

Im Grunde alle Beratungskonzepte weisen in diesem Zusammenhang auf die Wichtigkeit der Definition der Beratungssituation hin (z.B. Mc Clure Goulding/Goulding 1981, 70ff.; Kanfer u.a. 1991, 168ff.; Wohlgemuth 1984, 178ff.). D.h. es ist mit Hilfe eines expliziten Kontraktes die Situation als Beratung zu definieren:

- daß ein bestimmtes Problem des Klienten als Ausgangspunkt der Beratung genommen wird
- daß nicht der Berater, sondern der Klient für die Lösung des Problems verantwortlich ist
- daß der Berater den Klienten bei der Problemlösung unterstützt.

### 2.5.2 Kontrakte zur Definition der Beratungssituation

Doch wie läßt sich ein solcher Kontrakt über die Definition der Situation als Beratung herstellen? Zur Verdeutlichung sei auf eine alltägliche Situation zurückgegriffen:

Ein Abteilungsleiter hat Schwierigkeiten in seinem Team und wendet sich deshalb an eine Beraterin. Hierbei macht es wenig Unterschied, ob es sich dabei um eine externe oder interne Beraterin etwa aus dem Personal- oder Bildungsbereich handelt.

Normalerweise (es sei denn, der Abteilungsleiter hat mit Beratung schon gute Erfahrungen gemacht) ist die Erwartung des Abteilungsleiters zunächst nicht auf eine Beratung ausgerichtet, sondern er erwartet ganz pauschal Unterstützung: "Können Sie mir helfen, ich habe da ein Problem...".

Übrigens ist das eine ganz natürliche Situation, die aus anderen Bereichen bekannt ist.
Kanfer u.a. beschreiben diese Schwierigkeit für die Therapie (Kanfer u.a. 1991, 171):

"Besonders häufig kommen Klienten mit dem ... Schema einer Arzt-Patient-Rollenverteilung (im herkömmlich-medizinischen Sinn) zu uns. Sie erwarten vom Therapeuten, daß er - in Analogie zum Arzt - als Autorität und Experte auftritt, der aktiv die Initiative ergreift, um ihre Probleme für sie zu lösen. Sich selbst messen Klienten in diesem Verständnis nur eine passive Rolle ohne große Eigeninitiative bei; sie möchten allenfalls Ratschläge oder Rezepte entgegennehmen und Weisungen des Experten ausführen. Andere Klienten übertragen das Muster einer guten alltäglichen Freundschaftsbeziehung auf Therapie: Sie hoffen auf eine reziproke Beziehung, in der ihnen der Therapeut jederzeit (möglichst auch außerhalb des zeitlichen und räumlich-institutionellen Rahmens) mit Rat und Tat zur Seite steht, persönliche Ratschläge und Tips vermittelt und dadurch seine 'echte' persönlich-freundschaftliche Besorgtheit zum Ausdruck bringt. In diesem Zusammenhang gehen manche Klienten von der (vielleicht impliziten) Hoffnung aus, daß die Therapiesituation für sie einen Ersatz für fehlende oder unbefriedigende soziale Alltagsbeziehungen darstellen könnte."

Grundsätzlich gilt dieselbe Situation auch für Beratung in Organisationen. Möglicherweise richten sich die Erwartungen des Abteilungsleiters zunächst darauf,
- einen Verbündeten zu gewinnen
- jemanden zu gewinnen, der eindeutige Anweisungen gibt
- zu hören, daß er recht hat
- ggf. auch zu hören, daß nicht der Abteilungsleiter an der Situation schuld sei, sondern die Gesamtsituation des Unternehmens.

Normalerweise wird es so sein, daß die Beraterin sich mit dem Abteilungsleiter trifft, um das Vorgehen in dieser Situation zunächst einmal zu klären. Diese Abklärung ist noch nicht als Beratungssituation definiert, sondern ist so etwas wie ein Orientierungsgespräch, das in manchen Punkten Ähnlichkeit mit einem Verkaufsgespräch hat: Ein "Kunde" (der Abteilungsleiter) hat ein bestimmtes Anliegen, die Beraterin hat ein bestimmtes Angebot (eben Beratung) - und es geht nun darum, ob man hierbei zu einer Einigung gelangt oder nicht.

Auch die Situation eines solchen Orientierungsgespräches ist durch bestimmte Regeln definiert:

**(1) Die Regel, daß der Abteilungsleiter sein Anliegen darstellt:**
"Ich habe das Problem, daß..."

**(2) Die Regel, daß die Beraterin das Recht hat, nachzufragen:**
"Was möchten Sie von mir haben?"
"Worin liegt die Schwierigkeit?".

Übrigens kann die Beraterin hier durchaus bestimmte Arten des Nachfragens anwenden, die dann im Beratungsprozeß ihren Platz haben und in Kap. 3 dargestellt werden:

- Sie kann den Abteilungsleiter bitten, eine konkrete Situation zu schildern, bei der Probleme in der Abteilung besonders deutlich wurden (sog. fokussieren)

- Und sie kann nachfragen, was genau der Abteilungsleiter möchte bzw. wo genau die Schwierigkeiten liegen (Erfragen sog. Tilgungen).

Aber die Beraterin darf nicht unter der Hand die Situation in eine Beratungssituation umwandeln, denn die Anwendung bestimmter aus der Beratung stammender Verfahren ist hier (wie übrigens auch in einer Reihe anderer Situationen) nur in einem gewissen Umfang legitimiert, ohne daß freilich die Grenze von vornherein scharf gezogen wäre.

**(3) Die Regel, daß die Beraterin ein "Angebot" machen kann, aber nicht machen muß:**
Sie kann sagen, ob sie grundsätzlich bereit ist, den Abteilungsleiter zu unterstützen. Und sie kann sagen, in welcher Form sie sich eine solche Unterstützung vorstellt.

Am Schluß des daran anschließenden Aushandelns, wo die Beraterin aus ihrer Sicht Möglichkeiten nennt und der Abteilungsleiter seine Vorstellungen äußert, muß dann ein Kontrakt darüber stehen, was anschließend geschieht:

- Es kann sein, daß vereinbart wird, eine Beratung mit dem Team oder mit dem Abteilungsleiter durchzuführen. Das bedeutet, es wird ein Kontrakt darüber geschlossen, das anschließende Gespräch als Beratungssituation zu definieren - wobei sich dieses Beratungsgespräch auch unmittelbar an das Orientierungsgespräch anschließen kann.

- Es kann aber ebenso sein, daß ein solcher Kontrakt nicht zustande kommt, weil die Erwartungen zu weit auseinanderliegen.

Für das Erreichen eines solchen Kontraktes sind grundsätzlich drei Faktoren wichtig:

**(1) Eindeutigkeit des Kontraktes**
Es muß den Beteiligten klar sein, was es heißt, die anschließende Situation als Beratung zu definieren.

Die Klarheit darüber ist zum einen notwendig, weil ansonsten der Abteilungsleiter möglicherweise mit ganz anderen Erwartungen in das Gespräch geht und dann Widerstand zeigen wird, wenn diese Erwartungen nicht erfüllt werden.

Andererseits aber ist solche Klarheit nicht unbedingt leicht zu erreichen, weil vielen Gesprächspartnern (zunächst) nicht bewußt ist, was Beratung überhaupt bedeutet. Hier ist es Aufgabe der Beraterin, diese Orientierung zu geben, wobei nicht unbedingt der Begriff "Beratung" fallen muß: "Was ich Ihnen anbieten kann, ist, daß wir uns im Team zusammensetzen und ich Sie dabei unterstütze, die Situation und mögliche Schwierigkeiten zu klären und Verbesserungsmöglichkeiten für die Arbeit zu finden. D.h. ich werde Ihnen keine Lösung vorgeben, aber ich kann Sie dabei unterstützen, selbst die für Sie richtige Lösung zu finden. Wäre das für Sie eine akzeptable Vorgehensweise?".

Damit wird die Situation auch ohne Verwendung des Begriffs als "Prozeßberatung" definiert.

**(2) Die Zustimmung des Klienten**
Wichtig ist für solche Kontrakte eine explizite (verbale oder körpersprachliche) Zustimmung des Klienten. Falls die Zustimmung nicht eindeutig erfolgt, ist es zweckmäßig, nachzufragen - möglicherweise bestehen noch irgendwelche Bedenken, die zunächst bearbeitet werden müssen.

Generell gilt, daß mögliche Klienten Beratung akzeptieren, wenn sie die Hoffnung haben, dadurch ihre Probleme (besser) zu lösen, was sicher von der Kompetenz der Beraterin (auch in diesem Orientierungsgespräch) und möglicherweise auch von Vorerfahrungen abhängt.

Aber es kann natürlich auch sein, daß der Gesprächspartner nicht zustimmt: "Aus meiner Sicht wäre es sinnvoller, wenn Sie den Mitarbeitern deutlich sagen würden, worauf sie bei Teamarbeit zu achten haben".

Damit gibt der Abteilungsleiter einen Vorschlag für eine andere Definition der Situation. Es liegt dann an der Beraterin zu entscheiden, ob sie sich auf eine solche Definition der Situation einläßt (möglicherweise entsteht ja daraus ein Training über Teamarbeit) oder ob das Orientierungsgespräch hier ohne weitere Kontrakte beendet wird.

Auch eine solche Entscheidung (daß keine Beratung zustandekommt) ist zu akzeptieren - Beratung ist keine missionarische Tätigkeit, mit der andere Gesprächspartner zu "beglücken" wären.

## (3) Die Zustimmung der Beraterin

Eine gemeinsame Definition der Situation als Beratung bedeutet, daß auch die Beraterin explizit zustimmen muß. D.h. es hängt auch von ihr ab, ob sie sich in dieser Situation auf Beratung einläßt oder nicht.

Im Rahmen eines Kontraktes am Schluß dieser Orientierungsphase ist auch Einigung über die Art der Beratung zu erzielen:

- Wird Prozeßberatung vereinbart, wo ein Berater oder eine Beraterin die Klienten dabei unterstützt, ihre Situation klarer zu sehen und selbst eine Lösung zu finden?

- Wird Expertenberatung vereinbart, wo z.B. eine Beraterin aufgrund ihres eigenen Expertenwissens mögliche Lösungswege und möglicherweise dabei auftretende Schwierigkeiten und Probleme darstellt?

Im Verlauf Systemischer Organisationsberatung können einzelne Situationen (einzelne Abschnitte) durchaus unterschiedlich als Orientierungsgespräch, als Prozeßberatung oder Expertenberatung definiert sein:

- Es treten in der Anfangsphase und auch im weiteren Verlauf immer wieder Situationen auf, die als Orientierungsphase definiert sind, wo z.B. ein Kontrakt über das weitere Vorgehen, über die Durchführung einer bestimmten Übung usw. zu schließen ist.

- Es treten Situationen auf, die als Prozeßberatung definiert sind, wo geklärt wird, wie die Mitglieder des Klientensystems die Situation sehen, und wo sie selbst Lösungsmöglichkeiten erarbeiten.

- Und es können schließlich in diese Prozeßberatung auch Phasen der Expertenberatung eingeschoben sein, wo die Beraterin aufgrund ihrer Expertenkompetenz z.B. mögliche Vorgehensweisen der Teamarbeit nennt. Wichtig dabei ist jedoch, daß danach der Beratungsprozeß wieder als Prozeßberatung unter der Fragestellung, was die Klienten mit diesen Anregungen machen, weitergeführt wird.

Entsprechend können auch im Rahmen anderer Definitionen für einen bestimmten Zeitraum Situationen als Beratung definiert werden:

- Z.B. kann eine Führungskraft sehr wohl ein Beratungsgespräch mit einem Mitarbeiter führen, wenn diese Situation für einen begrenzten Zeitraum explizit als Beratung definiert ist und die Beteiligten sich darauf einlassen. Das bedeutet, daß z.b. eine Abteilungsleiterin für diese Situation ihre Wertungen und persönlichen Einstellungen "zurückhält" - und das bedeutet, daß der Mitarbeiter die Beratung "akzeptieren" muß, z.b. nicht aus jeder Äußerung seines Vorgesetzten einen Vorwurf deutet. Mit Abschluß des Beratungsgespräches ist dann auch die Definition der Situation beendet - es gelten wieder die üblichen Regeln, nach denen die Situation z.b. zwischen Abteilungsleiterin und Mitarbeiter definiert ist.

- Innerhalb eines solchen Beratungsgespräches, wo die Führungskraft für begrenzte Zeit die Rolle der Beraterin übernimmt, können dann auch wieder für kürzere Abschnitte Situationen nochmals neu definiert werden. So ist es z.B. denkbar, daß die Abteilungsleiterin im Rahmen des Beratungsgespräches ihre persönliche Meinung sagt: "Wenn ich mich jetzt als Ihr Vorgesetzter sehe, dann würde ich Ihnen vorschlagen...". Die Wendung "wenn ich mich jetzt als Ihr Vorgesetzter sehe" macht die Veränderung der Situationsdefinition transparent und auch für den Gesprächspartner nachvollziehbar - wobei wichtig ist, daß danach auch wieder das Ende dieser Definition "Führungskraft - Mitarbeiter" explizit angezeigt wird: "Und wenn wir jetzt wieder in die ursprüngliche Beratungssituation zurückkehren..., was machen Sie mit einer solchen Anregung?" (Wechsel aus der Rolle der Führungskraft in eine explizite Prozeßberatung). Entsprechend sind bei der Moderation von Abteilungsbesprechungen kurze neue Definitionen der Situation möglich: "An dieser Stelle möchte ich mich als Führungskraft einschalten. Mir ist wichtig, daß...". Oder umgekehrt kann in einer gemeinsamen Besprechung einer Aufgabe, wo z.B. ein Vorgesetzter Vorschläge macht, auch eine Beratungsphase einfließen: "Wo sehen Sie Schwierigkeiten dieses Vorgehens...?".

- Auch innerhalb einer Arbeitsbeziehung unter Kollegen oder einer persönlichen Beziehung ist damit Beratung prinzipiell möglich: dann nämlich, wenn für einen bestimmten eng begrenzten Zeitraum die Situation als Beratung definiert wird und alle Beteiligten dieser Definition explizit zustimmen: "Ist es Ihnen recht, daß ich jetzt nicht meine inhaltliche Meinung sage, sondern die Rolle der Beraterin übernehme?".

### 2.5.3 Die Systemgrenze zwischen Berater- und Klientensystem

Ein Beratungssystem ist grundsätzlich in zwei Subsysteme gegliedert: das Berater- und das Klienten-System. Beratung ist nur dann erfolgreich, wenn die "Grenze" zwischen beiden Subsystemen gewahrt bleibt, d.h. wenn der Berater "neutral" gegenüber den Klienten bleibt (z.B. Titscher 1991, 315; Tomm 1988, 153ff.) und nicht ins System fällt.

Als Beraterin oder Berater ins System fallen, kann dreierlei bedeuten:

**(1) Ins System fallen kann bedeuten, daß ich als Berater selbst von dem Problem betroffen bin**
Gordon führt in diesem Zusammenhang eine Unterscheidung hinsichtlich des "Problembesitzes" ein, die zunächst am Beispiel der Familie verdeutlicht wird (Gordon 1972, 68ff.; vgl. 1979, 109):

- Es gibt Situationen, in denen ein Kind ein Problem hat, wovon die Eltern nicht betroffen sind (etwa wenn ein Kind traurig ist, weil es nicht in die Tennismannschaft aufgenommen wurde).

- Es gibt andererseits Situationen, wo ein Elternteil das Problem besitzt, z.B. dann, wenn es sich durch das Verhalten des Kindes gestört fühlt.

Diese Unterscheidung im Blick auf den Problembesitz hat Konsequenzen für den Beratungsprozeß:
Beratung ist nur dann möglich, wenn der Klient, nicht aber der Berater das Problem besitzt. Hierfür einige Beispiele:

- Ein Vorgesetzter kann z.B. einen Mitarbeiter beraten hinsichtlich seines Problems, sich selbst bei der Arbeit unter Streß zu setzen, solange er davon nicht persönlich betroffen ist. Aber der Vorgesetzte wird ihn schwerlich beraten können, wenn ihn der unaufgeräumte Schreibtisch des Mitarbeiters zur Weißglut bringt, oder er sich immer wieder über nicht eingehaltene Termine ärgert.

- Eine Personalreferentin kann einen Abteilungsleiter einer anderen Abteilung beraten hinsichtlich der Frage, wie er mit seinen Mitarbeitern umgehen soll. Aber sie kann diese Beratung schwerlich bei ihrem eigenen Abteilungsleiter durchführen, insbesondere dann nicht, wenn sie von verschiedenen Lösungsmöglichkeiten persönlich betroffen ist. Spätestens dann, wenn Ergebnis eines solchen Gespräches wäre, daß der Abteilungsleiter sich darüber klar wird, "härter" mit seinen Mitarbeitern (und damit auch mit der Personalreferentin) umzugehen, ist sie nicht mehr Beraterin, sondern Teil des Systems, d.h. Betroffene.

- Als Berater ist es unproblematisch, jemanden zu beraten, zu dem keine engere Beziehung besteht, aber schwerlich jemanden, demgegenüber Konflikte und Abneigungen bestehen.

- Ein Berater kann dann nicht mehr beraten, wenn für ihn das Verhalten der Klienten "zum Problem wird": etwa, wenn ihn das zögernde Verhalten eines Gesprächspartners zur Verzweiflung bringt.

- Und ein Berater kann ins System fallen, wenn im Beratungsprozeß Themen angesprochen werden, die für ihn als Person ein (noch nicht genügend bearbeitetes) Problem darstellen. Wenn z.B. der Berater hört, welche Schwierigkeiten der Klient hat, sich gegenüber einem Vorgesetzten durchzusetzen, und wenn er in seiner eigenen Biographie eine ähnliche, für ihn sehr belastende Situation erlebt hat, dann besteht eine hohe Wahrscheinlichkeit, daß er nicht mehr "neutral" berät, sondern den Klienten zu drängen versucht, sich doch gegen seinen Vorgesetzten zu wehren. Er fällt damit ins System.

**(2) Ins System fallen kann bedeuten, unbefragt die "Konstruktion der Wirklichkeit" des Klientensystems oder eines Teiles desselben zu übernehmen.**
D.h. man akzeptiert dieselben Begriffe und die darauf basierenden Erklärungen wie Teile des Klientensystems: etwa die Deutung, daß es an der gesamten Struktur des Untenehmens liegt, daß sich nichts verändert, oder die Deutung, daß der Vorstand zu wenig Verständnis für die Mitarbeiter hat, oder die Deutung, daß die Situation ausweglos ist, daß die Ursache für Probleme fortwährende Umstrukturierung ist usw. Wenn man als Berater diese Konstruktion der Wirklichkeit übernimmt, kommen einem andere Möglichkeiten der Problemlösung überhaupt nicht mehr in den Blick.

Übrigens ist das etwas, das gerade auch Beratern, die das Klientensystem relativ gut kennen, leicht geschehen kann: Wenn man längere Zeit z.B. in einem Unternehmen arbeitet, dann macht man sich zwangsläufig ein Bild der Wirklichkeit dieses Unternehmens. Und man ist dann leicht in Gefahr, dieses Bild etwa in der Auseinandersetzung innerhalb einer Abteilung zu übernehmen und selbst inhaltliche Lösungen vorzuschlagen: Ein Berater, der meint, daß der Mitarbeiter eben nur ein offenes Gespräch führen sollte, um seine Probleme zu lösen, ist nicht mehr neutral, sondern ist ins System gefallen.

**(3) Ins System fallen kann bedeuten, eine Koalition mit einem Teil des Klientensystems einzugehen.**

Von den Klienten erhält man als Berater im Verlauf des Beratungsprozesse (v.a. in Anfangsphasen, solange die Definition der Beratungssituation noch nicht für alle eindeutig etabliert ist) fortwährend Koalitionsangebote. Die können offen erfolgen oder auch sehr verdeckt. Hierfür einige Beispiele:

- "Ich bin froh, Frau Schmidt, daß Sie als Beraterin in unsere Abteilung gekommen sind. Einigen Kollegen fehlt es nämlich an der entsprechenden Einstellung - und es ist gut, wenn das von außen gesagt wird" - hier ein sehr deutliches Koalitionsangebot eines Klienten, das sich gegen andere Kollegen richtet.

- Ein Teilnehmer greift Überlegungen der Beraterin besonders zustimmend auf und ist sofort bereit, sich auf neue Phasen und Übungen einzulassen. Die Beraterin "freut" sich über diese Unterstützung - und fällt eben damit ins System, indem sie eine Koalition gegenüber anderen, reservierteren Teilnehmern einnimmt.

- Ein Teilnehmer in einem Beratungsgespräch zwischen zwei Kollegen macht fortwährend nonverbale Koalitionsangebote an den Berater. Er hört ihm interessiert zu, nimmt immer wieder Blickkontakt auf und schiebt seinen Stuhl unmerklich noch etwas näher an den Berater heran. Der Berater nimmt das nicht wahr - und ist doch bereits dadurch ins System gefallen und hat sich mit diesem Teilnehmer des Klientensystems verbündet. Auch wenn weder der Berater noch möglicherweise die anderen Gesprächspartner bewußt wahrgenommen haben, was hier abläuft, so wird allein aufgrund der Sitzposition diese Koalitionsbildung unbewußt registriert - es ist damit zu rechnen, daß andere dem Berater gegenüber reservierter werden und Einwände erheben.

Im Grunde wird damit nochmals die Wichtigkeit einer eindeutigen Definition der Situation als Beratung unterstrichen. Je klarer die Situation definiert ist und je eindeutiger diese Definition von allen Beteiligten akzeptiert wird, desto erfolgreicher ist Beratung.

# Kapitel 3: Phasen Systemischer Organisationsberatung

### 3.1 Theoretische Grundlagen: Beratung als Veränderung subjektiver Deutungen

Problemsituationen, das wurde bereits am Schluß von Kapitel 1 deutlich, sind gekennzeichnet durch ganz bestimmte subjektive Deutungen: Ein Mitarbeiter macht sich ein Bild von der Wirklichkeit. Er deutet z.B. das Verhalten seines Vorgesetzten als "intolerant" und "ohne Verständnis". Und dieses Bild beeinflußt dann sein Handeln: Er fühlt sich möglicherweise unsicher, macht Fehler, schätzt sich selbst als "unfähig" und "Versager" ein und wird dadurch zunehmend unmotiviert.

Daraus ergibt sich eine zentrale Konsequenz für Beratung: Beratung zielt grundsätzlich zunächst einmal auf Veränderung der subjektiven Deutungen. Sie verändert das Bild, das sich z.B. der Mitarbeiter vom Vorgesetzten macht mit der Zielsetzung, für diese Situation neue Handlungsmöglichkeiten zu finden.

Dabei ergeben sich für Experten- und Prozeßberatung zwei unterschiedliche Vorgehensweisen:

(1) Expertenberatung gibt von außen andere Deutungen der Situation vor. Expertenberatung könnte damit etwa darin bestehen, daß dem Mitarbeiter erklärt wird, daß der Vorgesetzte in Wirklichkeit keineswegs intolerant sei, daß der Mitarbeiter selbst nicht unfähig sei und daß er seinem Vorgesetzten nur die Meinung sagen sollte.

(2) Prozeßberatung dagegen versucht, den Klienten darin zu unterstützen, seine Konstruktion der Wirklichkeit selbst weiter zu klären und sie abzuändern. Sie gibt keine Deutung von außen vor, sondern unterstützt den Betreffenden, sich mit seinen subjektiven Deutungen selbst auseinander zu setzen, sie zu überprüfen und dann ggf. neue Konstruktionen zu entwickeln.

Unterschiedliche Beratungs- und Therapiekonzepte haben unterschiedliche Verfahren entwickelt, die Veränderung subjektiver Deutungen zu unterstützen. Die Spannbreite reicht hier von der klientzentrierten Gesprächsführung und dem Aktiven Zuhören in der Tradition von Rogers (z.B. 1977; 1991; Gordon 1979, 64ff.) über bestimmte Fragetechniken wie dem Disput irrationaler Ideen der Rational-Emotiven Therapie (z.B. Ellis 1989, 103ff.) oder das sog. Meta-Modell im Neurolinguistischen Programmieren (Bandler/Grinder 1984) bis zu provokativen Techniken (z.B.

Farrelly 1986) oder den in der Gestalttherapie entwickelten Verfahren und Übungen (z.B. Perls 1976, 137ff.; Stevens 1975).

Eines der bekanntesten Konzepte ist die nichtdirektive oder klientzentrierte Gesprächsführung in der Tradition von Rogers (z.B. 1972; 1977; 1991, vgl. z.b. auch Bommert 1987; Mucchielli 1972), die dann von Gordon für alltägliche Situationen in Familie, Schule, Unternehmen weiterentwickelt wurde ("Familienkonferenz" 1972; Lehrer-Schüler-Konferenz" 1977; "Managerkonferenz" 1979).

Grundlage ist für Rogers die These, daß Probleme daraus resultieren, daß man sich über seine Situation nicht klar ist. Rogers beschreibt diese Situation folgendermaßen:

"Die Vorstellungen, die der Klient in bezug auf sich und seine Umwelt bildet, sind an rigide psychische Strukturen gebunden. Er ist von seinem gegenwärtigen Erleben so entfernt, daß er es nicht wahrnimmt... Probleme werden nicht erkannt. Gefühle und persönliche Bedeutungen werden weder wahrgenommen noch akzeptiert" (Rogers 1977, 28f.).

"Bedingungsfreies Akzeptieren" und "präzises einfühlendes Verstehen" (Rogers, z.B. 1977, 20ff.) bzw. das "aktive Zuhören" (Gordon 1979, 64ff.) sind dann die zentralen Momente der Beratung: Aufgabe des Beraters ist es, dem Klienten Zuwendung zu geben, die frei ist von Bewertungen (das meint "bedingungsfreies Akzeptieren"), und die in den Äußerungen des Klienten angedeuteten Empfindungen zu verbalisieren. Damit hilft Beratung dem Klienten, sich über seine Empfindungen und seine Situation klarer zu werden und schrittweise selbst seine Situation anders zu deuten und neue Möglichkeiten zu finden:

"Wenn der Klient feststellt, daß ihm jemand zuhört und ständig akzeptiert, wie er seine Gedanken und Gefühle äußert, lernt er nach und nach dem zuzuhören, was in seinem Inneren vorgeht; er lernt wahrzunehmen, daß er wütend oder ängstlich ist oder liebevolle Empfindungen verspürt. Allmählich wird er fähig, auf Empfindungen in seinem Innern zu lauschen, die ihm früher so seltsam, so erschreckend oder bedrohlich erschienen waren, daß er sie ganz aus dem Bewußtsein verbannt hatte... wenn der Klient schließlich im Stande ist, sich selbst besser wahrzunehmen, gelangt er zu größerer Kongruenz und kann sich offener äußern. Er gewinnt zuletzt die Freiheit, sich zu verändern und in die Richtung hin zu entwickeln, die der reifende menschliche Organismus natürlicherweise einschlägt" (Rogers 1977, 27ff.; vgl. auch 1972, 124ff.).

Gordon gibt dafür in der "Manager-Konferenz" folgendes Beispiel eines Gesprächs zwischen einer Abteilungsleiterin (Nancy) und ihrer Mitarbeiterin (Kate):

"Kate: Haben Sie ein paar Minuten Zeit, um mir bei einem Problem zu helfen, Nancy?
Nancy: Sicherlich, Kate. In einer halben Stunde habe ich ein Meeting. Reicht die Zeit?
Kate: Ganz bestimmt. Es ist kein sehr kompliziertes Problem, aber es fängt doch an, mich zu beunruhigen.
Nancy: Es fängt also an, Sie zu kneifen, ist es das?
Kate: Ja. Im Ernst, ich hab' da eine Frau in meiner Gruppe, die mir ein Rätsel aufgibt. Ich kann nichts mit ihr anfangen. Ich dachte, daß Sie vielleicht wüßten, was in einem solchen Fall zu tun ist.
Nancy: Das klingt so, als wüßten Sie sich wirklich keinen Rat.
Kate: Ja, so eine Frau ist mir noch nie vorgekommen. Ich weiß gar nicht, wie ich sie beschreiben soll. Zuerst einmal ist sie verdammt helle - daran ist nicht zu rütteln. Sie hat Verstand, und das weiß sie. Der Ärger dabei ist nur, daß sie glaubt, sie wüßte alles. Wenn ich ihr einen Vorschlag mache, hat sie immer etwas an ihm auszusetzen - aus irgendeinem Grunde geht es nie so, wie ich es sage.
Nancy: Es frustriert Sie, wenn sie sich gegen alles wehrt, was Sie vorschlagen.
Kate: Und ob! Dann kommt sie gewöhnlich mit irgendwelchen Ideen, die sie für besser hält. Doch ihre Ideen sind immer so ausgefallen - fast jedesmal schlägt sie irgend etwas vor, was ganz anders ist als das, was wir tun. Oder wir müßten ihrer Idee zuliebe unsere Arbeitsmethoden verändern, irgendeinen neuen Kniff ausarbeiten, oder uns die Zeit nehmen, ein neues System oder etwas dergleichen zu entwickeln...". (Gordon 1979, 74f.).

Was die Abteilungsleiterin (in der Rolle einer Beraterin) hier tut, ist, die in den Äußerungen der Mitarbeiterin anklingenden Empfindungen zu verbalisieren: "Es frustriert Sie, wenn sie sich gegen alles wehrt, was Sie vorschlagen". Und dieses Verhalten führt dann dazu, daß sich Kate (die Mitarbeiterin) über ihre Empfindungen und ihre Situation klar wird und auf dieser Basis eine neue Lösung findet - in diesem Fall: ein gemeinsames Meeting anzusetzen.

Grundsätzlich dasselbe Ziel verfolgt auch die in der Tradition von Ellis entwickelte Rational-Emotive-Therapie (RET). Auch Ellis wendet sich gegen die aus dem Maschinenmodell geläufige These, daß Menschen nur auf Reize reagieren, und betont demgegenüber die Wichtigkeit von Gedanken (der subjektiven Deutungen) für das praktische Handeln (Ellis 1977, 39ff., 117ff.; 1989, 70ff.).

Ellis hat in diesem Zusammenhang ein sog. ABC-Modell entwickelt.
Dabei sind

A: (activating events): äußere Ereignisse
B: (belief systems): Annahmen, Gedanken, die man sich über die
äußeren Ereignisse macht
C: (consequences): Konsequenzen, d.h. aus B resultierende Empfindungen und Verhaltensweisen

Ellis These ist, daß dasselbe äußere Ereignis (A) aufgrund unterschiedlicher Gedanken (B) zu völlig unterschiedlichen Reaktionen und Handlungskonsequenzen (C) führen kann: Ein Mitarbeiter nimmt wahr, daß
der Vorgesetzte eines Morgens nur kurz angebunden ist und kaum mit
ihm redet. Er kann sich nun unterschiedliche Gedanken darüber machen:
Er kann die Situation deuten als Ablehnung "der hat etwas gegen mich",
"der will nichts von mir wissen" - aber er kann das Verhalten im Grunde
ebenso deuten etwa als Zeichen der Überarbeitung des Vorgesetzten "der
hat aber auch viel auf dem Kopf". Je nach diesen Gedanken wird das
eigene Empfinden und Handeln (C) anders sein: Wenn der Mitarbeiter
die Situation deutet als Ablehnung, wird er sich möglicherweise ungerecht behandelt fühlen, sich zurückziehen, vielleicht verstärkt Kritik
vorbringen. Wenn er die Situation andererseits als Überlastung des
Vorgesetzten deutet, wird er möglicherweise selbst die Initiative ergreifen
(um dem anderen etwas abzunehmen), den Betreffenden unterstützen
usw.

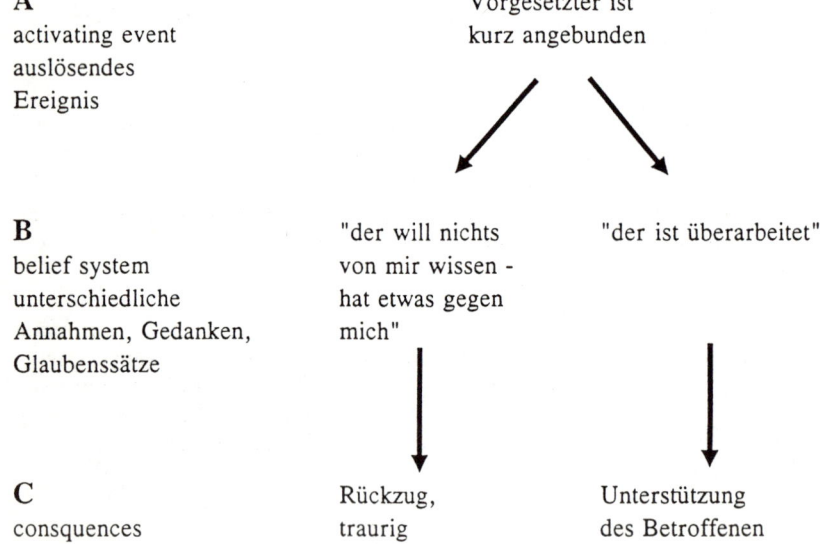

**A**
activating event
auslösendes
Ereignis

Vorgesetzter ist
kurz angebunden

**B**
belief system
unterschiedliche
Annahmen, Gedanken,
Glaubenssätze

"der will nichts
von mir wissen -
hat etwas gegen
mich"

"der ist überarbeitet"

**C**
consequences
Konsequenzen

Rückzug,
traurig

Unterstützung
des Betroffenen

Dasselbe auslösende Ereignis A (der Vorgesetzte ist kurz angebunden) führt aufgrund unterschiedlicher subjektiver Deutungen der Situation (B) zu völlig unterschiedlichem Handeln (C).

Im Blick auf die Lösung von Problemen in Organisationen ist Veränderung der subjektiven Deutungen der Personen dieses Systems einer der zentralen Ansatzpunkte: Wenn man davon ausgeht, daß Probleme innerhalb eines sozialen Systems (mit) von den subjektiven Deutungen der betreffenden Personen bedingt sind (z.B. von der Einstellung des Vorgesetzten gegenüber seinem Mitarbeiter), dann liegt es auf der Hand, daß Veränderungen subjektiver Deutungen Veränderungen des sozialen Systems insgesamt und damit Ansatzpunkte für neue Lösungen nach sich ziehen:

Wenn z.B. ein Vorgesetzter lernt, einen Mitarbeiter anders ("positiver") zu sehen, dann verändert sich damit die Interaktion zwischen Vorgesetztem und Mitarbeiter, es verändert sich das soziale System.

Systemische Prozeßberatung ist Beratung mit dem Ziel, dem Gesprächspartner Hilfestellung bei der Klärung und Veränderung seiner subjektiven Deutungen der Wirklichkeit zu geben. Dabei finden sich Elemente solcher Prozeßberatung in unterschiedlichen Beratungssituationen: Wenn es darum geht, eine einzelne Mitarbeiterin etwa bei bestimmten Problemlösungen zu beraten (zu coachen), dann steht Prozeßberatung im Vordergrund: Ausdrückliches Ziel ist es ja dabei, die Gesprächspartnerin dabei zu unterstützen, die Situation klarer und vielleicht anders zu sehen und auf dieser Basis neue Handlungsmöglichkeiten zu gewinnen. Prozeßberatung ist aber ebenso wichtiges Element im Rahmen von Teamberatung oder Organisationsentwicklungsprozessen. Auch hier ist es notwendig zu klären, wie z.B. einzelne Angehörige etwa eines Teams die Situation sehen, und ihnen zugleich Unterstützung dabei zu geben, ihre subjektiven Deutungen zu überprüfen und zu verändern.

## 3.2 Einteilung des Beratungsprozesses in Phasen

Es gibt in der Literatur eine Reihe von Einteilungen des Beratungsprozesses in verschiedene Phasen:

So wird im Anschluß an Lewin als Basis für die Einteilung in Phasen die These genommen, daß im Beratungsprozeß zunächst festgefahrene Einstellungen aufgetaut und verändert werden müssen, bis neue Orientierung entsteht. Daraus ergeben sich drei Phasen (z.B. Sattelberger 1991, 300ff.; Schley 1992, 161ff.):

(1) Auftauen (unfreezing)
(2) ändern (moving)
(3) Wiederherstellen der Stabilität (refreezing)

Lippit/Lippit (1984, 18ff.) unterscheiden sechs Phasen im Beratungsprozeß:
(1) Kontakt und Einstieg
(2) Formulierung des Kontrakts und Aufbau einer Arbeitsbeziehung
(3) Definition des Problems und diagnostische Analyse
(4) Zielsetzung und Vorgehenspläne
(5) Durchführung und Erfolgskontrolle
(6) Sicherung der Kontinuität

Und schließlich gibt es die Möglichkeit, den Beratungsprozeß nach Schritten des Problemlösungsprozesses zu gliedern (Quekelberghe 1979, 17f.; Schwarzer/Posse 1986, 636ff.):
(1) Allgemeine Orientierung
(2) Problemanalyse
(3) Erzeugung und Bewertung von Alternativen
(4) Entscheidung: Planung und Durchführung
(5) Durchführung der konkreten Lösungsstrategie
(6) Evaluierung

Nun sind solche Phaseneinteilungen sicher immer ein Stück willkürlich, andererseits erleichtern sie die Orientierung und können deutlich machen, welche Aufgaben im Verlauf der einzelnen Phasen anstehen.

Im folgenden wird eine Gliederung in vier Phasen zugrundegelegt, die sich teilweise an Schwarzer/Posse anlehnt, aber die dortigen Phasen 5 und 6 (Durchführung der Lösungen und Evaluation) außer acht läßt (als Phasen, die über den unmittelbaren Beratungsprozeß hinausführen). Damit ergibt sich folgende Gliederung:

**(1) Orientierungsphase,**
in der es darum geht, die Situation als eine Beratungssituation zu definieren (oder eine solche Definition aus einem vorherigen Orientierungsgespräch nochmals festzumachen), aber auch Themen und eventuelle Randbedingungen (Zeitrahmen usw.) festzulegen.

**(2) Klärungsphase,**
in der es um die Klärung der Problemsituation geht.

**(3) Veränderungsphase,**
in der das Schwergewicht auf der Veränderung subjektiver Deutungen und der Diskussion daraus resultierender neuer Lösungsmöglichkeiten liegt.

**(4) Abschlußphase,**
in der das Ergebnis des Beratungsgespräches festgemacht und ggf. mittels Kontrakten abgesichert wird.

Der Erfolg von Beratungsgesprächen allgemein hängt davon ab, wie weit es gelingt, die in den einzelnen Phasen jeweils anstehenden Aufgaben zu bewältigen. Ein Beratungsgespräch ist unfruchtbar, wenn z.B. die Orientierung fehlt (d.h. wenn nicht geklärt ist, worin das Ziel des Gespräches liegt). Es ist aber ebenso unfruchtbar, wenn es während der Klärungs- oder Veränderungsphase auf der Stelle tritt oder in der Abschlußphase kein Ergebnis erzielt wird.

Im folgenden werden die in den einzelnen Phasen anstehenden Aufgaben, dabei auftretende Schwierigkeiten und Hinweise zum Vorgehen dargestellt.

### 3.3 Die Orientierungsphase im Beratungsprozeß

Der Gesprächspartner (Klient) in einem Beratungsgespräch (entsprechendes gilt übrigens für alle anderen Gespräche) benötigt zunächst einmal Orientierung:
- Was geschieht hier?
- Um was für eine Art von Gespräch handelt es sich?
- Was passiert mit mir?
- Als was sieht sich mein Gesprächspartner?
- Kann ich dem Gesprächspartner vertrauen?

Wenn eine solche Orientierung fehlt, kommt Unsicherheit auf und es werden Barrieren aufgebaut: Der Gesprächspartner entwickelt seinerseits subjektive Deutungen über die Situation, die häufig seine Unsicherheit noch vergrößern: Er entwickelt Befürchtungen und wird gerade dadurch gehemmt, seine subjektive Sicht zu klären und zu verändern.

Wenn man im Anschluß an Watzlawick u.a. (1969, 53ff.) beim Gesprächsverlauf zwischen den zwei Ebenen Inhaltsebene und Beziehungsebene unterscheidet, dann muß die Orientierungsphase Orientierung auf beiden Ebenen leisten:

(1) Zum einen muß die Orientierung hinsichtlich der Beziehung zwischen dem Gesprächspartner und dem Berater bzw. der Beraterin geleistet werden: Der Gesprächspartner braucht die Gewißheit, vom Berater akzeptiert zu werden, sich auf ihn verlassen zu können - nur dann wird er bereit sein, seine subjektive Sicht zu erzählen.

(2) Und zum anderen braucht der Gesprächspartner Orientierung auf der Inhaltsebene: Orientierung darüber, was in dem Gespräch ablaufen kann.

Beide Ebenen werden im folgenden dargestellt.

### 3.3.1 Orientierung auf der Beziehungsebene

Man stelle sich vor, in einer Beratung fällt der Satz des Beraters "nun sagen Sie doch endlich klar, was Sie wollen!". Auf der Inhaltsebene wird hier eine Aufforderung gegeben. Auf der Beziehungsebene dagegen handelt es sich um eine negative "Du-Botschaft" (Gordon 1979, 101ff.), die aller Voraussicht nach beim Gesprächspartner als Kritik ankommen wird:
>"Sie haben bislang die Situation nicht klar dargestellt"
>"Sie sind nicht in der Lage, die Situation klar zu schildern"
>"Sie reden viel zu lange um die Sache herum".

Welche Du-Botschaft der Gesprächspartner genau aus der Äußerung heraushören wird, hängt sicherlich vom Tonfall, aber auch von der subjektiven Deutung oder der Stimmung des Angesprochenen ab. Aber mit hoher Wahrscheinlichkeit wird hier eine negative Beziehung, die durch Kritik ("Sie machen das nicht richtig!") und implizite Ablehnung gekennzeichnet ist, definiert. Der Gesprächspartner kann diese Definition entweder akzeptieren und wird dann versuchen, sich zu verteidigen (um es dem Berater möglichst recht zu machen, womit dann aber die eigentliche Intention, die eigenen subjektiven Theorien zu klären, aus den Blick gerät), oder er wird die Definition ablehnen und dann möglicherweise mit Abwehr gegenüber Fragen des Beraters reagieren.

In der Regel wird in den ersten ein bis zwei Minuten eines Gespräches die Beziehung definiert und damit entschieden, ob es gelingt, Kontakt zu dem Gesprächspartner aufzubauen und Vertrauen herzustellen: Je nachdem, ob der Gesprächspartner danach die subjektive Deutung "ich kann hier von meinen Problemen erzählen, ich kann dem Berater vertrauen" akzeptiert oder nicht, wird sich der weitere Verlauf des Beratungsgespräches gestalten: Im ersten Fall wird der Klient bereit sein, seine subjektive Sicht darzustellen und ggf. weiter zu entwickeln; im anderen Fall wird er sich selbst die Anweisung geben, möglichst wenig zu erzählen, und im allgemeinen bleiben oder gar das Gespräch abbrechen.

Für das Beratungsgespräch heißt das, daß Beraterin oder Berater zu Beginn des Beratungsgesprächs zunächst einmal vor der Aufgabe stehen, eine positive Beziehung aufzubauen. Dafür gibt es mehrere Möglichkeiten (vgl. z.B. auch Hackney/ Cormier 1993, 23ff.):

## (1) Die Einstellung zum Gesprächspartner

Eine positive Beziehung herzustellen, ist keine Verhaltenstechnik, sondern ist zunächst und vor allem Sache der Einstellung. Sicher kann man bestimmte Verhaltensweisen wie z.b. Nicken gleichsam "technisch" üben - aber wenn dahinter keine positive Einstellung zum Gesprächspartner steht, dann wirkt ein solches Verhalten im besten Fall technisch und unecht und führt beim Klienten zur Abwehr.

Rogers (1977, 23ff.) spricht in diesem Zusammenhang von der Grundeinstellung "bedingungsfreiem Akzeptieren" des Klienten als Voraussetzung für Beratung und Therapie, wobei "bedingungsfrei" bedeutet, daß das Akzeptieren des Gesprächspartners "frei ist von Beurteilung und Bewertungen der Gedanken, Gefühle und Verhaltensweisen des Klienten" :

"Dies... ist die Haltung, die mit größter Wahrscheinlichkeit dazu führt, daß der Klient Vertrauen faßt, sein Selbst weiter erkundet und unrichtige Äußerungen korrigiert, sobald sich sein Vertrauen gefestigt hat. Offenbar ist der Therapeut zu einer solchen emotionalen Zuwendung dann im Stande, wenn er den Klienten im Innersten ganz als das akzeptieren kann, was dieser ist - oftmals eine devensive, verletzliche, innerlich zerrissene Person, die aber ungeheure Wachstumsmöglichkeiten in sich trägt" (Rogers 1977, 24).

Eine solche Grundeinstellung der Akzeptanz als Grundlage der Beratung zu entwickeln, ist sicher nicht einfach und bedeutet für Beraterin oder Berater letztlich Klärung des eigenen Selbstverständnisses.

Was jedoch in der konkreten Situation hilfreich sein kann, ist, sich dieser Grundeinstellung der Akzeptanz jeweils neu zu vergewissern.

In der Tradition der sog. kognitiven Verhaltenstherapie gibt es dafür als Hilfsmittel die "Selbst-Instruktion", sich selbst Anweisungen zu geben, die die Aufmerksamkeit in eine bestimmte Richtung lenken (z.B. Meichenbaum 1979).

So könnte sich ein Berater selbst Anweisungen geben wie etwa
"Der Klient ist im Mittelpunkt"
"Beratung heißt: die Sicht des Klienten erfassen"
"Der Klient hat das Recht auf seine subjektive Sicht".

Wie man genau sich eine solche Anweisung formuliert und in welcher Form (ob z.B. als Satz, den man sich selber sagt, oder als Leitspruch auf einem Zettel oder auf einer Karte notiert), mag von Fall zu Fall unterschiedlich sein. Wichtig aber ist, daß durch solche Selbstinstruktionen die Aufmerksamkeit des Beraters in eine bestimmte Richtung - also weg von der Sache auf den Klienten - gelenkt wird.

## (2) Äußeres Umfeld

Die Beziehung zwischen Berater und Gesprächspartner wird auch definiert durch das äußere Umfeld, in dem das Beratungsgespräch stattfindet. Ein Büroraum mit anderen, wo andauernd das Telefon klingelt oder man häufig unterbrochen wird, signalisiert dem Gesprächspartner negative Beziehungsbotschaften: Du bist mir nicht so wichtig, anderes hat Vorrang.

Positiv gewendet: Die Auswahl des Umfeldes ist unter dem Gesichtspunkt zu treffen, welche Beziehungsbotschaften der Gesprächspartner daraus herauslesen könnte. Wichtig können dabei u.a. sein:
- Art des Raumes (Besprechungsraum)
- Vermeiden von Störungen
- Atmosphäre des Raumes (Besprechungstisch, Sitzecke, ggf. Kaffee usw.).

## (3) Warming-up-Phase

Hilfreich im Blick auf die Beziehungsebene ist es, am Anfang des Gesprächs etwas Zeit zu lassen, um sich aufeinander einzustimmen. Hier haben z.B. auch oberflächliche Themen wie Urlaub, Wetter, Kinder usw. durchaus ihren Platz, denn sie signalisieren:
"Ich lasse dir Zeit, dich auf die Situation einzustellen"
"Das Gespräch ist mir so wichtig, daß wir nicht hetzen müssen".

## (4) Verbales Verhalten

Jede Äußerung, so die These von Watzlawick, enthält sowohl eine Inhalts- als auch eine Beziehungsbotschaft. Eine Aufforderung, weiterzuerzählen, kann dabei völlig unterschiedliche Beziehungen definieren, etwa
"Sagen Sie doch endlich, wo Ihr Problem liegt!"
"Möchten Sie mir von Ihrem Problem erzählen?"
Im ersten Fall ist die Beziehungsbotschaft abwertend, im zweiten eher ermutigend und unterstützend.

Darüber hinaus gibt es noch zusätzliche Möglichkeiten, auf verbaler Ebene eine positive Beziehung aufzubauen:
Gordon führt in diesem Zusammenhang sog. "Türöffner", "Aufmerksamkeitsreaktionen" und das "aktive Zuhören" auf (Gordon 1979, 63f.):

- Türöffner sind Einladungen an den Klienten, über ein Thema zu sprechen, die zugleich Zuwendung und Aufmerksamkeit signalisieren:
  "Möchten Sie darüber sprechen?"
  "Kann ich Ihnen dabei helfen?"
  "Würde es Ihnen helfen, wenn Sie darüber sprechen?"

- Aufmerksamkeitsreaktionen sind ins Gespräch eingestreute Anzeichen dafür, daß der Zuhörer die Botschaft wahrnimmt: "mh", "wirklich?", "ich verstehe" usw.

- Aktives Zuhören ist das im Anschluß an Rogers entwickelte "Widerspiegeln", wobei der Berater dem Gesprächspartner "rückmeldet", wie er die Äußerung verstanden hat - und damit Interesse und Aufmerksamkeit signalisiert.

Eine andere Möglichkeit, durch verbales Verhalten in Kontakt mit dem Klienten zu kommen, ist die Angleichung an die Wahrnehmung des Gesprächspartners. Grinder und Bandler sprechen hier in Anlehnung an Satir von "Repräsentationssystemen" (Grinder/Bandler 1989, 14ff.; Cameron-Bandler 1992, 33ff.).

Grundlage dafür ist die These, daß Menschen auf unterschiedliche Art ihre Erfahrungen der Welt "repräsentieren", d.h. sich Situationen auf unterschiedliche Weise vergegenwärtigen. Man kann sich das leicht verdeutlichen, wenn man sich an konkrete Situationen erinnert, etwa eine Situation am Strand. Die Erinnerungen, die hier repräsentiert werden, sind ganz unterschiedlich:

- Es mag sein, daß man sich an Bilder erinnert: den Sonnenuntergang am Strand, den Blick auf die Palmen, die sich im Wind bewegen, die Kette der Lichter an der Küste usw.

- Oder man erinnert sich zunächst an Geräusche: Das Rauschen der Wellen und des Windes, das Schreien der Möwen, Stimmen am Strand usw.

- Oder man erinnert sich an Gefühle: das Spüren des Sandes unter den Füßen, rauhe Muscheln oder die Empfindung von Ruhe, Ausgeglichenheit.

- Schließlich gibt es die Möglichkeiten, Erfahrungen über Gerüche und Geschmack zu repräsentieren: der Geruch des Meeres, der Geschmack salzigen Wassers, der Geschmack des Rotweins, den man getrunken hat usw.

Damit ergeben sich fünf unterschiedliche Repräsentationssysteme:
- ein visuelles Repräsentationssystem, bei dem andere Erfahrungen v.a. durch Bilder repräsentiert werden,
- ein auditives Repräsentationssystem (Töne, Geräusche, Wörter)
- ein kinästhetisches Repräsentationssystem (Empfindungen)
- ein olfaktorisches Repräsentationssystem, bei dem man Gerüche wahrnimmt
- und ein gustatives (Geschmack), wo man sich z.B. an den Geschmack eines Getränkes erinnert.

Grinder/Bandler zufolge werden diese jeweiligen Repräsentationssysteme in der Sprache in sog. "Prozeßwörtern" deutlich (Cameron-Bandler 1992, 34ff.; Grinder/Bandler 1989, 18ff.):

In einer schwierigen Situation
- mag jemand nicht klarsehen, nicht durchblicken oder keinen Weg finden (visuelles Repräsentationssystem)
- kann jemand sich selbst sagen "das schaffst du nie", oder hört (in Gedanken) negative Botschaften (auditiv)
- fühlt sich jemand nicht wohl (kinästhetisch)
- stinkt es ihm oder schmeckt ihm nicht (olfaktorisch, gustativ)

Cameron-Bandler (1992, 37) gibt folgende Auflistung unterschiedlicher Prozeßwörter:

| Visuelle | Auditive | Kinästhetische | Geruch,Geschmack |
|---|---|---|---|
| sich vorstellen | schreiben | fühlen | bitter |
| verschwommen | hören | warm | salzig |
| hell | kreischen | berühren | duftend |
| leuchten | rufen | behandeln | scharf |
| blau | laut | begreifen | riechen |
| sehen | verstärken | weich | schal |
| abzielen | abstimmen | fest | frisch |
| Perspektive | tönen | glatt | Geschmack |
| klar | harmonisieren | rauh | süß, sauer |

Verständigung, so weiter Bandler/Grinder, hängt nicht zuletzt von der Übereinstimmung in den Repräsentationssystemen ab: Wenn jemand mit einem anderen "auf gleicher Welle" oder "im Gleichklang" ist (man achte auf die Prozeßwörter), dann deutet das auf Übereinstimmung in den Repräsentationssystemen hin. Wenn jemand einen anderen nicht versteht und keinen Zugang zu ihm hat, dann deutet das auf Unterschiede hin (Cameron-Bandler 1992, 35ff.).

Eine positive Beziehung herstellen, so die Folge, bedeutet dann Angleichung des Repräsentationssystems: d.h. zu versuchen, das Repräsentationssystem des Gesprächspartners zu erkennen und sich (soweit als möglich) ihm anzugleichen.

### (5) Nonverbales Verhalten

Passives und aktives Zuhören sind nicht nur verbal, sondern auch nonverbal gesteuert: Nicken, Blickrichtung zum Gesprächspartner usw. signalisieren: "was du sagst, interessiert mich, ist mir wichtig".

Im Zusammenhang mit Beratungsgesprächen sind hier noch zwei Faktoren besonders hilfreich:

Als Sitzposition wird üblicherweise die klassische Beratungsposition etwa im Winkel von 90 Grad empfohlen. Dadurch wird vermieden, daß Gesprächspartner aufeinander fixiert sind (was als Anstarren und damit oft als Kontrolle erlebt wird): Der Ratsuchende hat die Möglichkeit, Blickkontakt aufzunehmen oder den Blick abzuwenden, je nachdem, wie es für ihn passend ist.

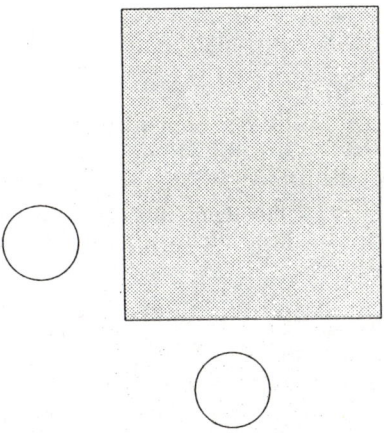

**90 Grad - Sitzposition**

Eine andere Möglichkeit bietet das in der Tradition des Neurolinguistischen Programmierens geläufige Spiegeln (Pacing)(Bandler/Grinder 1975; 1984, 54ff.; Dilts u.a. 1987, 121ff.). Man kann es häufig bei Gesprächspartnern, die sich gut verstehen, im Alltag wahrnehmen: Unbewußt nehmen sie dieselbe oder eine ähnliche Körperhaltung ein. Spiegeln, d.h. Übereinstimmung in der Körperhaltung signalisiert auf unbewußter Ebene Nähe und Übereinstimmung.

In einer Einklang-Beziehung (rapport) sind Sprecher und Zuhörer oft »synchronisiert«, d.h. sie haben die gleiche Sitzhaltung und bewegen sich synchron.*

Die zwei Frauen rechts halten den linken Arm und die untere Körperhälfte zueinander parallel. Die Frau in der Mitte und die Frau links haben parallele Oberkörperhaltung. Beide haben die rechte Hand nahe am Gesicht.

Im Neurolinguistischen Programmieren wird dieses Verhalten als bewußte Möglichkeit eingesetzt, Kontakt ("Rapport") zum Klienten bzw. zum Gesprächspartner herzustellen: Wortwahl und Körperhaltung werden (zumindest teilweise) der des Klienten angeglichen: beide haben z.B. die Beine übereinandergeschlagen, sind zurückgelehnt usw. (z.B. Bierach 1991, 69ff.).

Spiegeln ist eine Möglichkeit, Kontakt im Beratungsgespräch herzustellen. Aber es ist zugleich den Gefahren aller solcher Techniken ausgesetzt: Als bloße Technik wirkt es unnatürlich und möglicherweise abwertend. Spiegeln ist sicher immer nur partiell sinnvoll (niemand hat es gern, wenn er kopiert wird) und muß der tatsächlichen Einstellung, Kontakt herzustellen, entsprechen.

Das gilt aber generell für alle hier aufgeführten Verhaltensweisen, die eine positive Beziehung aufbauen können. Sie werden nur dann Kontakt herstellen, wenn sie der tatsächlichen Einstellung entsprechen. Rogers spricht hier von "Kongruenz" als der "grundlegendsten unter den Einstellungen des Therapeuten" (Rogers 1977, 26), d.h. daß das Verhalten (z.B. aktives Zuhören) der tatsächlichen Einstellung ("der Klient ist mir wichtig") entspricht. Fehlende Kongruenz wird der Gesprächspartner unbewußt wahrnehmen, was eine Beratung unmöglich macht.

### 3.3.2 Orientierung auf der Inhaltsebene

Erfolgreiche Beratung setzt voraus, das wurde schon in Kapitel 2.5 deutlich, daß die Situation als Beratung definiert wird: Die Gesprächspartner brauchen Orientierung darüber, daß es sich hier um ein Beratungsgespräch und nicht z.B. um ein Verhör handelt. Und sie brauchen Orientierung darüber, ob es hier um Expertenberatung (wo der Berater neue Handlungsmöglichkeiten nennt) oder Prozeßberatung (wo der Berater den Klienten darin unterstützt, seine Situation zu klären und selbst neue Möglichkeiten zu finden) handelt.

Orientierung auf der Inhaltsebene heißt aber darüber hinaus, festzulegen, was Thema in diesem Beratungsprozeß ist: Welches Problem soll bearbeitet werden?

Dabei gibt es unterschiedliche Möglichkeiten:

- In vielen Fällen ist das Thema von außen vorgegeben: Es geht um das Verhältnis zu einem Mitarbeiter, um die zukünftigen Aufgaben der Abteilung, die eigene Karriereplanung usw.

- Der Gesprächspartner (bzw. das Klientensystem) wählt frei ein Thema, das für ihn (es) in dieser Situation wichtig ist. Dies ist ein Vorgehen, das für die klientzentrierte Gesprächsführung in der Tradition von Rogers (z.B. 1977, 142) typisch ist: Nicht der Berater legt von sich aus ein Thema fest, sondern der Klient wählt das Thema, über das er jetzt sprechen möchte. Aufgabe des Beraters ist es dabei nicht, ein neues Thema einzuführen, sondern den Klienten dabei zu unterstützen und ihm alle Gefühle zu gestatten, "die im Augenblick in ihm vorhanden sind: Feindseligkeit und Zärtlichkeit, Auflehnung und Fügsamkeit, Selbstvertrauen und Selbstentwertung" (Rogers 1977, 186).

Diese Möglichkeit besteht auch im Rahmen Systemischer Prozeßberatung: Es wird von außen kein Thema vorgegeben, sondern der Klient wählt frei. Dabei kann es sein, daß zunächst allgemein die gegenwärtige Situation charakterisiert wird, bis sich daraus das Thema für die Beratung herauskristallisiert. Es mag sein, daß eine Gesprächspartnerin einen für sich wichtigen Punkt herausgreift. Oder es mag sein, daß das Gespräch sich zunächst bei Nebensächlichkeiten bewegt - wobei aber gerade dann häufig die Erfahrung zu machen ist, daß auch solche anscheinend nebensächlichen Themen nicht ohne Bedeutung für die Gesprächspartnerin sind: Sie hat unbewußt ein Thema gewählt, das für sie eine Bedeutung hat.

- Und schließlich kann der Berater von sich aus ein Thema ansprechen. Das ist häufig zweckmäßig in späteren Phasen des Beratungsgespräches: Wenn z.B. in einem ersten Gespräch eine Vereinbarung hinsichtlich der Ziele, die erreicht werden sollen, getroffen wurde, so liegt es nahe, daß der Berater diese Vereinbarung zunächst noch einmal anfragt.

Abzusichern ist diese inhaltliche Orientierung mit einem expliziten Kontrakt: Berater- und Klientensystem müssen in der Definition der Situation, in der Wahl des Themas und ggf. in weiteren Vereinbarungen (z.B. über die zur Verfügung stehende Zeit, die Verwendung von Ergebnissen usw.) übereinstimmen.

Einen Kontrakt herstellen bedeutet dann, explizit die Zustimmung des anderen einzuholen, etwa:
"Sind Sie damit einverstanden, daß ich Sie dabei unterstütze, sich über Ihre beruflichen Ziele und für Sie sinnvolle Schritte dahin klarzuwerden?"
Die Wendung "Sind Sie damit einverstanden" (oder eine entsprechende Formulierung) fordert eine explizite Stellungnahme des Gesprächspartners heraus: Er kann verbal oder nonverbal zustimmen, oder er kann die Zustimmung verweigern (etwa, weil er andere Vorstellungen hinsichtlich der Beratung hatte). Im letzteren Fall ist die Definition der Situation neu auszuhandeln, wobei die Einigung von der freien Entscheidung jedes einzelnen Beteiligten (d.h. der Klienten und Berater) abhängt. Möglicherweise einigt man sich auf eine andere Definition der Situation, möglicherweise kommt das vorgesehene Gespräch nicht zustande.

## 3.4 Die Klärungsphase im Beratungsprozeß

Die eigentliche Prozeßberatung beginnt üblicherweise mit der Klärung der Situation:
- Was möchten die Klienten durch die Beratung erreichen?
- Wo sehen sie das Problem?
- Was haben sie bislang versucht?

Dabei verläuft diese Klärungsphase üblicherweise in zwei Abschnitten: In einem ersten Abschnitt erzählt der Klient frei seine subjektive Sichtweise, in einem zweiten Abschnitt wird er dabei unterstützt, die Problemsituation weiter zu klären und damit neue Lösungsansätze zu gewinnen.

### 3.4.1 Freie Darstellung der Problemsituation

Je gravierender Probleme sind, desto mehr haben Klienten in der Regel das Bedürfnis, sich ihr Problem "von der Seele zu reden". D.h. das Beratungsgespräch beginnt damit, daß sich der Gesprächspartner "warm redet" und seine Sicht der Situation darstellt.
Das Verhalten des Beraters beschränkt sich in dieser Phase zunächst auf "passives Zuhören" und sog. "Aufmerksamkeitsreaktionen":
Passives Zuhören, so Gordon, ist nichts anderes als schweigendes und aufmerksames Zuhören:

"Wer ein Problem hat und jemanden findet, der den Mund hält und zuhört, wird dadurch - wie jedermann aus eigener Erfahrung weiß - gewöhnlich ermutigt, weiter über sein Problem zu berichten... Schweigen (oder passives Zuhören) ist ein wirksames Instrument. Es bringt Menschen dazu, über das zu sprechen, was sie bekümmert. Wenn man zu jemandem spricht, der bereit ist zuzuhören, erfährt man die Ermutigung, um fortzufahren" (Gordon 1979, 63).

Aufmerksamkeitsreaktionen (Gordon 1979, 64) sind Signale, die dem Zuhörer signalisieren, daß der Gesprächspartner bei der Sache ist: nicken, "mh", Augenkontakt usw.
Was in dieser Phase geschieht, ist die Darstellung der unmittelbar verfügbaren subjektiven Theorie des Gesprächspartners: Er erzählt die Situation so, wie sie ihm vertraut ist. Aufgabe des Beraters ist es dabei, sich über die subjektiven Deutungen des Gesprächspartners Klarheit zu verschaffen:
- Was sind zentrale Themen?
- Wie schätzt der Gesprächspartner die Situation ein?
- Was gibt er als Erklärung für das Problem?
- Was möchte er erreichen? Welche Ziele setzt er an?
- Was hat er bislang versucht, das Problem zu lösen?
- Kommen für ihn andere Problemlösungen in den Blick?

Die unmittelbar verfügbare subjektive Deutung des Gesprächspartners steckt gleichsam den Rahmen ab, unter dem der Betreffende bislang die Situation gesehen hat. So kann es z.B. sein, daß ein Mitarbeiter "Ablehnung" als zentrales Thema in seiner Abteilung ansieht: Er fühlt sich von Vorgesetzten und den Kollegen bzw. Kolleginnen abgelehnt und hintergangen. Er meint, daß er gute Arbeit leistet, hat aber (aus seiner Perspektive) in der Abteilung keine Chance, weil er von den anderen abgelehnt wird. Er hat versucht, seine Ideen einzubringen, hat aber damit bislang keinerlei Erfolg gehabt.
Damit wird der Status dieser Phase freier Darstellung deutlich: Sie bietet eine Oberflächensicht, die dann weiter zu klären und zu verändern ist.

### 3.4.2 Klärung der Problemsituation

Problemsituationen zeichnen sich grundsätzlich durch eine "eingeschränkte" Konstruktion der Wirklichkeit aus: Der Gesprächspartner in obigem Beispiel erklärt die Wirklichkeit nur noch unter dem Aspekt der "Ablehnung", ohne daß in der Schilderung die konkreten Erfahrungen, die dahinter stehen, deutlich werden.

In Anlehnung an Bandler/Grinder (1984, 36ff., 65ff.) kann man davon sprechen, daß in der freien Darstellung der Problemsituation in der Regel bestimmte Informationen "getilgt" sind: Wenn der Gesprächspartner davon spricht, daß er abgelehnt wird, dann werden dabei die konkreten Erfahrungen, die ursprünglich zu einer solchen Deutung der Wirklichkeit führten, nicht mehr deutlich. Sie werden entweder weggelassen, weil sie für den Betreffenden selbstverständlich erscheinen. Oder aber sie werden weggelassen, weil sie dem Betreffenden selbst nicht völlig bewußt sind.

Bandler/Grinder verdeutlichen dies an dem Satz "ich fürchte mich" (1984, 36ff., 65ff.): Wenn dieser Satz lediglich so geäußert wird, dann sind dabei eine Reihe von Informationen getilgt: Es wird z.B. nicht deutlich, daß die Furcht einen bestimmten Auslöser hat, daß es bestimmte Personen und bestimmte Handlungen gibt, die diese Furcht ausgelöst haben und vielleicht immer wieder auslösen. Und es wird andererseits aber auch nicht deutlich, welche Bedeutung die Furcht für den Betreffenden hat: Ob sie ihn z.B. lähmt oder ihn dazu veranlaßt, vor solchen Situationen zu fliehen usw.

Bandler/Grinder unterscheiden hier verschiedene Arten der Tilgung und unterscheiden davon noch Fehlen des Beziehungsindex, unvollständig spezifizierte Verben, Nominalisierung usw., ohne daß diese Unterscheidungen sehr scharf sind.

Stattdessen wird hier eine auf der Basis zahlreicher Videoanalysen von Beratungsgesprächen erstellte Unterscheidung in zwei Hauptbereiche getilgter Informationen zugrundegelegt:

- Tilgung von Informationen über externe Prozesse
- Tilgung von Informationen über interne Prozesse

**(1) Tilgung in Bezug auf externe Prozesse**
Hiermit sind Tilgungen bezeichnet, bei denen Informationen über andere Personen, äußere Situationen oder Handlungen anderer Personen weggelassen sind.

Bei dem Satz "ich fürchte mich" sind offenbar eine Reihe von Informationen über solche äußeren Prozesse getilgt: Möglicherweise stehen dahinter:
- bestimmte Personen, vor denen sich der Betreffende fürchtet (vor dem Chef, vor einer Teilnehmergruppe im Seminar)
- konkrete äußere Situationen, in denen er sich fürchtet (bei einer Präsentation vor der gesamten Abteilung, vor einem Kritikgespräch)
- Erfahrungen über konkrete Handlungen des anderen: was tut der Betreffende, daß sich der Gesprächspartner fürchtet (schreit der Vorgesetzte ihn an oder behandelt er ihn ironisch) usw.

**(2) Tilgung in Bezug auf interne Prozesse**
Bei dem Satz "ich fürchte mich" sind aber neben den Informationen über externe Prozesse auch Informationen über Gedanken, Absichten, Empfindungen des Betreffenden getilgt, die er dabei hat.
"Furcht" ist im Grund ein recht unscharfer Begriff, der offen läßt, was hier in dem Betreffenden abläuft: Welche Gedanken macht sich der Betreffende, die ihn zum Fürchten bringen? Wie kommt er zu diesen Gedanken? Bedeutet Furcht hier vielleicht Furcht zu versagen? Worauf stützt er die Annahme, daß er versagen könnte? Wie erlebt der Betreffende die Furcht: lähmend, wird er aggressiv, zieht er sich in sich selbst zurück?

Dieselben Arten von interner und externer Tilgung lassen sich auch in zahllosen anderen Äußerungen wiederfinden, die auf der Oberflächenstruktur bleiben.

Systemische Prozeßberatung bedeutet dann, die in der Problemdarstellung enthaltenen Tilgungen aufzulösen.

Grundsätzlich bieten sich dafür drei Möglichkeiten: fokussieren, nachfragen und widerspiegeln.

**(1) Fokussieren**
Eine erste Möglichkeit, getilgte Informationen aufzulösen, besteht darin, daß der Klient eine ganz konkrete Situation dazu darstellt, d.h. diese Situation "fokussiert".

"Fokussieren" ist ein Verfahren, das ursprünglich von Gendlin (1981) eingeführt wurde. Gendlin bezeichnet "focusing" als die Fähigkeit, herauszufinden, wo das Leben "festgefahren, behindert, verkrampft und eingeengt wird" (Gendlin 1981, 10). Er verdeutlicht das an folgender Situation zwischen zwei Ehepartnern, John und Peggy:
"Eines abends kam John triumphierend nach Hause. Der Bankdirektor

hatte ihm eröffnet, daß die Bank Expansionspläne hege und er, John, in diesen Plänen eine Schlüsselstelle einnehme. Während John dies Peggy erzählte, wischte er in seiner Aufregung einen Teller vom Küchentisch, der dabei in Brüche ging. Der Teller gehörte zu ihrem besten Porzellanservice. Peggy bekam einen plötzlichen Wutausbruch, rannte unter Tränen die Treppe hinauf und weigerte sich, zu kochen." (Gendlin 1981, 44).

Focusing bedeutet für Gendlin u.a.:
- die Aufmerksamkeit auf das Problem zu richten, das dem Klienten in diesem Augenblick als das schlimmste erscheint - in obigem Beispiel: die Szene um den zerbrochenen Teller

- die Aufmerksamkeit auf die "Crux", d.h. den schlimmsten Teil des Gefühls in dieser Situation zu richten: "Sie fragte: 'was ist das schlimmste daran?', das Gefühl tauchte auf: 'Wut auf John'. Eine weitere Frage: 'wegen des zerbrochenen Tellers?', die wortlose Antwort: 'nein, das hat kaum etwas damit zu tun. Ich bin wütend wegen seiner Begeisterung, der Art, wie er seiner Zukunft optimistisch entgegensieht' (Gendlin 1981, 46).

- Und damit stellt sich schließlich heraus, daß das eigentliche Problem nicht der zerbrochene Teller ist, sondern das Gefühl, übergangen zu werden, ausgelöst durch John's Erzählung über seine neuen Möglichkeiten im Beruf.

Diese Situation ist ein deutliches Beispiel dafür, wie Klärung der Problemsituation (in diesem Fall durch fokussieren) das Problem verändert und Ansätze zur Lösung bietet: Der Gesprächspartner vergegenwärtigt sich die Situation nochmals, und ihm werden dabei "getilgte Erfahrungen" zugänglich - wie etwa das Gefühl, übergangen zu werden, das auf der Oberfläche überhaupt nicht deutlich geworden war. Aufdeckung von getilgten Erfahrungen bietet damit die Möglichkeit, neue Lösungsmöglichkeiten zu finden.

Fokussieren im Rahmen Systemischer Prozeßberatung bedeutet, daß der Klient aufgefordert wird, für das genannte Problem eine konkrete Situation zu schildern:
"Können Sie sich an eine konkrete Situation erinnern, wo Ihnen besonders deutlich wurde, daß Sie in Ihrer Abteilung abgelehnt werden?"

Dabei ist es hilfreich, den Vorgang des Fokussierens durch gezielte Fragen in unterschiedlichen Repräsentationssystemen (visuell, auditiv, kinästhetisch) zu unterstützen:

- visuelles Repräsentationssystem:
    In welcher räumlichen Situation fand das Ereignis statt (Büro usw.)?
    Welche Personen waren dabei beteiligt?
    Was tun diese Personen (sitzt der Betreffende am Schreibtisch, geht er umher, wie ist der Gesichtsausdruck?)

- auditives Repräsentationssystem
    Was sagen die Personen?
    Wie ist der Tonfall?
    Gibt es andere Geräusche, die in dieser Situation zu hören sind?

- kinästhetisches Repräsentationssystem
    Was hat der Gesprächspartner in dieser Situation gefühlt?
    Wie äußert sich dieses Gefühl?
    Was war der Auslöser für dieses Gefühl?
    Was hätten Sie sich gewünscht?

**(2) Erfragen getilgter Informationen (Meta-Modell-Fragen)**
Erfragen getilgter Informationen ist unter der Bezeichnung "Meta-Modell" eine der zentralen Vorgehensweisen des sog. Neurolinguistischen Programmierens (Bandler/Grinder 1984, 46ff.; Cameron-Bandler 1992, 153ff.; vgl. Bachmann 1991, 156ff.):

"Das Meta-Modell ist ein explizites Rüstzeug zur Gewinnung von sprachlichen Informationen; es ist dafür erdacht, die Sprache einer Person mit der durch ihre Sprache repräsentierten Erfahrungen zu verknüpfen" (Cameron-Bandler 1992, 153).

Auf der Basis der hier eingeführten Unterscheidung zwischen Tilgungen in Bezug auf externe und Tilgungen in Bezug auf interne Prozesse ergeben sich verschiedene Möglichkeiten des Erfragens getilgter Informationen. Zur Verdeutlichung sei wieder auf das Beispiel des Mitarbeiters, der sich in seiner Abteilung abgelehnt fühlt, zurückgegriffen:

Äußerung des Klienten: "Ich finde in der Abteilung immer nur Ablehnung".

Möglichkeiten für den Berater:
- nachfragen in Bezug auf externe Prozesse
  * nachfragen nach Personen:
    "wer in Ihrer Abteilung lehnt Sie ab?"
  * nachfragen nach Situationen:
    "in welchen Situationen lehnt der Betreffende Sie ab?"
  * nachfragen nach konkreten Handlungen:
    "was tut der Betreffende, wenn er Sie ablehnt?"

- nachfragen in Bezug auf interne Prozesse (eigene Gedanken, Ziele und Empfindungen, eigenes Verhalten)
  * nachfragen nach eigenen Gedanken:
    "woher wissen Sie, daß der Betreffende Sie ablehnt?"
  * nachfragen nach Empfindungen:
    "was macht das mit Ihnen?"
    "wie erleben Sie die Ablehnung?"
  * nachfragen nach eigenen Verhaltensweisen:
    "was tun Sie, wenn Sie von dem Betreffenden abgelehnt werden?"
  * nachfragen nach Wünschen:
    "was wünschen Sie sich von dem Betreffenden?".

Die Beispiele zeigen, daß es stets eine Reihe von Möglichkeiten gibt, getilgte Informationen zu erfragen. Dabei ist es meist zweckmäßig, Tilgungen gleichsam von außen nach innen aufzulösen, d.h. erst die externen Prozesse (äußere Situation, andere Personen und ihre Handlungen) aufzuklären und dann die internen Prozesse (eigene Gedanken, Absichten, Wünsche, Empfindungen und Handlungen) zu erfragen.

Erfragen von Tilgungen ist ein schnell wirkendes Verfahren, die Problemsituation zu klären, was dann (wie das Fokussieren) in der Regel dazu führt, daß das eigentliche Problem deutlich wird und sich neue Lösungsmöglichkeiten eröffnen.

Eine Gefahr von solchen Fragetechniken besteht jedoch darin, daß damit die Beziehung belastet wird und der Kontakt zum Gesprächspartner unterbrochen werden kann. Fortwährendes Nachfragen mit Hilfe des Meta-Modells wird leicht als Verhör erlebt und führt dann zu Widerstand. Die Konsequenz davon ist, gerade in solchen Phasen sehr sorgsam auf die Beziehung zu achten und ggf. etwas mehr Zeit zu lassen (z.B. dem Gesprächspartner Zeit zu geben, seine Sicht etwas länger zu entwikkeln).

**(3) Widerspiegeln**

Während bei den ersten beiden Möglichkeiten das Vorgehen des Beraters darin besteht, durch Fragen Tilgungen aufzulösen, versucht hier der Berater, Tilgungen von sich aus auszufüllen.

Das ist bei Tilgungen in Bezug auf externe Prozesse sicher nur sehr begrenzt möglich. Manchmal lassen sich getilgte Informationen aus dem Kontext einfügen und widerspiegeln etwa "er lehnt mich ab": "das heißt, Ihr Chef lehnt Sie ab?". Solche Ergänzungen führen in der Regel dazu, daß der Betreffende von sich aus weiter erzählt und damit weitere Tilgungen auflöst, etwa:
"Ja, immer wenn ich einen Vorschlag habe, dann wird er überhaupt nicht diskutiert, aber bei anderen Kollegen, da ist er ganz aus dem Häuschen".

Dieselbe Funktion, Anstöße zur eigenen Weiterentwicklung der subjektiven Theorie zu geben, bietet das Paraphrasieren, wie es im sog. Kontrollierten Dialog (z.B. Antons 1979, 87ff.), aber auch für das Beratungsgespräch des öfteren empfohlen wird (z.B. Bachmair u.a. 1985, 28f.): Der Berater wiederholt die Aussagen des Gesprächspartners mit eigenen Worten oder faßt Hauptpunkte zusammen, etwa:
"Das heißt, daß Sie keine Arbeit selbständig erledigen können, ohne daß Ihr Vorgesetzter eingreift".

Die Funktion eines solchen Paraphrasierens liegt wieder darin, daß sie für den Gesprächspartner Anstöße bietet, die Situation weiter darzustellen (und damit von sich aus Tilgungen aufzulösen), die Gefahr liegt darin, daß Paraphrasierungen echohaft klingen und damit den Gesprächsverlauf blockieren können.

Eine Widerspiegelung interner Prozesse, insbesondere von Gefühlen, ist das in der Tradition von Rogers geläufige "präzis einfühlende Verstehen" (Rogers 1977, 20ff.; Tausch/Tausch 1977, 128ff.), das dann von Gordon als "aktives Zuhören" auf Alltagssituationen übertragen wurde. Grundidee dafür ist, die in den Äußerungen mitschwingenden, aber nicht explizierten Empfindungen des Gesprächspartners ihm direkt widerzuspiegeln:
"Wenn die Welt des Klienten dem Therapeuten klar geworden ist und er sich darin frei bewegen kann, dann ist es ihm möglich, dem Klienten von dem, was diesem erst vage bewußt ist, sein Verständnis zu vermitteln, und er kann auch Bedeutungsgehalte im Erleben des Klienten ansprechen, deren sich dieser kaum bewußt ist. Diese höchst sensible Einfühlung ist wichtig, um es einem Menschen zu ermöglichen, daß er sich selbst nahekommt, daß er lernt, sich wandelt und entwickelt" (Rogers 1977, 184).

Wenn etwa ein Mitarbeiter sagt: "Ein Vorgesetzter sollte seinen Mitarbeitern zuhören!", so stehen dahinter ganz bestimmte Gefühle, die hier jedoch nicht expliziert, sondern getilgt sind. Eine mögliche Widerspiegelung dieser Empfindungen bestände dann in der Berateräußerung: "Sie ärgern sich, wenn Ihr Vorgesetzter Ihnen nicht zuhört.".

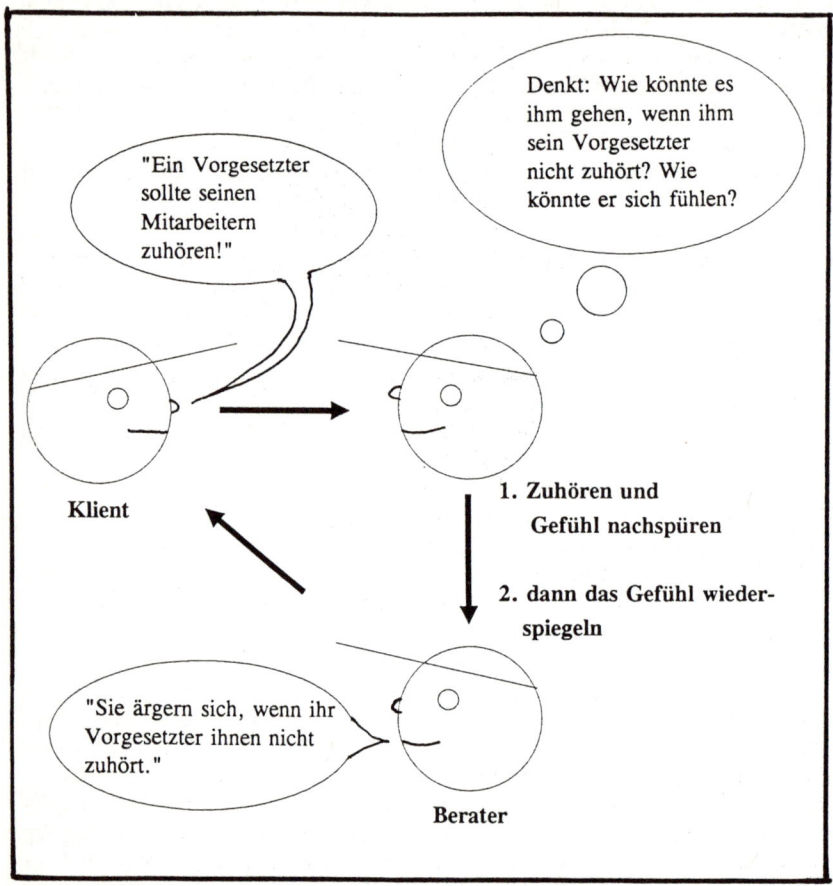

Der Gesprächspartner kann diese Deutung akzeptieren und wird dann auf dieser Basis (das ist der Grundgedanke klientzentrierter Gesprächsführung) seine subjektive Sichtweise weiter explizieren und Tilgungen weiter auflösen ("ja, ich versuche immer wieder, Vorschläge zu machen, aber..."). Oder er wird die Deutung korrigieren ("nein, eigentlich nicht ärgern, aber ich bin es leid, immer wieder Vorschläge zu machen"), was dann wiederum dazu führt, daß er sich über seine subjektive Theorie weiter klar wird und Tilgungen auflöst.

Für den Berater stellen sich bei diesem Vorgehen zwei Aufgaben (vgl. Mucchielli 1972, 41 ff.):

- Er muß zunächst versuchen, das hinter einer Äußerung stehende aber nicht explizierte Gefühl des Gesprächspartners zu erfassen, etwa indem er sich in die Situation des anderen hineinversetzt und sich fragt, wie er empfinden würde: Wenn sich etwa eine Gesprächspartnerin darüber beklagt "ich bin in den Sitzungen zum Zuhören verurteilt", so stellt sich damit zunächst die Frage, welche Gefühle dahinter stehen: Ärger, Wut, Frustration, sich darüber aufregen, daß sie nicht eingreifen kann?

- Und er muß als zweites diese Empfindungen verbalisieren und dem Gesprächspartner widerspiegeln: "und es regt Sie auf, daß Sie nicht aktiv eingreifen können?".

Widerspiegelungsverfahren wie Paraphrasierung und aktives Zuhören bieten im Unterschied zu Nachfragetechniken wie dem Meta-Modell den Vorteil, daß hier die Beziehung nicht belastet wird. In der Regel fühlt sich der Gesprächspartner verstanden, was dann dazu führt, daß er weiterredet und von selbst beginnt, Tilgungen aufzulösen. Wenn der Berater zu stereotyp wiederholt oder die Empfindungen des Gesprächspartners überhaupt nicht trifft, so kann das Gespräch ergebnislos verlaufen - aber auch hier hat der Gesprächspartner meist noch das Gefühl, daß ihm zugehört wird.

Es kann jedoch die Gefahr bestehen, daß Widerspiegelungen als Deutung von außen dem Gesprächspartner übergestülpt werden. Das ist dann der Fall, wenn der Berater "besser" weiß als der Klient, was dessen wirkliche Empfindungen sind. Hier gilt wieder, daß der Ratsuchende allein derjenige ist, der über die Richtigkeit von Deutungen entscheiden kann.

Für den Berater hat das zur Konsequenz, daß Widerspiegelungen von getilgten Informationen grundsätzlich immer nur "Hypothesen" sein können, die dem Gesprächspartner als Hypothesen angeboten werden und die er annehmen oder zurückweisen kann. Die Haltung des Beraters darf also nicht sein:

"Ich weiß, was Du empfindest - gleichgültig, ob Du es einsiehst oder nicht", sondern

"Ich vermute, daß das Deine Empfindung ist - ist diese Hypothese zutreffend?".

Es gibt im Ablauf des Beratungsprozesses eine Reihe unterschiedlicher Möglichkeiten, das Widerspiegeln explizit als Aufstellung von Hypothesen zu kennzeichnen. Beispiele dafür wären etwa:

"Ich habe den Eindruck, daß..."

"Ich höre hier heraus, daß Ihr..."

"Kann es sein, daß Sie..."

Häufig kann auch die Äußerung durch den Tonfall als Hypothese gekennzeichnet sein (etwa durch fragenden Tonfall am Schluß, durch Pause usw.). Welches Verfahren man jeweils anwendet, ist dabei letztlich gleichgültig, entscheidend ist die Einstellung des Beraters, seine Äußerungen als Hypothesen darzubieten.

## 3.5 Die Veränderungsphase im Beratungsprozeß

Klärungsphase und Veränderungsphase sind nicht scharf voneinander zu trennen: Jede Klärung bedeutet grundsätzlich immer schon ein Stück Veränderung, wie auch jede Veränderung immer Klärung bestimmter bislang nicht geklärter Aspekte voraussetzt.

Wenn trotzdem beide Phasen hier getrennt aufgeführt werden, so hat das pragmatische Gründe: Erfahrungsgemäß bilden sich im Verlauf eines Beratungsprozesses zwei Phasen mit unterschiedlichen Schwerpunkten heraus:

- eine erste Phase, wo das Schwergewicht auf der Klärung der Problemsituation liegt

- eine zweite Phase, wo das Schwergewicht auf der Veränderung der subjektiven Deutungen und der Diskussion neuer Lösungsmöglichkeiten liegt.

Die Klärungsphase ist dabei nicht Selbstzweck, sondern ist erforderlich, weil das Finden neuer Lösungsmöglichkeiten so lange ver- oder behindert wird, wie für den Betreffenden die Situation nicht hinreichend geklärt ist. Oder so lange die Aufmerksamkeit nur auf negative Situationen gerichtet ist, ist der Klient häufig nicht in der Lage, positive Lösungsansätze überhaupt in den Blick zu bekommen.

Erst nach Klärung der Problemsituation ergeben sich damit Möglichkeiten, die Aufmerksamkeit auf neue Lösungsmöglichkeiten zu richten. Dabei ist der Zeitpunkt des Übergangs von der Klärungs- zur Veränderungsphase nicht von außen zu bestimmen: Wenn der Betreffende in der

Lage ist, neue Lösungswege zu diskutieren, ist die Klärung hinreichend. Wenn er auf die Frage nach Veränderungen und Lösungsmöglichkeiten nicht eingeht, dann deutet das darauf hin, daß in der Darstellung der Problemsituation noch Tilgungen vorhanden sind.

Der Übergang von der Klärungs- zur Veränderungsphase geschieht in vielen Fällen gleichsam von selbst. Er kann aber unterstützt werden durch bestimmte Fragen, die dazu dienen, die Aufmerksamkeit des Gesprächspartners von der Problemsituation in eine andere Richtung zu lenken und damit Anstoß zur Veränderung subjektiver Theorie zu geben. Diese Fragen werden hier als "Prozeßfragen" bezeichnet.

Prozeßfragen können die Aufmerksamkeit in unterschiedliche Richtungen lenken: in die Vergangenheit, in die Gegenwart oder in die Zukunft. Wenn etwa ein Gesprächspartner von einem zurückliegenden Ereignis, in dem er (seiner Meinung nach) versagt hatte, erzählt, wird durch eine Frage "was bedeutet das jetzt für Sie?" die Aufmerksamkeit auf die gegenwärtige Situation gelenkt - wobei dann dem Gesprächspartner möglicherweise klar wird, wie weit ihn dieses Erlebnis in seiner jetzigen Arbeit behindert. Fragen wie "was wünschen Sie sich von Ihrem Vorgesetzten?" oder "was möchten Sie in Zukunft tun?" lenken die Aufmerksamkeit auf die Zukunft und führen damit zu neuen Lösungsansätzen.

Je nachdem, in welche Richtung die Aufmerksamkeit gelenkt werden soll, sind unterschiedliche Prozeßfragen angebracht:

**(1) Prozeßfragen, die in Richtung Vergangenheit zielen:**
"Kennen Sie diese Situation von früher?"
"Kommt Ihnen dabei eine Erinnerung?"
Dabei wird die Aufmerksamkeit von der gegenwärtigen Problemsituation auf mögliche vergangene Erfahrungen gelenkt, der Gesprächspartner hat damit die Möglichkeit, ein Stück Vergangenheit aufzuarbeiten.

**(2) Prozeßfragen, die in Richtung Gegenwart zielen:**
"Was bedeutet das jetzt für Sie?"
"Wenn Sie das jetzt wissen, was machen Sie damit?"
"Was empfinden Sie jetzt?"
"Wie geht es Ihnen jetzt damit?"
Hier wird der Bezug von vergangenen Problemsituationen zur Gegenwart hergestellt.

**(3) Prozeßfragen, die in Richtung Zukunft zielen:**
"Was wünschen Sie sich?"
"Was möchten Sie als Ergebnis haben?"
"Was stellen Sie sich vor, wird passieren?"

"Was könnten Sie in Zukunft tun?"
"Was möchten Sie im Lauf des nächsten Jahres erreichen?"
"Was sehen Sie für Möglichkeiten?"
"Was könnten Sie neu ausprobieren?"

Welche Prozeßfragen sinnvoll sind, hängt sicher von der Gesprächssituation ab. Da Beratungsgespräche grundsätzlich auf die Bewältigung zukünftiger Aufgaben zielen (der Gesprächspartner will Hilfestellung für zukünftige Situationen), werden Prozeßfragen in Richtung Zukunft gegen Ende des Gespräches im Vordergrund stehen: Es ist Aufgabe des Beraters, die Aufmerksamkeit des Gesprächspartners auf zukünftige Situationen und Möglichkeiten für deren Bewältigung zu lenken.

### 3.6 Die Abschlußphase im Beratungsgespräch

Gespräche, die ohne Ergebnis bleiben, sind nicht nur im Alltag unbefriedigend. Das gleiche gilt auch für Beratungsgespräche. Auch hier muß ein Ergebnis erzielt werden.

Nachdem es Ziel von Beratungsgesprächen ist, neue Möglichkeiten für zukünftiges Handeln zu entwickeln, ist das Ergebnis eines Beratungsprozesses eben darin zu sehen, wie weit es gelingt, eine solche Lösungsmöglichkeit zu finden.

Was dabei im einzelnen das Ergebnis sein mag, wird sicherlich sehr unterschiedlich sein. Im Einzelgespräch (etwa im Rahmen von Coaching-Prozessen) kann das Ergebnis in einem Handlungsplan des Gesprächspartners bestehen: etwa darin, daß er sich vornimmt, mit seinem Vorgesetzten ein bestimmtes Gespräch in bestimmter Art zu führen, daß er sich einen Plan für die eigene Karriere entwickelt oder daß er sich Zeit lassen will, das Ergebnis neu zu überdenken.

In einer Beratung mit mehreren Klienten (etwa im Rahmen von Team-Beratung) werden es häufig Vereinbarungen sein, die zwischen den Gesprächspartnern (z.B. Vorgesetzter und Mitarbeiter) getroffen werden.

Entscheidend für das Ergebnis ist, daß diese Handlungspläne soweit konkretisiert sind, daß sie für den Betreffenden umsetzbar sind. Er muß wissen, wie er das Gespräch mit dem Vorgesetzten zu führen hat, was es für ihn konkret heißt, etwas zu durchdenken. Wohlgemerkt: Nicht der Berater muß wissen, wie die einzelnen Schritte dabei verlaufen, sondern der oder die Ratsuchende. Nur der Ratsuchende kann damit entscheiden, ob eine Lösung für ihn ausreichend ist oder nicht.

Der Berater hat aber die Aufgabe, den Gesprächspartner dabei zu unterstützen und abzusichern, ob die Lösung für den Betreffenden hinreichend konkret ist:

"Ist Ihnen klar, was Sie dabei machen?"
"Brauchen Sie noch Hilfestellung für die Umsetzung?"
"Ist das für Sie plausibel?"

Bei mehreren Gesprächspartnern muß wechselseitig klar sein, was die einzelnen tun wollen bzw. fordern können. Und auch hier ist die Zustimmung (der Kontrakt) nochmals festzumachen.

Die Abschlußphase hat damit das Ergebnis zusammenzufassen und abzusichern:
- Ist die Lösung für den oder die Betreffenden klar?
- Ist sie plausibel?
- Sind die Betreffenden wirklich bereit, die Lösung umzusetzen?

Was danach noch zu tun bleibt, ist dann lediglich, einen Kontrakt über das Ende der Beratung zu schließen. Dies ist wieder ein Kontrakt, den Berater und Gesprächspartner gemeinsam eingehen und wo jeder zustimmt:
- Gibt es noch Thehmen, die der Gesprächspartner erledigen möchte?
- Ist der Berater bereit, solche Themen jetzt noch zu behandeln, oder gibt es aus seiner Sicht noch offene Punkte?

## 3.7 Prozeßberatung mit Teams

Systemische Prozeßberatung kann mit einzelnen durchgeführt werden oder mit Teams: Bei der Prozeßberatung mit einzelnen geht es darum, daß der Klient seine Sicht der Situation klärt und verändert und auf dieser Basis neue Möglichkeiten entwickelt. Bei der Prozeßberatung mit Teams (z.B. der Arbeitsgruppe, mit Vorgesetztem und Mitarbeitern) liegt der Vorteil darin, daß hier das betreffende soziale System (oder Teile desselben) tatsächlich anwesend ist, was dann die Möglichkeit gibt, unterschiedliche Sichtweisen unmittelbar zu vergleichen und damit Anstöße zur Veränderung der eigenen Sichtweise zu geben.

Prozeßberatung mit Teams verläuft in vielen Phasen entsprechend der hier dargestellten Prozeßberatung, bietet aber darüber hinaus eine Reihe weiterer Möglichkeiten. Einige wichtige Punkte seien hier kurz dargestellt:

**(1) Definition der Beratungssituation**

Wichtig ist, daß die Kontrakte über die Definition der Situation als Beratungssituation mit allen Anwesenden geschlossen werden: Jeder muß
explizit zustimmen. Diese Zustimmung zu erhalten, ist nicht immer ganz
leicht: Bei zwei Klienten kann man in der Regel davon ausgehen, daß
einer das Gespräch sucht und dann der andere deutlich Widerstand zeigt.
Hier ist wichtig, auch den anderen mit einzubeziehen: "Wären auch Sie
bereit, sich darauf einzulassen?".

**(2) Prozeßberatung mit einzelnen während der Teamberatung**

Prozeßberatung mit Teams ist immer auch Klärung und Veränderung der
subjektiven Deutungen einzelner Personen des betreffenden sozialen
Systems. Die Gefahr ist, daß durch andere Personen des Systems dieser
Prozeß behindert wird (etwa indem der Vorgesetzte von einem anderen
Teilnehmer fortwährend unterbrochen wird, daß es "in Wirklichkeit"
doch gar nicht so sei).

Hier benötigt der jeweilige "Star", d.h. der Gesprächspartner, der gerade
seine subjektive Deutung klärt, besondere Unterstützung durch den
Berater. Möglichkeiten sind dabei:

- Regeln zu vereinbaren, daß jeder seine Sichtweise darstellt und die
  anderen hier nicht intervenieren (wichtig: Kontrakt über diese Regel
  explizit herstellen!)

- den einzelnen bei der Klärung seiner subjektiven Sicht unterstützen
  (fokussieren, Tilgungen erfragen, widerspiegeln, Prozeßfragen)

- nach Abschluß der Klärungsphase mit einem Klienten dann die Prozeßarbeit mit einem anderen Teilnehmer fortführen - ggf. mit der Ein-
  stiegsfrage, was der Betreffende mit den Äußerungen des anderen
  macht.

**(3) Zirkuläres Fragen**

Eine manchmal auch hilfreiche Möglichkeit sind sog. zirkuläre Fragen
(z.B. Penn 1983). Ausgangspunkt dafür ist die Tatsache, daß Kommunikation im sozialen System relativ stark Kommunikation über andere ist:
der Vorgesetzte redet über den Mitarbeiter und umgekehrt. Dies kann
man sich zunutze machen, indem man einzelne Personen danach fragt,
was ihrer Meinung nach andere Personen denken oder tun. Beispiele für
solche zirkulären Fragen sind etwa:
"Was meinen Sie, könnte Ihr Vorgesetzter von dieser Beratung
erwarten?"
"Was meinen Sie, würde Ihr Kollege antworten, wenn man ihn nach dem
Anlaß für diesen Konflikt fragen würde?"
"Was meinen Sie, hat Ihre Kollegin zu dieser Auffassung gebracht?".

#### (4) Übersetzen

Nachdem subjektive Konstruktionen der Wirklichkeit unterschiedlich sind, bietet systemische Prozeßberatung mit mehreren Personen eine gute Möglichkeit, diese unterschiedlichen Deutungen wechselseitig transparent zu machen. So kann es z.B. sein, daß ein Mitarbeiter fehlende Anerkennung durch seine Vorgesetzte als Ablehnung gedeutet hat, während es der Vorgesetzten grundsätzlich schwer fällt, Anerkennung explizit auszusprechen. Hier ist es hilfreich, diese unterschiedlichen Sichtweisen zu übersetzen: "Wenn Ihr Vorgesetzter keine Kritik äußert, bedeutet das für ihn Zustimmung zu dem, was Sie tun".

#### (5) Wünsche formulieren

Alltägliche Interaktion leidet oft daran, daß die Wünsche, die man an andere Personen hat, nicht ausgesprochen werden, sondern im sozialen System gleichsam getilgt sind.

Hier besteht eine gute Möglichkeit darin, solche Wünsche explizit formulieren zu lassen:
"Was wünschen Sie sich von Ihrer Vorgesetzten?"
"Was wünschen Sie sich von Ihrem Mitarbeiter?".
Wichtig ist dabei, daß diese Wünsche "ausgewogen" sind, d.h. daß jeder das Recht hat, Wünsche an den anderen zu formulieren.

#### (6) Aushandeln von Kontrakten

Und schließlich besteht eine Möglichkeit darin, auf der Basis unterschiedlicher Wünsche Kontrakte auszuhandeln:
Unter welchen Bedingungen wäre die Vorgesetzte bereit, einen bestimmten Wunsch Ihres Mitarbeiters zu erfüllen?
Ist der Mitarbeiter bereit, einen Wunsch des Vorgesetzten zu erfüllen?

Aufgabe des Beraters ist es hier nicht, Harmonie vorzuspiegeln dergestalt, daß alle Wünsche erfüllt werden. Sondern seine Aufgabe ist es, abzuklären, wie weit in dem betreffenden sozialen System in der gegenwärtigen Situation solche Kontrakte überhaupt realisierbar sind - und wenn sie realisierbar sind, sie eindeutig abzusichern.

# Kapitel 4: Diagnose subjektiver Theorien

## 4.1 Theoretische Grundlagen

Bei Systemischer Prozeßberatung, wie sie im letzten Kapitel dargestellt wurde, sind Diagnose und Veränderung in der Regel unmittelbar miteinander verknüpft: Der Gesprächspartner wird in der Klärungsphase des Beratungsprozesses dabei unterstützt, selbst so etwas wie eine Diagnose durchzuführen, d.h. sich über seine Situation klar zu werden. Und diese Diagnose führt dann unmittelbar zur Veränderung der eigenen Sichtweise und schließlich zur Diskussion neuer Handlungsmöglichkeiten.

Daneben ist jedoch auch ein anderes Vorgehen denkbar, daß nämlich in einem ersten Schritt subjektive Deutungen (subjektive Theorien) lediglich erfaßt und dann erst in einem zweiten Schritt auf dieser Basis Maßnahmen zur Veränderung geplant und durchgeführt werden.

Dieses Vorgehen ist vor allem im Rahmen umfangreicherer Organisationsberatungs-Maßnahmen angebracht: Wenn es z.B. darum geht, Schwachstellen in einem Unternehmen oder einer Abteilung zu bearbeiten, dann ist es wichtig, die subjektiven Sichtweisen der Beteiligten zunächst einmal zu erfassen:

- Wie wird das Unternehmen, wie wird die Abteilung von den Mitarbeitern und von außerhalb (z.B. von benachbarten Abteilungen) eingeschätzt?
- Wo sehen sie einzelne Schwachstellen bzw. Stärken?
- Wo sehen sie die Ursache dafür?
- Welche Lösungsmöglichkeiten sehen die Gesprächspartner?
- Wie weit sind die subjektiven Sichtweisen einzelner Personen innerhalb des sozialen Systems übereinstimmend, wo bestehen Unterschiede?
- Wie weit entspricht die eigene Sicht des sozialen Systems (der Mitarbeiter der Abteilung) der Außensicht von benachbarten Abteilungen, von Kunden usw.?

In der qualitativen Forschung werden solche Fragen unter dem Thema "Subjektive Theorien" diskutiert. Ausgangspunkt dafür waren Untersuchungen über die subjektiven Berufstheorien von Lehrern (z.B. Dann u.a. 1982; Hofer u.a. 1982), die unter der Fragestellung standen, wie das Handeln von Lehrern durch ihre subjektiven Annahmen über Schüler beeinflußt wird. Weitergeführt wurde dann dieser Ansatz insbesondere im Zusammenhang mit dem "Forschungsprogramm Subjektive Theorien" (v.a. Groeben u.a. 1988).

Groeben u.a. bestimmen Subjektive Theorien als komplexes "Aggregat von Kognitionen der Selbst- und Weltsicht" (1988, 51), wobei dann als Inhalte Subjektiver Theorien subjektive Konstrukte (Begriffe), subjektive Definitionen, subjektive Erklärungen, subjektive Prognosen und subjektive Technologien aufgeführt werden (Groeben u.a. 1988, 47ff.).

Auf dem Hintergrund mehrer Forschungsvorhaben der von uns durchgeführten Anwendungen im Kontext Systemischer Organisationsberatung wird im folgenden eine etwas andere Aufgliederung zugrundegelegt: Subjektive Theorien (d.h. die subjektiven Deutungen der Wirklichkeit) werden unterschieden in subjektive Konstrukte, subjektive Diagnosehypothesen, subjektive Ziele, subjektive Erklärungshypothesen und subjektive Strategien.

## (1) Subjektive Konstrukte

Subjektive Theorien sind zunächst bestimmt durch die darin auftretenden und für diesen Themenbereich relevanten Konstrukte (Begriffe). So möchten z.B. für eine Abteilungsleiterin in Bezug auf ihre Abteilung etwa folgende Konstrukte relevant sein: "neu zusammengewürfelt", "gemeinsame Linie" (in dem Sinn, daß sie in ihrer Abteilung noch keine gemeinsame Linie sieht, aber sie erreichen möchte), "Orientierung" (etwa, indem sie ihre Aufgabe darin sieht, den Mitarbeitern Orientierung zu geben, sich aber über zu wenig Orientierung seitens ihres eigenen Vorgesetzten beklagt) usw.

Welche Konstrukte dabei tatsächlich "relevant" sind, läßt sich nicht durch irgendwelche äußeren Kriterien scharf definieren, sondern ergibt sich aus der Bedeutung dieser Konstrukte für die Diagnose der Situation oder für Erklärungen und Strategien. Wenn z.B. für die betreffende Abteilungsleiterin das Konstrukt "Orientierung" relevant ist, dann bedeutet das, daß sie zur Beschreibung von Führungskräften dieses Konstrukt heranziehen wird ("Mein Vorgänger gab zu wenig Orientierung darüber, wo es lang geht"), Fehler schlechter Führungskräfte mit Verweis auf dieses Konstrukt, d.h. auf fehlende Orientierung erklären wird bzw. daß dieses Konstrukt dann in Strategien auftreten wird, etwa "damit die Abteilung zusammenwächst, brauchen die Mitarbeiter zunächst einmal Orientierung".

Möglicherweise werden bei einem anderen Gesprächspartner die Konstrukte "Orientierung" und "gemeinsame Linie" in diesem Kontext überhaupt nicht oder nur am Rande auftreten, statt dessen aber Konstrukte wie "fachliche Kompetenz" (bei der Beschreibung von Führungskräften ist hier die Aufmerksamkeit vor allem auf die fachliche Kompetenz gerichtet) oder "Verständnis für Mitarbeiter" oder "Durchsetzungsvermögen".

D.h. die jeweiligen Konstrukte sind dann "relevant", wenn sie für den Betreffenden zur Diagnose und Erklärung der Situation und für die Diskussion von Strategien herangezogen werden.

Übrigens ist dem Betreffenden selbst normalerweise nicht von vornherein bewußt, welches die für ihn relevanten Konstrukte tatsächlich sind. Sondern die Relevanz von Konstrukten ergibt sich im Verlauf etwa eines Interviews: Konstrukte, die vom Betreffenden nicht genannt werden, sind für ihn (vermutlich) nicht relevant. Dagegen: Konstrukte, die vom Gesprächspartner verwendet werden, sind für ihn im Zusammenhang mit dem betreffenden Themenbereich relevante Konstrukte - auch wenn sie möglicherweise zunächst nicht expliziert und im Blick auf Tilgungen weiter zu klären sind.

## (2) Subjektive Diagnosehypothesen

Auf der Basis ihrer relevanten Konstrukte wird die Abteilungsleiterin zunächst die Situation diagnostizieren:
"In der Abteilung fehlte bislang Orientierung"
"Die Abteilung ist noch nicht zusammengewachsen".
Diagnostiziert werden können hier einzelne Personen (ein Mitarbeiter oder auch die eigene Person), ganze Systeme (das gesamte Unternehmen oder die Abteilung) und bestimmte Situationen (z.B. die Veränderungen im letzten Jahr). Beispiele für solche Diagnosehypothesen sind etwa:
"Mein Vorgesetzter zeigt kein Einfühlungsvermögen"
"Für Gruppenleiter besteht in diesem Unternehmen keine Aufstiegsmöglichkeit"
"Unsere Abteilung ist noch nicht zusammengewachsen"
"Ich habe noch Schwierigkeiten, mich in meine Rolle zu finden"
"Ich verfüge über langjährige Erfahrung als Abteilungsleiterin"
"Ich fühle mich in diesem Unternehmen restlos wohl".

Die Beispiele machen deutlich, daß Diagnosehypothesen keineswegs nur neutrale Beschreibungen sind, sondern häufig bewerten: Zu den Diagnosehypothesen gehört auch, wie jemand seine eigenen Fähigkeiten, die Fähigkeiten von Vorgesetzten, Kollegen oder anderen Unternehmen bewertet.

## (3) Subjektive Ziele

Subjektive Ziele sind die Ziele, die die Gesprächspartnerin persönlich für wichtig hält. Das können persönliche Ziele sein, aber auch Ziele für die Abteilung, für das Gesamtunternehmen usw. Beispiele sind etwa:
"Vorrangiges Ziel für meine Arbeit ist, daß die Abteilung zusammenwächst"
"Wichtigstes Ziel für mich persönlich ist, im Unternehmen vorwärts zu kommen"
"Das Unternehmen muß lernen, die Produkte am Markt zu verkaufen".

#### (4) Subjektive Erklärungshypothesen

Subjektive Erklärungshypothesen geben Auskunft darüber, was der Gesprächspartner als Ursache für einen bestimmten Ist-Zustand (z.B. für bestimmte Probleme) ansieht, und sind damit gerade im Blick auf die Entwicklung von Lösungsmöglichkeiten besonders wichtig: Was wird als Ursache für Erfolg oder Mißerfolg angesehen?

Beispiele für subjektive Erklärungshypothesen sind etwa:
"Weil der Vorgesetzte keine Orientierung gegeben hat, war in dieser Abteilung die Fluktuation so groß".
"Weil Vereinbarungen nicht überprüft werden, gibt es soviel Reibungsverluste".
"Weil wir keine gemeinsame Unternehmensphilosophie haben, können wir nicht effektiv auf dem Markt auftreten".

Erklärungshypothesen sind stets zusammengesetzte Aussagen der Form "weil A, deshalb B", die sprachlich jedoch sehr unterschiedlich formuliert werden können:
"Der Vorgesetzte zeigt kein Verständnis für die Mitarbeiter, deshalb ist bei uns die Fluktuation so groß".
"Wenn der Vorgesetzte kein Verständnis zeigt, dann muß ja die Fluktuation groß sein".

#### (5) Subjektive Strategien

Subjektive Strategien sind subjektive Annahmen über geeignete Mittel zur Erreichung von Zielen. Sie werden häufig als Um-Zu-Sätze formuliert oder lassen sich in solche umformulieren, z.B.:
"Um die Fehlzeiten zu verringern, sollte der Vorgesetzte mehr Verständnis für die Mitarbeiter zeigen"
"Damit der Zusammenhalt in der Abteilung bestehen bleibt, ist es notwendig, daß neue Mitarbeiter besonders sorgfältig eingearbeitet werden".

Manchmal werden subjektive Strategien auch als einfache Vorschläge formuliert, wobei dann der Zweck nicht eigens erwähnt wird:
"Die Geschäftsführung sollte sich mehr darum kümmern, was in unterschiedlichen Bereichen vor sich geht!"
"Neue Mitarbeiter sollten zunächst lernen, wer in der Abteilung wirklich das Sagen hat!".

In jedem Fall handelt es sich um Vorschläge, die im Blick auf bestimmte Ziele gemacht werden.

Zur Erfassung subjektiver Theorien sind im Rahmen der sog. qualitativen oder interpretativen Sozialforschung (wie sich diese Richtung selbst bezeichnet) eine Reihe von unterschiedlichen Verfahren entwickelt worden (Übersichten z.B. bei Flick u.a. 1991; Garz/Kraimer 1991; Lamnek 1988/89; Mayring 1990).

Gemeinsam ist all diesen Ansätzen, daß hier im Unterschied zu klassischen Fragebogenuntersuchungen keine Kategorien von außen vorgegeben werden, sondern daß versucht wird, die für den Interviewpartner selbst relevanten Konstrukte und die darauf basierenden subjektiven Hypothesen zu erfassen.

Wenn ich z.B. in einem Fragebogen frage:
"Haben Sie genügend Informationen, um ihre Arbeitsaufgaben erfüllen zu können?", so überprüfe ich die Zustimmung zu von außen vorgegebenen Konstrukten - in diesem Fall zu dem Konstrukt Information.
In einer qualitativen Untersuchung ist demgegenüber zunächst zu fragen, ob "Informationsweitergabe" für den Betreffenden überhaupt ein wichtiges Thema (ein wichtiges Konstrukt) in diesem Zusammenhang ist oder ob er die Wirklichkeit nicht unter anderen Konstrukten (z.B. "Zuverlässigkeit", "zu seinem Wort stehen") deutet.

Das bedingt zwangsläufig eine Wendung zu offenen Fragen, wo die Antworten nicht von vornherein in bestimmte Kategorien gelenkt werden, sondern wo der Gesprächspartner die Möglichkeit hat, "seine persönliche Konstruktion der Wirklichkeit" darzustellen.

Für den Interviewer bedeutet diese Zielsetzung zugleich, daß er nicht davon ausgehen darf, daß ihm die Konstruktion der Wirklichkeit seines Gegenüber von vornherein verständlich, sondern daß ihm als einem "professionellen Fremden" zunächst einmal fremd ist (Agar 1980; vgl. auch Lohaus 1983, 197ff.).

Die Umsetzung dieser These ist in Interviews häufig nicht leicht. Im Alltag gehen wir davon aus, daß wir den anderen verstehen, d.h. daß wir wissen, was die von ihm verwendeten Konstrukte bedeuten. In der Tat "klappt" ja auch Verständigung in vielen Bereichen. Aber bereits hier (etwa in der Familie) gibt es Situationen, wo Probleme gerade dadurch entstehen, daß Konstrukte unterschiedlich verwendet werden, etwa wenn Ehepartner unter "Zuneigung" etwas anderes verstehen - z.B. der Mann: "Zärtlichkeit", die Ehefrau: "etwas gemeinsam miteinander tun", wie etwa "einen Ausflug machen" usw.

Bei der Analyse subjektiver Theorien anderer Personen muß der Interviewer - wie gesagt - davon ausgehen, daß ihm die jeweilige Konstruktion der Wirklichkeit des Gesprächspartners zunächst einmal fremd ist. Und das heißt, daß die verwendeten Konstrukte nicht vorschnell mit eigenen Konstrukten und dem eigenen Verständnis gleichgesetzt werden dürfen. Ansonsten besteht die Gefahr, daß man den Gesprächspartner mißversteht und letztlich nur noch die eigene "Konstruktion der Wirklichkeit" aus dem Interview herausliest. Wenn etwa von einem Vorgesetzten gesagt wird, daß er gute rhetorische Kenntnisse hat, dann besteht die Gefahr, daß man als Interviewer "rhetorische Kenntnisse" in seinem eigenen Verständnis gebraucht und dabei möglicherweise an die Fähigkeit zum Präsentieren und Moderieren denkt. Aber möglicherweise denkt der Gesprächspartner dabei an etwas anderes oder bezieht sich nur auf bestimmte Aspekte: etwa darauf, daß der Vorgesetzte sich gut gegenüber anderen durchsetzen kann - oder auch darauf, daß er in Gesprächen viel Fremdwörter verwendet usw. Die Konstruktion der Wirklichkeit des anderen erfassen heißt also, die von ihm verwendeten Konstrukte zunächst als fremd anzusehen und gezielt nach deren Bedeutung zu fragen.

## 4.2 Das Konstrukt-Interview

Im Rahmen von Organisationsforschung finden sich bislang verhältnismäßig wenig Ansätze zur Erforschung subjektiver Theorien (vgl. die Übersicht bei Gebert 1991). Zu erwähnen ist etwa Dachler (1988), der versucht, die subjektive Theorie von Führungskräften in Bezug auf Führung und Organisation zu erfassen. Schein (1985) führt im Zusammenhang von Organisationsentwicklungs-Prozessen Gruppeninterviews durch, um die subjektiven Vermutungen über zu erwartende Kommunikationsmuster in Krisen zu untersuchen, oder es werden sog. narrative Interviews etwa über Berufskarrieren durchgeführt.

Dem gegenüber steht jedoch die Tatsache, daß es für Veränderungsprozesse in Organisationen dringend notwendig ist, daß das jeweilige soziale System Informationen darüber erhält, wie einzelne Personen dieses System (die Abteilung, das Unternehmen) sehen. Dafür wurde im Zusammenhang mit einer Reihe von umfangreichen Forschungsvorhaben im Rahmen Systemischer Organisationsberatung ein bestimmtes Vorgehen qualitativer Interviews entwickelt, das sog. Konstrukt-Interview.

Zielstellung des Konstrukt-Interviews ist es, die subjektive Konstruktion der Wirklichkeit des Gesprächspartners zu einem bestimmten Themenbereich (z.B. zur Führung, zu Stärken und Schwächen des Unternehmens usw.) zu erfassen. D.h. es wird im einzelnen gefragt:

- Welches sind die für die Deutung der Situation herangezogenen relevanten Konstrukte?
- Welche Diagnosehypothesen werden aufgestellt?
- Welches sind die subjektiven Ziele?
- Welche subjektiven Erklärungen werden gegeben?
- Welche subjektiven Strategien werden vorgeschlagen?

Der Ablauf eines solchen Konstrukt-Interviews entspricht in vielen Punkten dem in Kap. 3 dargestellten Ablauf des Beratungsgespräches: Es sind Kontrakte zu schließen, es ist die subjektive Sicht des Gesprächspartners zu erfassen und zu klären, es sind dabei z.B. Tilgungen aufzudecken usw.

Andererseits gibt es deutliche Unterschiede zwischen Konstrukt-Interviews zu Diagnosezwecken und Beratungsgesprächen:

(1) Für ein Konstrukt-Interview wird zuvor ein bestimmter Themenbereich festgelegt, zu dem die subjektive Theorie des Gesprächspartners erfaßt werden soll - während ein Beratungsgespräch häufig wesentlich "offener" hinsichtlich des Themas geführt wird.

(2) Im Blick darauf benötigt das Konstrukt-Interview eine gezielte Vorbereitung, in der abzuklären ist, wonach gefragt werden soll, und in dem der grobe Ablauf des Interviews zu klären ist.

(3) Es ist Ziel eines Konstrukt-Interviews, die Sicht des Gesprächspartners zu erfassen, nicht, sie bereits zu verändern. Deshalb gibt es im Konstrukt-Interview keine eigene Veränderungphase.

Stattdessen bedarf eine Diagnose subjektiver Theorien einer gezielten Auswertung, in der ggf. die gemeinsamen und unterschiedlichen Sichtweisen verschiedener Personen zusammengetragen werden, um damit Anregungen für eine Veränderung des sozialen Systems zu bieten.

Damit ergeben sich drei Hauptphasen bei der Durchführung eines Konstrukt-Interviews:
>  **Vorbereitungsphase**
>  **Durchführungsphase**
>  **Auswertungsphase und Verwendung der Ergebnisse**

Im folgenden werden diese Hauptphasen einzeln dargestellt.

## 4.3 Vorbereitungsphase des Interviews

### 4.3.1 Festlegung von Untersuchungsziel und Verwendungszweck

Die Festlegung des Ziels ist der Ausgangspunkt für die gesamte weitere Planung des Interviews: Zunächst ist zu klären, was genau untersucht werden soll und wozu die Daten verwendet werden.

Damit ergibt sich die Unterscheidung zwischen zwei Zielen: dem eigentlichen Untersuchungsziel und dem Verwendungszweck der Untersuchung.

Das Untersuchungsziel legt fest, was genau untersucht werden soll, z.B.:
- Es soll untersucht werden, wie die Mitarbeiter das Unternehmen einschätzen!
- Es soll untersucht werden, wie aus Sicht der Mitarbeiter der Informationsfluß beurteilt wird!
- Es soll untersucht werden, wie weit die Führungsphilosophie des Unternehmens auf den verschiedenen Ebenen umgesetzt wurde!

Der Verwendungszweck stellt ein praktisches Ziel dar, das angibt, wozu die Daten verwendet werden sollen. In der Regel geht es darum, bestimmte Maßnahmen auf dieser Basis zu planen und durchzuführen. Für obige Beispiele könnten sich etwa folgende Verwendungszwecke ergeben:
- Es sollen Maßnahmen zur Förderung der Corporate Identity entwickelt und durchgeführt werden!
- Es sollen Schwachstellen im Informationsfluß behoben werden!
- Es sollen Maßnahmen zur Verbesserung der Führungsstruktur geplant und durchgeführt werden!

Untersuchungsziel und Verwendungszweck legen gleichsam die Blickrichtung fest, die das weitere methodische Vorgehen bestimmt. Es gibt zahllose Untersuchungen (das gilt für qualitative gleichermaßen wie für herkömmliche Fragebogenuntersuchungen), die daran leiden, daß die Zielstellung nicht präzise genug bestimmt ist und die damit alle möglichen, aber häufig nicht die wirklich relevanten Daten erheben. Je genauer Verwendungszweck und Untersuchungsziel definiert sind, desto leichter ist die weitere Durchführung der Befragung zu leisten.

### 4.3.2 Festlegung von Grundgesamtheit und Stichprobe

Festlegung von Grundgesamtheit und Stichprobe sind aus quantitativen Untersuchungen (Fragebogenuntersuchung) geläufig (vgl. z.B. Atteslander 1991, 312ff.). Zu klären ist dabei, für welche "Grundgesamtheit" eine Untersuchung gelten soll (z.B. für eine bestimmte Abteilung, einen

Bereich, das gesamte Unternehmen, alle Unternehmen insgesamt), und es ist aus dieser Grundgesamtheit eine Stichprobe zu ziehen, d.h. festzulegen, welche Personen aus der Grundgesamtheit befragt werden sollen.

Bei qualitativen Interviews spielt die Festlegung der Stichprobe sicherlich nicht die Rolle wie bei umfangreichen Fragebogenuntersuchungen. Hier muß naturgemäß die Zahl der Befragten geringer sein, weil man ansonsten zu Mengen nicht mehr bewältigbarer Daten gelangt. Trotzdem gelten im Grundsatz die für quantitative Untersuchungen aufgestellten Kriterien auch hier: Falsch ausgewählte Interview-Partner können das Ergebnis verzerren oder verfälschen, so daß auch hier die Frage, wer wird befragt, für die Ergebnisse entscheidende Bedeutung hat.

Analog zu quantitativen Untersuchungen ergeben sich hier zwei Schritte:

**(1) Festlegung der Grundgesamtheit**
Die Grundgesamtheit (d.h. die Personen, für die die Untersuchung gelten soll) kann unterschiedlich groß sein: Im Extremfall kann nur eine Person befragt werden (etwa, wenn es darum geht, die Visionen eines Unternehmensgründers zu klären). Es kann sich um eine eng begrenzte Grundgesamtheit handeln (ein bestimmtes Projektteam, eine bestimmte Abteilung, eine Gruppe von Auszubildenden), oder die Grundgesamtheit kann weiter ausgeweitet werden etwa auf alle Führungskräfte des Unternehmens, alle Mitarbeiter des Unternehmens insgesamt oder ggf. über ein Unternehmen hinaus.

Die Festlegung der Grundgesamtheit ergibt sich aus der Zielsetzung der Untersuchung. Wichtig kann es dabei sein, bei der Wahl der Grundgesamtheit verschiedene Perspektiven zu erfassen. Wenn es etwa darum geht, mögliche Probleme von Auszubildenden zu analysieren, so ist es sicherlich notwendig, die interne Sicht der Auszubildenden selbst zu erfassen (wo sie Probleme und Schwachstellen sehen), zugleich aber dürfte es hilfreich sein, externe Sichtweisen (Ausbilder, Meister, ggf. die Personalabteilung usw.) zu berücksichtigen.

Damit ergeben sich zwei Fragen für die Festlegung der Grundgesamtheit:
- Wie ist die Grundgesamtheit definiert?
- Ergeben sich für die Bestimmung der Grundgesamtheit unterschiedliche Perspektiven (z.B. eigene Sicht der Betroffenen und externe Sichtweise benachbarter Bereiche)?

**(2) Festlegung der Stichprobe**

Für die Befragung ergeben sich grundsätzliche zwei Möglichkeiten:

- Entweder (was bei kleineren Grundgesamtheiten durchaus möglich ist) werden alle Personen der Grundgesamtheit befragt (also z.B. das gesamte Projektteam).
- Oder es werden bestimmte Personen als Stichprobe ausgewählt.

Für die Auswahl der Stichprobe gelten folgende Kriterien:

- Entscheidend ist zunächst die Frage, ob die Grundgesamtheit homogen ist oder ob hier verschiedene Untergruppen zu berücksichtigen sind. Nun sind Mitarbeiter eines Unternehmens gewiß keine homogene Gruppe, sondern lassen sich nach verschiedenen Führungsebenen und verschiedenen Bereichen unterscheiden. Ggf. ergeben sich auch Unterschiede hinsichtlich des Alters, der Berufserfahrung, der Zugehörigkeit zum Unternehmen usw. In solchen Fällen ist es zweckmäßig, eine geschichtete Stichprobe auszuwählen, d.h. die unterschiedlichen Gruppen (verschiedene Führungsebenen, verschiedene Bereiche) zu berücksichtigen.

- Innerhalb einer homogenen Stichprobe oder innerhalb einer "Zelle" einer geschichteten Stichprobe (d.h. z.B. der Gruppe der Meister mit längerer Berufserfahrung) ist es zweckmäßig, bei qualitativen Befragungen wenigstens zwei bis drei Gesprächspartner zu befragen, um zufällige Einseitigkeiten auszuschließen.

- Begrenzt wird schließlich die Zahl der Interviews durch zwei Kriterien: Zum einen tritt ab einer bestimmten Zahl von Interviews (etwa 20 bis 30 je nach der Homogenität der Gruppe) in der Regel eine sog. "Sättigung" auf: Zusätzliche Interviews bringen dann kaum noch neue Ergebnisse. Zum anderen wird die Zahl der Interviews aus pragmatischen Gründen im Blick auf die zur Verfügung stehende Durchführungs- und Auswertungszeit begrenzt. Mehr als 20 bis 30 Interviews sind nur schwer zu bewältigen, weil dann die Auswertung sehr viel Zeit in Anspruch nimmt und sehr viel Kompetenz erfordert.

Von daher wird die Festlegung der Stichprobe zum einen im Blick auf die Zielsetzung und die Schichtung der Grundgesamtheit, zum anderen im Blick auf die zur Verfügung stehenden Ressourcen begrenzt. Aufgabe bei der Festlegung ist dann eigentlich immer, bei knappen Ressourcen die Stichprobe so zu wählen, daß die Ergebnisse möglichst zuverlässig sind.

### 4.3.3 Festlegung des Leitfadens

Im Leitfaden unterscheidet sich ein Interview als Diagnose-Instrument sehr deutlich von der Prozeßarbeit im Rahmen der Beratung: Während bei der Prozeßberatung der Klient weithin die Richtung des Gespräches bestimmt (er kann z.B. beim Coaching festlegen, was die für ihn wichtigen Themen sind), hat beim Interview der Interviewer ein genau definiertes Interesse, etwas Bestimmtes zu erfahren. Damit ist es der Interviewer, der den Gang des Interviews bestimmt, der die Themen festlegt, über die gesprochen wird. Das aber bedeutet, daß für das Interview ein grober Fahrplan, ein "Leitfaden" zuvor festzulegen ist (vgl. z.B. Bock 1992, 90ff.; Friedrichs 1982, 224ff.; Lamnek 1988/89, Bd. 2, 68ff.; Witzel 1982, 66ff.).

Die Standardform für einen solchen Fahrplan ist die Festlegung von Leitfragen und Nachfragekategorien: Ca. 3 bis 6 Leitfragen stellen den Leitfaden dar, wobei innerhalb der Leitfragen dann nochmals Nachfrage-kategorien zum Abklären wichtiger Bereiche festgelegt werden können.

Für ein Interview mit der Zielsetzung zu erfassen, wie Mitarbeiter das Unternehmen sehen, ließen sich etwa folgende Leitfragen stellen:
(1) In welchem Bereich sind Sie tätig?
(2) Wo sehen Sie in Ihrem Bereich Stärken, wo sind Schwächen?
(3) Was würden Sie vorschlagen, um Stärken zu sichern bzw. Schwächen zu verringern?
(4) Wo sehen Sie im gesamten Unternehmen (unabhängig von Ihrem Bereich) Stärken und Schwächen?
(5) Was sollte Ihrer Meinung nach getan werden?

Leitfragen sind zu begründen im Blick auf das Ziel und die befragte Zielgruppe. In dem hier angedeuteten Beispiel wären die Leitfragen zu begründen im Blick auf das Ziel, die Sicht der Mitarbeiter in Bezug auf Stärken und Schwächen zu erheben und Vorschläge für die Verbesserung zu erhalten. Im Blick auf die Zielgruppe können solche Leitfragen z.B. für Abteilungsleiter sinnvoll sein, sie wären es aber sicher nicht für Auszubildende, für die andere Fragen zu entwickeln wären.

Für die Erstellung von Leitfragen gibt es eine Reihe praktischer Hinweise (vgl. auch Atteslander/Kopp 1984, 151ff.):

(1) Es ist zweckmäßig, mit einer Frage zu beginnen, die für den Gesprächspartner leicht und unproblematisch zu beantworten ist. Der Gesprächspartner bekommt dadurch Zeit, sich zunächst auf das Thema einzustellen und sich "warm zu reden". Günstig ist eine erste Leitfrage nach äußeren Sachverhalten, nach Tätigkeiten oder Aufgaben. So kann

man nach dem Aufgabenbereich des Betreffenden fragen, nach seinem Werdegang im Unternehmen, nach dem Aufbau des Unternehmens usw.

(2) Die weiteren Leitfragen sind dann im Blick auf Ziel und Zielgruppe weiter zu bestimmen. Dabei ist zu beachten, daß Leitfragen jeweils die Aufmerksamkeit in eine bestimmte Richtung lenken und im Blick darauf zu bedenken sind. Durch Leitfragen bedingte Sprünge im Gedankengang sind ebenso ungünstig wie Leitfragen, die die Aufmerksamkeit in eine völlig andere Richtung lenken. So wäre es ein Bruch, nach einer Einstiegsleitfrage über die eigenen Aufgaben dann unmittelbar nach Stärken und Schwächen des gesamten Unternehmens zu fragen und erst danach wieder auf den eigenen Arbeitsbereich zurückzugehen. Ebenso wäre eine Leitfrage über bislang durchgeführte Bildungsmaßnahmen im Zusammenhang mit der Einschätzung des Unternehmens wenig sinnvoll, sondern lenkt die Aufmerksamkeit in eine falsche Richtung.

(3) Günstig ist, die Zahl der Leitfragen auf 3 bis 6 zu beschränken. Nun tendieren gerade Anfänger häufig dazu, wesentlich mehr Leitfragen anzusetzen, um selbst mehr Sicherheit zu gewinnen. Dadurch wird aber der Gedankengang des Gesprächspartners immer wieder unterbrochen.

(4) Als günstig hat sich in vielen Fällen erwiesen, Leitfragen in Probe-Interviews zu testen: Oft stellt man erst im Verlauf eines solchen Probe-Interviews fest, daß eine Leitfrage vom Gesprächspartner anders verstanden wird oder in eine falsche Richtung führt, und hat damit die Möglichkeit, Leitfragen nochmals zu überprüfen.

(5) Leitfragen stellen das Gerüst für das Interview dar, sind aber kein starres Schema. Es ist zweckmäßig, sie in der Vorbereitung wörtlich zu formulieren (man zwingt sich dadurch zur Genauigkeit), aber nicht notwendig, sie genau in dieser Form dann tatsächlich im Interview wiederzugeben. Sondern die passende Formulierung ergibt sich dann häufig aus dem Gang des Gesprächs. Oder ein Gesprächspartner kommt von sich aus auf das Thema einer späteren Leitfrage, die dann nicht mehr gestellt zu werden braucht. Wichtig ist nur, daß die Themen, die durch Leitfragen definiert sind, abgedeckt sind.

Leitfragen werden so offen formuliert, daß sie dem Gesprächspartner die Möglichkeit geben, frei seine Sichtweise zu erzählen. Trotzdem gibt es dabei manchmal Situationen, wo für den Betreffenden wichtige Aspekte nicht in den Blick kommen: Wenn etwa bei der Diskussion von Schwachstellen zunächst nur fachliche Themen (fehlende fachliche Qualifikation) angesprochen werden, kann es sein, daß andere für den Gesprächspartner auch wichtige Faktoren (z.B. im Bereich der Führung) im weiteren Gesprächsverlauf verloren gehen.

An dieser Stelle besteht eine Möglichkeit darin, im Rahmen der Vorbereitung mögliche Nachfragekategorien festzulegen, die eine Übersicht über das Feld möglicher Antworten geben.

Nachfragekategorien im Rahmen einer Schwachstellenanalyse könnten z.B. sein
- Qualifikation
- Organisationsstruktur
- Unternehmensphilosophie
- Führung.

Je nach dem Gegenstand der Untersuchung lassen sich Nachfragekategorien etwa aus Organisationstheorie, Kommunikationstheorie, Führungstheorie usw. gewinnen. Gerade dabei ist es jedoch wichtig, daß dem Gesprächspartner solche Nachfragekategorien nicht übergestülpt werden: Sie können den Blick weiten, bergen aber auch die Gefahr in sich, daß die Aufmerksamkeit des Gesprächspartners damit auf Bereiche gelenkt wird, die für ihn im Grunde keine Rolle spielen. So kann es z.B. sein, daß der Gesprächspartner bei der Nachfrage nach "Führung" die Wichtigkeit kooperativer Führung betont ("natürlich ist kooperative Führung wichtig") - ohne daß dies seiner tatsächlichen Einstellung entspricht, sondern lediglich, weil er nach dem Kriterium sozialer Erwünschtheit das anspricht, was seiner Meinung nach von ihm erwartet wird. Wichtig bei Nachfragekategorien ist auf jeden Fall, sie offen zu formulieren, d.h. für den Gesprächspartner offen zu lassen, ob er dazu etwas sagen möchte oder nicht.

### 4.3.4 Alternativen hinsichtlich der Leitfadengestaltung

Die im letzten Abschnitt dargestellte Form, den Leitfaden aus Leitfragen und Nachfragekategorien zu konstruieren, ist die gleichsam klassische Form. Dieses Vorgehen bietet Vorteile, aber auch mögliche Nachteile: Der Vorteil liegt darin, daß hier die Aufmerksamkeit unmittelbar auf das Thema gelenkt wird. Ein möglicher Nachteil kann jedoch sein, daß damit nur unmittelbar verfügbares Wissen abgefragt wird und die Antworten stark reflektiert werden ("was kann ich in dieser Situation sagen?"). Bei manchen Gesprächspartnern können hier auch Barrieren auftreten - sei es, daß ihnen das entsprechende Wissen nicht direkt zur Verfügung steht, sei es, daß sie Bedenken haben, es direkt zu äußern.

Für solche Situationen, wo der Gesprächspartner weniger direkten Zugang zum Thema hat, sind im Rahmen qualitativer Sozialforschung zusätzlich eine Reihe anderer Formen der Leitfadengestaltung entwickelt worden (Übersicht bei Hopf 1991; Lamnek 1988/89, Bd. 2, 65ff.). Einige wichtige seien hier genannt:

**(1) Freies Assoziieren**

Dies ist ein Verfahren, das seit den Anfängen der Psychologie geläufig ist und in der letzten Zeit für die Erfassung subjektiver Theorien verstärkt herangezogen wird (z.B. Marx/Hejj 1989):

Der Gesprächspartner nennt spontan alle Assoziationen, die ihm zu einem Thema einfallen. Im Rahmen des Konstrukt-Interviews stellt dieses Vorgehen eine sehr effektive Möglichkeit dar, die für den Themenbereich relevanten Konstrukte zu erfassen: In der Tat ist es wichtig zu wissen, ob ein Mitarbeiter die eigene Abteilung spontan als "Saftladen" oder als "jung, dynamisch, erfolgreich" bezeichnet - wobei dann freilich im weiteren Verlauf des Interviews diese Konstrukte zu präzisieren sind:

Woran genau denkt der Gesprächspartner, wenn er die Abteilung als "Saftladen" oder als "dynamisch" bezeichnet?

Was heißt für ihn "dynamisch"?

**(2) Bezug auf andere Personen**

Wenn man z.B. einen Abteilungsleiter direkt fragt, wo er Schwachstellen innerhalb seiner Abteilung sieht, bestehen leicht Barrieren: Der Betreffende will nicht zugeben, daß es in seinem Bereich solche Schwachstellen gibt. Hier fällt es leichter, nach anderen Personen oder anderen Bereichen zu fragen, etwa:

"Was für Schwachstellen bestehen in anderen Bereichen?"

"Was sehen andere als mögliche Schwachstellen an?"

Unter der Hand wird dabei in der Regel (auch) das genannt, was für den Betreffenden selbst wichtig ist, das aber bei direktem Nachfragen nicht zugänglich wäre.

Entsprechend ist es manchmal auch günstiger, Schwierigkeiten von anderen Kollegen in einer ähnlichen Position zu erfragen, als eigene Schwierigkeiten zu erheben.

**(3) Bezug auf vergangene oder zukünftige Situationen**

Gefragt wird z.B., was früher Schwachstellen waren:

"Gab es Schwierigkeiten, die Sie in Ihrer Anfangsphase als Abteilungsleiterin hatten?"

Eine solche Frage unterstellt die Möglichkeit, daß diese Schwachstellen inzwischen beseitigt wurden (was man ggf. noch durch eine weitere Leitfrage "was hat Ihnen geholfen, mit diesen Schwierigkeiten zurecht zu kommen?" stützen kann). Oder man fragt nach möglichen zukünftigen Entwicklungen, etwa

"Wie könnte die Abteilung in einem Jahr ausschauen? Was wäre dabei die günstigste, was die ungünstigste Entwicklung?"

**(4) Vergleichsverfahren**

Vergleichsverfahren stellen eine sehr effektive Möglichkeit dar, das jeweilige Konstruktsystem zu erfassen. Verglichen werden können dabei zwei Vorgesetzte (ein guter und ein schlechter), zwei Projektteams (ein effektives ein weniger effektives), zwei verschiedene Unternehmen, zwei Situationen (die Abteilung vor einem Jahr und jetzt).

Eine besondere Form von Vergleichsverfahren sind die sog. Repertory-Grid-Techniken im Anschluß an Kelly (Kelly 1955, 201ff.; vgl. Fromm 1987, 251ff.; Stewart u.a. 1981): Der Gesprächspartner wird gebeten, die Namen von etwa zehn Vorgesetzten, Teams, schwierigen Situationen usw. jeweils auf Karten aufzuschreiben. Dann werden willkürlich drei Karten herausgegriffen mit der Frage
"Was haben zwei (z.B. 2 Vorgesetzte) gemeinsam im Vergleich zum dritten?".

Der Vorteil dieses Vorgehens liegt darin, daß hier sehr spontan Konstrukte aufgeführt werden - und zwar die Konstrukte, die tatsächlich für die Zusammenfassung der betreffenden Elemente relevant sind: Die Abgrenzung von zwei Vorgesetzten gegenüber einem dritten erfolgt ja spontan, und erst beim Nachfragen ("was haben die zwei gemeinsam im Vergleich zum dritten?") werden die dafür relevanten Konstrukte nachgefragt.


**(5) Das narrative Interview**

Dies ist eine in der neueren Sozialforschung relativ häufig verwendete Vorgehensweise (vgl. Haupert 1991; Hermann 1991; Schütze 1976). Die Grundidee ist, den Gesprächspartner möglichst frei und ohne Beeinflussung erzählen zu lassen in der Annahme, daß in diesem freien Erzählfluß die für ihn relevanten Konstrukte von selbst auftreten werden. Für das Vorgehen bedeutet das, daß eine "Geschichte" mit einem Anfangs- und einem Endpunkt definiert wird. Das mag die Geschichte des Berufseinstiegs im Unternehmen sein (wenn es z.B. darum geht, Schwachstellen in der Einarbeitung von neuen Mitarbeitern zu erfassen) oder die Geschichte der Veränderungen, die die Abteilung in den letzten Jahren durchlaufen hat.

Aufgabe des Interviewers ist es, das "Thema" der Geschichte sowie Anfangs- und Endpunkt zu definieren:
"Erzählen Sie Ihre Geschichte hier in diesem Unternehmen, von der Zeit, als Sie anfingen, bis heute!".
"Könnten Sie erzählen, wie sich die Abteilung in den letzten Jahren verändert hat. Vielleicht fangen Sie zu dem Zeitpunkt an, als Sie in diese Abteilung kamen!".

Im Verlauf des Interviews ist es dann Aufgabe des Interviewers, den Gedankengang möglichst wenig zu unterbrechen, d.h. zuzuhören, zu nicken und zum Weiterreden zu ermutigen. Wenn Brüche oder Unklarheiten auftreten, kann dies als neue Geschichte definiert werden. Wenn etwa der Gesprächspartner erwähnt, daß sich das Klima in der Abteilung verschlechtert hat, so wäre dafür als neue Geschichte zu bestimmen: "Und wie kam es dazu, daß sich das Klima verschlechterte?".

Ein Hinweis ist in diesem Zusammenhang wichtig: Narrative Interviews erscheinen recht problemlos, führen aber sehr leicht in tiefere Schichten und möglicherweise zu bisher verdeckten Problemen. So kann die Geschichte des Berufseinstiegs im Unternehmen unter der Hand dazu führen, daß dem Betreffenden plötzlich bewußt wird, daß er eigentlich den falschen Beruf gewählt hat. Gerade Anfänger neigen hier dazu, die dabei auftretenden Schwierigkeiten zu unterschätzen. Hier ist es wichtig, vorsichtig zu formulieren bzw. über die Beratungskompetenz zu verfügen, solche plötzlich auftretenden Probleme bearbeiten zu können.

## (6) Methode des Lauten Denkens
Basis dieses Verfahrens sind Videoaufzeichnungen (vgl. z.B. Weidle/Wagner 1982): Eine Besprechungssituation etwa in der Abteilung wird auf Video aufgenommen und dem zu interviewenden Abteilungsleiter vorgeführt. Der Gesprächspartner stoppt die Videoaufzeichung an den für ihn relevanten Stellen (ggf. kann auch der Interviewer Unterbrechungen einschieben) und erzählt dann, was ihm in dieser Situation "durch den Sinn" gegangen ist.

Dies ist ein Verfahren, das insbesondere geeignet ist, subjektive Strategien (z.B. in Konferenzen, im Umgang mit EDV) zu erfassen.

## (7) Struktur-Lege-Techniken
Diese u.a. von Scheele/Groeben (z.B. 1988) oder Dann (z.B. 1992) entwickelten Verfahren dienen dazu, die Beziehungen zwischen verschiedenen Konstrukten zu erfassen: Die zentralen Begriffe werden vom Gesprächspartner als Kärtchen auf einer Fläche angeordnet und können damit Beziehungen zwischen den verschiedenen Begriffen deutlich machen (vgl. Scheele 1992). Damit ergibt sich z.B. zum Thema "Macht" folgende Darstellung (Birkhan 1991, 401):

Rekonstruktion Persönlicher Theorien

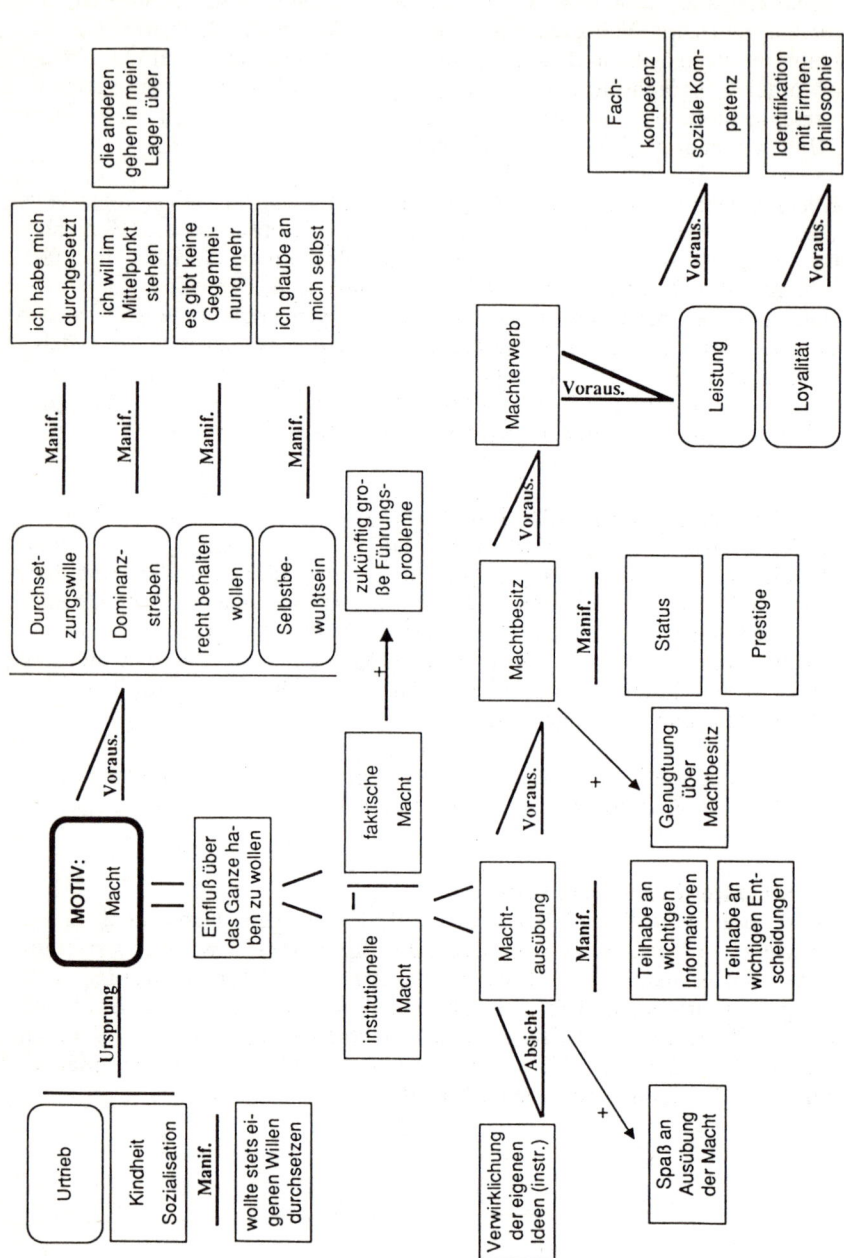

Diese unterschiedlichen Vorgehensweisen können als Einzelbefragung, stellenweise auch als Gruppenbefragung (vgl. z.B. Niessen 1977; Lamnek 1988/89, Bd. 2, 121ff.) durchgeführt werden. Wichtig dabei ist generell, daß die unterschiedlichen Vorgehensweisen im Blick auf Ziel und Zielgruppe zu begründen sind: Was ist im Blick auf die Zielsetzung der Untersuchung und im Blick auf die Gesprächspartner das geeignetste Vorgehen?

## 4.4 Durchführungsphase des Interviews

Bei der Durchführung des Interviews finden sich drei Phasen des Beratungsgespräches wieder : Es gibt eine Orientierungsphase, eine Erarbeitungsphase (die der Klärungsphase im Beratungsgespräch entspricht) und eine Abschlußphase. Zugleich aber gilt, daß diese Phasen im Interview stärker vom Interviewer gelenkt sind: Während im Beratungsgespräch der Klient häufig von sich aus Ziele und Themen definiert und der Berater ihn dabei unterstützt, verfolgt im Interview der Interviewer selbst bestimmte Ziele (er will etwas vom Gesprächspartner wissen) und lenkt den Verlauf im Blick darauf. Orientierungs-, Erarbeitungs- und Abschlußphase sind auf diese Ziele des Interviews hin zu gestalten.

### 4.4.1 Die Orientierungsphase

Wie beim Beratungsgespräch benötigt der Gesprächspartner im Interview zunächst einmal Orientierung: Orientierung über die Beziehung zum Interviewer und Orientierung über die Sache, um die es geht.

In der Orientierungsphase wird die Gesprächssituation als Interview-Situation definiert. Und diese Definition muß mit einem Kontrakt abgeschlossen werden. Im einzelnen stehen hier folgende Aufgaben an:

**(1) Orientierung auf der Beziehungsebene**
Ziel der Orientierungsphase ist es auch hier, eine positive Beziehung zwischen Interviewer und seinem Gesprächspartner aufzubauen: Von der Beziehung wird es abhängen, wie weit der Gesprächspartner bereit ist, sich zu öffnen und Informationen von sich zu geben. Wichtige Faktoren für die Definition der Beziehung (sie entsprechen im wesentlichen denen beim Beratungsgespräch) seien hier kurz zusammengestellt:

- die eigene Einstellung des Interviewers:
   Der Gesprächspartner spürt sehr schnell, ob der Interviewer tatsächlich an ihm interessiert ist oder etwa nur möglichst schnell das Interview "durchziehen" möchte. Und diese Einstellung bestimmt die Beziehungsbotschaften, die ein Interviewer unbewußt sendet. Wichtig ist, den

Gesprächspartner hier ernst zu nehmen: Wenn es darum geht, seine subjektive Sicht zu erfassen, dann ist eben dieser Gesprächspartner der einzig kompetente Fachmann zu einem dem Interviewer ansonsten unzugänglichen Thema.

- die Art der Vorinformationen:
Einladung, Text des Informationsschreibens usw.

- das äußere Umfeld:
Wenn das Interview am Arbeitsplatz, möglicherweise noch unterbrochen von Telefongesprächen, durchgeführt wird, dann wird der Interviewpartner daraus negative Beziehungsbotschaften hören: "Du bist mir nicht so wichtig, daß ich mir deswegen bei der Wahl des Raumes besondere Mühe mache!". Andererseits signalisiert ein ruhiges, ungestörtes Besprechungszimmer (Anrufe weiterleiten): "Du bist mir wichtig".

- Warming-up-Phase:
Sich und dem Gesprächspartner Zeit lassen, sich auf das Interview einzustellen.

- Verbales Verhalten:
Aufmerksamkeitsreaktion ("mh", "wirklich?" usw.)
Angleichung der Repräsentationssysteme

- Nonverbales Verhalten:
Sitzposition ca. 90 Grad, ggf. spiegeln (Angleichung der Körperposition) - wobei wichtig ist, daß die Körperhaltung der tatsächlichen Einstellung "ich bin an dem, was Sie sagen, interessiert" entspricht.

**(2) Orientierung auf der Inhaltsebene**
Daneben benötigt der Interview-Partner inhaltliche Informationen, bevor er sich auf ein Interview einläßt. Man versetze sich in die Situation eines Meisters in der Fertigung, der zu einem Interview zitiert wird, in dem ein Fremder irgendwelche Informationen über den Betrieb erheben will. Ganz natürlich werden dem Betreffenden hier Fragen durch den Kopf gehen wie: "Wozu dient das Ganze?", "Was geschieht mit dieser Information?", "Was kann ich hier sagen?", "Werden diese Informationen meinem Chef weitergegeben?". Solange diese Fragen nicht beantwortet und mögliche Befürchtungen nicht abgebaut sind, wird der Interview-Partner versuchen, so wenig Informationen wie möglich preiszugeben.

Orientierung auf der Inhaltsebene bedeutet somit:

- Orientierung über die Funktion des Interviewers:
  Wer ist derjenige, der das Interview führt?
  Ist es jemand aus dem Unternehmen?
  Ist es ein Externer?

- Orientierung über das Ziel des Interviews:
  Was soll erfaßt werden?
  Wozu werden die Daten verwendet?

- Orientierung über die Verwendung der Ergebnisse:
  Wer erhält die Informationen? Wieweit werden Informationen verschlüsselt?
  Wird der Interviewpartner über die Ergebnisse des Interviews informiert?

Aufgabe der Orientierungsphase ist es, dem Interview-Partner genau diese Information zu geben. Das bedeutet für den Interviewer:

- in der Vorbereitungsphase sich selbst über Ziel und Aufbau des Interviews und Verwendung der Ergebnisse klar werden (und ggf. diese Punkte mit dem Auftraggeber vorher abzustimmen)

- in der Regel vor Beginn den Interview-Partner schriftlich oder telefonisch von dem Interview zu informieren (und dabei bereits relevante Informationen mitzuteilen)

- im Interview zunächst dem anderen Orientierung zu geben
    * über die eigene Person
    * über den Gegenstand des Interviews
    * über das Ziel
    * über Verwendung der Ergebnisse

- dem Interwiew-Partner Gelegenheit zu Rückfragen zu geben: In der Regel bleiben immer noch irgendwelche Punkte offen oder unklar.

Die Orientierungsphase schließt ab mit einer gemeinsamen Definition der Situation als Interview. Und das heißt: Es muß darüber ein Kontrakt geschlossen werden.

- Stimmt der Interview-Partner zu, daß er zu diesem Thema interviewt wird?
- Simmt er zu, daß dieses Gespräch aufgezeichnet und ausgewertet wird?

Wichtig ist hierbei, daß die Zustimmung des Interview-Partners explizit erfolgt. Bei Bedenken des Interview-Partners (häufig treten hier noch Fragen auf wie "erscheint mein Name bei der Geschäftsleitung?") gilt es, eine gemeinsame Lösung zu finden, um die Bedenken zu beseitigen. Wichtig ist, dabei nur das zuzusagen, wozu man als Interviewer selbst stehen kann. Wichtig ist auch, dabei auf die Körpersprache des Interview-Partners zu achten: Manchmal stimmt er verbal zu, aber die Körpersprache drückt Ablehnung aus. Stimmt er hier wirklich zu? Im Zweifelsfall ist es sinnvoll, mögliche Bedenken nochmals aufzugreifen ("gibt es aus Ihrer Sicht noch irgendwelche Fragen und Bedenken"?) und zu bearbeiten.

### 4.4.2 Die Erarbeitungsphase

Ziel der Erarbeitungsphase ist es, die subjektiven Konstrukte, die subjektiven Diagnosehypothesen, subjektiven Ziele sowie subjektiven Erklärungen und subjektiven Strategien zu erfassen, die der Gesprächspartner zu einem bestimmten Themenbereich hat. Dabei können Leitfragen und Nachfragekategorien eine Hilfe sein, das Interview grob zu strukturieren, ohne daß der Interviewer sich beim Ablauf sklavisch an dieses Schema halten oder daß er die Fragen wörtlich formulieren muß.

Damit entspricht im Vorgehen die Erarbeitungsphase im Konstrukt-Interview im wesentlichen der Klärungsphase im Beratungsgespräch. Sie ist im Konstrukt-Interview jedoch stärker gelenkt: Nicht der Gesprächspartner wählt die Themen, die für ihn wichtig sind, sondern der Interviewer fragt und möchte zu ganz bestimmten Bereichen gezielt Informationen.

Sinnvollerweise wird der Interview-Partner zunächst frei seine Sichtweise zu einer bestimmten Leitfrage darstellen, d.h. seine subjektive Sichtweise erzählen. Und er muß dabei auch erst einmal mit dem Thema "warm" werden, sich darauf einstellen. Aufgabe des Interviewers in dieser freien Phase ist es, diesen Prozeß durch Zuhören, Nicken, "mhm" ("passives Zuhören" und "Aufmerksamkeitsreaktionen") zu unterstützen (vgl. o.S. 81).

Während es jedoch im Beratungsgespräch letztlich nicht darauf ankommt, daß der Berater die Sicht des Klienten versteht (der Klient selbst muß seine Sichtweise klären), ist es ja gerade Ziel des Konstrukt-Interviews zu verstehen, was der Gesprächspartner jeweils meint.

Als Interviewer muß man davon ausgehen, daß die vom Gesprächspartner verwendeten Konstrukte grundsätzlich fremd sind. Wenn ein Gesprächspartner z.B. in einem Interview über Führungsverhalten davon spricht, das viele Führungskräfte keine "Persönlichkeit" sind, dann besteht eine gute Chance, den Gesprächspartner mißzuverstehen, wenn man nicht nachfragt. D.h. die vom Gesprächspartner aufgeführten Konstrukte und damit auch die entsprechenden Diagnose,- Erklärungs- und Strategie-Hypothesen sind zu explizieren.

Deswegen gilt auch hier das, was in Kap. 3.4.2 über die Tilgung gesagt wurde: Auch im Konstrukt-Interview wird der Gesprächspartner eine Reihe von Informationen tilgen: etwa deshalb, weil er sie für selbstverständlich hält. Für ihn ist z.B. klar, was er unter "Persönlichkeit" versteht. Und deshalb wird er kaum auf den Gedanken kommen, dem Interviewer ausführlich zu erklären, was "Persönlichkeit" bedeutet. Statt dessen muß der Interviewer von sich aus nach getilgten Informationen fragen.

Dafür bieten sich auch hier die im letzten Kapitel dargestellten Verfahren des Fokussierens, des Erfragens von Tilgungen und des Widerspiegelns an.

Nehmen wir an, in einem Interview über Führungsverhalten berichtet der Gesprächspartner, daß mit manchen Führungskräften "schwer auszukommen" sei. "Schwer auskommen" ist dabei sicher ein Konstrukt, das nicht einfach alltagssprachlich übernommen werden kann, sondern zu explizieren ist. Nachfragen, Fokussieren und Widerspiegeln bieten dabei folgende Möglichkeiten:

**(1) Fokussieren**
Um ein zunächst unbekanntes Konstrukt zu verstehen, ist es hilfreich, den Gesprächspartner eine konkrete Situation dafür fokussieren zu lassen: "Können Sie eine Situation schildern, in der besonders deutlich wird, daß mit Ihrer Führungskraft schwer auszukommen ist?".
In der Schilderung dieser Situation wird dann deutlich, was der Gesprächspartner mit dem Konstrukt "schwer auskommen" meint.

Übrigens ist das ein Verfahren, das im Grunde schon im Konstruktivismus der Erlanger Philosophie eine zentrale Bedeutung besitzt: Kamlah/Lorenzen (1967, 29ff.) sprechen in diesem Zusammenhang von "exemplarischer Einführung" von Begriffen: Sie gehen von der These aus, daß sich unbekannte oder mißverständliche Begriffe am besten anhand von konkreten Beispielen (und ggf. Gegenbeispielen) verdeutlichen lassen. Und das ist ja im Grunde auch die Situation im Konstrukt-Interview: Um ein zunächst unbekanntes Konstrukt zu verstehen, ist es hilfreich, den Interviewten zu bitten, dafür konkrete Beispiele (und ggf. Gegenbeispiele) anzugeben, d.h. konkrete Situationen zu fokussieren. Dahinter steht die Erfahrung, daß wir einen Gesprächspartner bei der

Schilderung konkreter Siutationen weniger leicht mißverstehen, als wenn wir über recht abstrakte Persönlichkeitseigenschaften u.dgl. reden. Wir können eher sicher sein, ein Konstrukt wie "mit jemanden schwer auskommen können" richtig zu verstehen, wenn es an solchen Beispielsituationen exemplarisch verdeutlicht ist.

## (2) Erfragen getilgter Informationen (Meta-Modell)

Mögliche Fragen wären hier etwa:
"Was heißt für Sie, mit ihm schlecht auskommen können?"
"Wer kann mit Ihrem Vorgesetzten schwer auskommen?"
"Was tut Ihr Vorgesetzter, daß man mit ihm schwer auskommen kann?"
"Was würden Sie sich von Ihrem Vorgesetzten wünschen, um mit ihm besser auskommen zu können?"

## (3) Widerspiegeln

Widerspiegeln bedeutet im Zusammenhang des Konstrukt-Interviews, sich als Interviewer zu vergewissern, daß man die Konstrukte richtig verstanden hat:
"Das heißt, daß ein Vorgesetzter, der sich nicht von seiner Meinung abbringen läßt, einer wäre, mit dem schwer auszukommen ist?"
"Bedeutet also 'schwer auskommen', mit ihm nicht gemeinsam über fachliche Fragen diskutieren können?"

Wichtig ist, daß die Widerspiegelung des Inhalts als Frage gemeint und auch so formuliert ist: "heißt das, daß...?", "verstehe ich Sie richtig, daß...?", "das würde bedeuten, daß...?". Nicht erforderlich ist, daß die Widerspiegelung tatsächlich genau das trifft, was der Gesprächspartner meint. Wenn die Übersetzung als Frage formuliert oder im Tonfall als Frage erkennbar ist, dann wird der Gesprächspartner von sich aus zustimmen oder korrigieren: "nein, nicht ganz...".

Widerspiegeln ist auch dann ein besonders hilfreiches Verfahren, wenn es darum geht, sich der Struktur einer Argumentation oder der Hauptpunkte zu einem Themenbereich zu vergewissern:
"Habe ich Sie richtig verstanden, daß für Sie Kennzeichen einer guten Führungskraft 'fachlich etwas drauf haben', 'sagen, wo es lang geht' und 'gutes Verhalten zu Mitarbeitern' sind?"

Dabei kann dann bei den hier genannten Begriffen ("sagen, wo es lang geht") weiter nachgefragt werden.

Der Gesamtverlauf des Interviews ist somit durch Leitfragen und Nachfragekategorien, durch freie Erzählphasen und gezieltes Nachfragen bestimmt. Dabei ergibt sich daraus für den Gesamtverlauf so etwas wie das Bild einer Matrix: Es werden verschiedene nebeneinanderstehende

Bereiche angesprochen, wobei dann innerhalb dieser Bereiche jeweils "in die Tiefe" nachzufragen ist.

In der Regel spricht der Gesprächspartner bei seinen ersten Antworten mehrere Bereiche an. Er strukturiert damit das Thema durch eine Reihe von Konstrukten, aber bleibt zunächst noch auf der Oberfläche, d.h. ohne die Konstrukte zu explizieren. So könnte z.B. ein Mitarbeiter bei der Frage nach Merkmalen einer guten Führungskraft antworten "Oh, das ist eine ganze Menge: Er muß fachlich etwas drauf haben, aber er muß auch sagen, wo es lang geht und darf zugleich nicht den Chef rauskehren".

Der Interviewer sollte in einer solchen Situation sowohl "in die Breite" als auch "in die Tiefe" fragen:
- In die Breite fragen würde bedeuten, nach weiteren Merkmalen einer guten Führungskraft zu fragen:
"Gibt es darüber hinaus noch etwas, wodurch sich eine gute Führungskraft auszeichnet?"
- In die Tiefe fragen bedeutet, eines der genannten Konstrukte herauszugreifen und (mit den zuvor genannten Möglichkeiten) zu explizieren, z.B.
"Können Sie sich an eine Situation erinnern, wo ein Vorgesetzter fachlich etwas drauf gehabt hatte?" (Fokussieren)
"Was muß er fachlich drauf haben?" (Meta-Modell)
"Fachlich etwas drauf haben heißt für Sie?" (Meta-Modell)
"Heißt 'fachlich etwas drauf haben': er muß mehr Fachkenntnisse haben als die Mitarbeiter?" (Widerspiegeln).

Die Matrix zu dieser Frage könnte folgendermaßen aussehen:

| fachlich etwas drauf haben haben | sagen, wo es lang geht | nicht den Chef rauskehren | weitere Themen |
|---|---|---|---|
| Frage: Was muß er fachlich drauf haben? | ↓ | ↓ | ↓ |
| explizieren: | explizieren: | explizieren: | explizieren: |
| - Experte für alle Fragen sein<br>- sich besser auskennen, als die MA | | | |

Die Erarbeitungsphase (zumindest die zu einer Leitfrage) ist abgeschlossen, wenn die Matrix ausgefüllt ist, d.h. wenn sowohl in die Breite als auch in die Tiefe keine neuen Informationen mehr gebracht werden.

### 4.4.3 Abschlußphase

Die Abschlußphase ist bei Interviews in der Regel weniger aufwendig als bei Beratungsgesprächen, weil hier meist weniger Kontrakte zu schließen sind. Check-Punkte für die Abschlußphase können sein:
- Gibt es zu den Themen des Interviews noch (unabhängig von den Leitfragen) weitere Punkte, die der Gesprächspartner ergänzen möchte?

- Gibt es Kontrakte zwischen Interviewer und Gesprächspartner, die noch zu schließen oder nochmals abzusichern sind (etwa darüber, daß bestimmte Vorschläge weitergeleitet werden, daß der Interviewer sich dafür einsetzen wird, daß die befragten Mitarbeiter die gesamten Daten erhalten usw.).

Daß der Dank für die Bereitschaft zur Mitarbeit das Interview abschließt, liegt auf der Hand.


### 4.5 Inhaltsanalytische Auswertung

Vielleicht das gravierendste Problem bei der Durchführung qualitativer Interviewverfahren ist die Auswertung. Während standardisierte Fragebogen sich relativ schnell auswerten lassen, stellt sich für qualitative Interviews das Problem der Datenmenge, die systematisiert, komprimiert und letztlich zu Vorschlägen für praktische Konsequenzen verdichtet werden muß.

Die Auswertung steht somit unter einer doppelten Zielsetzung:
- zum einen möglichst gute und gesicherte Ergebnisse zu erhalten
- zum anderen den Aufwand für die Auswertung soweit als möglich zu minimieren - was gerade dann vorrangig wird, wenn man die Interviews nicht aus reinen Forschungsgesichtspunkten, sondern im Rahmen praktischer Beratungstätigkeit durchführt.

Die Konsequenz davon ist, den Auswertungsprozeß sehr sorgfältig zu planen und durchzuführen (vgl. z.B. Mayring 1993; Rustemeyer 1992) - damit läßt sich sowohl Zeit sparen als auch die Qualität der Ergebnisse entscheidend steigern.

Der Auswertungsprozeß gliedert sich üblicherweise in folgende Phasen:

## 4.5.1 Mitschrift der Interviews

In aufwendigen Untersuchungen (etwa im Rahmen von Forschungsvorhaben) gehört es zu den Selbstverständlichkeiten, den Interviewverlauf auf Tonband aufzunehmen und zunächst zu verschriftlichen (zu transkribieren). Ein solches Vorgehen ist extrem zeitaufwendig, so daß in der praktischen Arbeit hier häufig Abstriche gemacht werden müssen.

Eine günstige Möglichkeit besteht darin, Interviews auf Tonband aufzunehmen und anschließend anhand des Bandes den Inhalt zu paraphasieren, d.h. unter Weglassung von wenig inhaltstragenden Textbestandteilen (Ausschmückungen, Wiederholungen usw.) die einzelnen Äußerungen in verkürzter Form aufzuschreiben (vgl. Mayring 1993, 55ff.).

Eine solche Paraphrasierung könnte etwa folgendermaßen ausschauen:

---

Band: *12*
Interview-Partner: *Meister*
Datum: *13.01.1993*        Interviewer: *Volmer*


| Zählwerk: | Paraphrasierung: |
|---|---|
| 212 | *die meisten Vorgesetzten können ganz ordentlich* |
| 214 | *führen* |
| 216 | *sagen, wo es lang geht* |
| | *und: man kann mit ihnen reden* |
| 221 | *es gibt Ausnahmen...* |

---

Ggf. kann man dabei auch größere, für die Fragestellung unwichtige Abschnitte vollständig weglassen.

Wenn man über sehr viel Sicherheit bei der Interview-Führung verfügt, kann man eine solche Paraphrasierung bereits während des Interviews durchführen - und muß dann ggf. nur wichtige Stellen anschließend anhand des Bandes nochmals überprüfen. Ein solches Vorgehen erfordert jedoch sehr viel Routine: Man muß sich während des Interviews sowohl auf den Interview-Verlauf als auch auf die Mitschrift konzentrieren.

## 4.5.2 Festlegung des Kategoriensystems

Ergebnisse einer inhaltsanalytischen Auswertung müssen "strukturiert" werden: Einzelne Textäußerungen (oder Zusammenfassungen von Äußerungen) werden bestimmten Kategorien zugeordnet. Damit erweist sich die Bildung eines Kategoriensystems als der entscheidende Schritt für die Auswertung. Je sorgfältiger das Kategoriensystem festgelegt ist und je brauchbarer es sich dann erweist, desto leichter fällt dann die weitere Auswertung (vgl. Mayring 1993, 76ff.; Rustemeyer 1992, 93ff.).

Für die Festlegung von Kategorien bieten sich mehrere Möglichkeiten an:

**(1) Festlegung von Kategorien auf der Basis von Leitfragen bzw. Nachfragekategorien**
Erste Kategorien ergeben sich in der Regel unmittelbar aus Leitfragen und Nachfragekategorien. Wenn z.B. in einer Befragung zum Thema "Informationsfluß" folgende Leitfragen gestellt werden:
"Wo sehen Sie Schwachstellen im Informationsfluß?"
"Was schlagen Sie zur Verbesserung vor?",
dann liegt es nahe, die Begriffe "Schwachstellen im Informationsfluß" und "Verbesserungsmöglichkeiten" als sehr allgemeine Oberkategorien in das Kategoriensystem zu übernehmen.

**(2) Festlegung von Kategorien aus theoretischen Konzepten**
Eine weitere Möglichkeit besteht darin, bei der Kategorienbildung auf theoretische Konzepte zurückzugreifen. So kann die in der Organisationstheorie geläufige Unterscheidung zwischen Aufbau- und Ablauforganisation eine Unterscheidung zwischen zwei (auch wieder allgemeinen) Kategorien bilden. Entsprechend ließe sich die Unterscheidung zwischen verschiedenen Kompetenzbereichen (Fachkompetenz, Methodenkompetenz, Sozialkompetenz, Persönlichkeitskompetenz) als Unterscheidung übernehmen.

**(3) Festlegung von Kategorien auf der Basis von eigenen Erfahrungen und teilnehmenden Beobachtungen**
Eine dritte Möglichkeit zur Bildung von Kategorien besteht im Rückgriff auf eigene Erfahrung: Wenn man selbst viel mit dem PC arbeitet, hat man in der Regel bereits dadurch eine Vorstellung davon, wo etwa beim Einsatz von PCs Schwachpunkte auftreten können. Oder man versucht zunächst, etwa im Rahmen teilnehmender Beobachtung mit der Lebenswelt der Adressaten vertraut zu werden, um einen Blick auf mögliche Schwachstellen (etwa hinsichtlich des Informationsflusses) zu erhalten, und bildet daraus Kategorien.

Der Nachteil dieses Vorgehens besteht darin, daß hier stark die eigene Sichtweise (und das heißt: die eigene subjektive Konstruktion der Wirklichkeit) zum Tragen kommt: Es besteht die Gefahr, daß unter der Hand nur noch das in den Blick kommt, was man selbst für wichtig hält. Von daher bedarf ein solches Vorgehen auf jeden Fall der Ergänzung und Korrektur durch andere Verfahren der Kategorienbildung.

**(4) Bildung von Kategorien auf der Basis von einzelnen Interviews**
Dies ist gleichsam das klassische "induktive" Verfahren der Kategorienbildung: Man greift ein bis zwei Interviews heraus, die sehr sorgfältig analysiert werden. Die einzelnen Aussagen des Interviews werden erfaßt (ggf. auf Karteikarten zusammengestellt). Ähnliche Aussagen werden zusammengefaßt und dann dafür gemeinsame Kategorien gesucht.

Für die Erstellung eines Kategoriensystems empfiehlt es sich grundsätzlich, mehrere Vorgehensweisen zu kombinieren.

Als Endergebnis entsteht dann in der Regel ein hierarchisch gegliedertes Kategoriensystem mit ggf. mehreren Ebenen von Ober- und Unterkategorien. Für das Thema "Informationsfluß in der Abteilung" könnte ein solches Kategoriensystem (es ist hier nicht vollständig aufgeführt) etwa folgendermaßen ausschauen:

Dabei ist es wenig sinnvoll, sofort ein vollständiges Kategoriensystem zu bilden. Sondern man arbeitet sich sinnvollerweise schrittweise ein, indem man zunächst leichter faßbare Aussagen zusammenfaßt und die entsprechenden Kategorien bildet. In mehreren Runden werden dann die Kategorien erweitert, ggf. auch wieder verworfen und verändert, bis sich als Arbeitsgrundlage ein relativ umfassendes Kategoriensystem ergibt.

Zu den Grundsätzen der Kategorienbildung zählt dabei die Forderung, daß die Kategorien eindeutig definiert sein müssen (vgl. Atteslander 1991, 242). Nur so ist eine hinreichend sichere Zuordnung möglich (vgl. Rustemeyer 1992, 92ff.).

Mayring (1993, 76ff.) schlägt hier drei Schritte vor:

- Definition der Kategorien
  z.B. "horizontaler Informationsfluß" ist definiert als Informationsfluß zwischen den Mitarbeitern innerhalb der Abteilung oder mit Mitarbeitern benachbarter Bereiche

- Festlegung von Ankerbeispielen
  d.h. konkreten Textstellen, die als Beispiele für eine Kategorie dienen
  z.B. für die Kategorie "Schwachstellen beim Informationsfluß zwischen den Abteilungen":
  "Da arbeitet man schon jahrelang nebeneinander an derselben Aufgabe, und weiß vom anderen überhaupt nichts".

- Festlegung von Kodierungsregeln, die bei Unklarheiten die Abgrenzung zwischen verschiedenen Kategorien festlegen.

### 4.5.3 Einzelauswertung der Interviews

In einem nächsten Schritt sind sämtliche Interviews im Blick auf das Kategoriensystem auszuwerten. Grundlage dafür sind Tonbandmitschriften bzw. Protokolle des Interviews. Die einzelnen Äußerungen sind dann jeweils einer Kategorie (oder ggf. auch mehreren) zuzuordnen. Anzugeben sind dabei jeweils
- Kenn-Nummer des Interviews (um das Interview zu identifizieren)
- Zählwerk-Angabe (zur Identifizierung der Äußerung)
- Angabe der Kategorie, der diese Äußerung zugeordnet wird
- Inhalt der Äußerung, entweder als Zusammenfassung ("häufiges Problem: fehlende Unterstützung durch Kollegen") oder als wörtliches Zitat, das ggf. anhand des Tonbands selbst noch einmal abzusichern wäre (z.B. "da stehe ich allein auf weiter Flur, und keiner der lieben Kollegen hilft mir!").

In manchen Fällen ist es auf der Basis dieser Einzelauswertung günstig "typische" Konstellationen herauszustellen. So ließe sich bei der Befragung, wie Mitarbeiter das eigene Unternehmen sehen, ein Interview eines "positiven Mitarbeiters" mit einem Interview eines "negativen" Mitarbeiters kontrastieren. Wenn man nach Kategorien gegliederte Ergebnisse der beiden Interviews einander gegenüberstellt, kann ein solches Verfahren der "Fallkontrastation" (Gerhardt 1986, 86ff.; vgl. auch Jüttemann 1990) Gemeinsamkeiten und die Spannbreite unterschiedlicher Auffassungen sehr gut verdeutlichen.

### 4.5.4 Gesamtauswertung

Auf der Basis der Einzelauswertung ist schließlich die Gesamtauswertung zu leisten. Diese kann in zwei Schritten geschehen:

**(1) Qualitative Auswertung**
Hier geht es lediglich darum, herauszustellen, welche Einschätzungen insgesamt abgegeben werden, unabhängig von der Häufigkeit. Eine solche qualitative Auswertung ist hilfreich, um eine Übersicht über verschiedene genannte Schwachstellen zu erhalten oder eine Übersicht über Lösungsvorschläge zu einem bestimmten Themenbereich.

**(2) Quantitative Auswertung**
In der Regel besteht Interesse daran, über eine Übersicht über verschiedene Meinungen hinaus Informationen über die Häufigkeit oder die Gewichtung, mit der sie vorgetragen wurden, zu erhalten.

Das bedeutet aber, daß man über die Einzelauswertung hinaus versucht, Gemeinsamkeiten und Unterschiede zahlenmäßig zu erfassen:

- Man kann die Häufigkeit feststellen: Wie häufig wurde eine bestimmte Schwachstelle in den Interviews genannt, wie viele Mitarbeiter haben sie angesprochen?

- Man kann auf der Basis von Häufigkeiten grobe Antworttendenzen angeben, indem man etwa unterscheidet zwischen Schwachstellen, die von allen, von vielen oder von wenigen oder nur vereinzelt aufgeführt wurden. Oder man kann unterschiedliche Bewertungen (wenn z.B. Fachkompetenz von Führungskräften unterschiedlich positiv und negativ bewertet wird) angeben.

- Man kann schließlich dabei auch die Ergebnisse inhaltlich gewichten: Welches Gewicht wurde in den Interviews z.B. auf einzelne Schwachstellen gelegt, welche Schwachstellen gelten als gravierendstes Problem,

welche werden als weniger gravierend aufgefaßt? Gewichtungen ergeben sich dabei aus der inhaltsanalytischen Auswertung (etwa im Blick
darauf, was in den einzelnen Interviews als "zentrale" Schwächen
gesehen wurden) oder auf der Basis von Rangordnungen, die etwa im
Zusammenhang mit einer eigenen Leitfrage ("in welcher dieser
Schwachstellen sehen Sie das gravierendste Problem?") oder im
Rahmen von Gruppendiskussionen vorgenommen wurden.

- Und schließlich lassen sich an dieser Stelle qualitative Befragungen in
  quantitative Befragungen (Fragebogen) überführen: Auf der Basis der
  für das soziale System relevanten Kategorien lassen sich Items für einen
  Fragebogen entwickeln, um auf dieser Basis die Häufigkeit bestimmter
  Einschätzungen genauer abzusichern. Die Verknüpfung von qualitativer
  und quantitativer Befragung bietet dann den Vorteil, daß in der Fragebogenuntersuchung dabei nicht von außen irgendwelche Kategorien
  aufgesetzt werden, sondern daß die für die Betreffenden tatsächlich
  relevanten Themen in den Blick kommen.

### 4.5.5 Verwendung der Ergebnisse

Es gehört zu den Grundsätzen Systemischer Organisationsberatung, daß
die im Rahmen von Diagnosephasen erhobenen Ergebnisse dem sozialen
System zurückgespiegelt werden und damit Anstöße für die weitere
Entwicklung geben. Damit wird im Grunde ein Verfahren aufgegriffen,
das in der Tradition von Levin als "Survey-feed-back-Methode" insbesondere seit den 70er Jahren geläufig ist (vgl. z.B. Gebert 1976). Das
soziale System erhält durch die Rückspiegelung der Daten gleichsam ein
Bild seiner eigenen Situation. Eine solche Diagnose bedeutet dann immer
schon Veränderung des sozialen Systems: Sobald den Mitgliedern des
sozialen Systems bestimmte Schwachstellen bekannt sind, verändert
dieses Wissen bereits ihre subjektiven Theorien und damit das Verhalten
des Systems.

Grundlage für die Rückspiegelung der Daten an das soziale System sind
üblicherweise ein Projektbericht oder (und) eine Präsentationen.

Zielstellung einer solchen (mündlichen oder schriftlichen) Ergebnisprä-
sentation ist es, Anstöße für die weitere Entwicklung des jeweiligen
sozialen Systems (der Projektgruppe, des Unternehmens usw.) zu geben.

Dafür stehen verschiedene Möglichkeiten offen:
- Die Diagnose des sozialen Systems wird als Anstoß für weitere Beratungsphasen genommen.

- Die Diagnose des sozialen Systems wird Anstoß zur Bildung von Projektteams, die konkrete Schwachpunkte bearbeiten, Lösungsmöglichkeiten entwickeln und umsetzen usw.

Auf jeden Fall bedeutet das, daß eine Diagnose des sozialen Systems nie Selbstzweck ist, sondern in eine umfassende Konzeption im Blick auf die Weiterentwicklung des sozialen Systems eingebettet sein muß.

# Kapitel 5: Referenztransformation und Lösungen zweiter Ordnung

## 5.1 Theoretische Grundlagen

In vielen Situationen wird das in Kap. 3 beschriebene Vorgehen Systemischer Prozeßberatung zu einem Ergebnis führen. Aber es gibt Situationen, wo das Beratungsgespräch gleichsam auf der Stelle tritt: Es werden z.B. immer neue Merkmale der Problemsituation geschildert, ohne daß sich daraus brauchbare Lösungen ergeben. Oder eine Lösungsmöglichkeit nach der anderen wird verworfen.

Jeder, der im Beratungsbereich tätig ist, kennt solche Situationen. Es sind Situationen, die für die Beraterin oder den Berater selbst meist unbefriedigend sind: Man hat das Gefühl, nicht weiterzukommen und im Beratungsprozeß auf der Stelle zu treten.

Woran liegt es, wenn Beratungsgespräche auf der Stelle treten?

Nun, es hat etwas mit der Konstruktion der Wirklichkeit zu tun. Genauer: Mit den subjektiven Konstrukten, auf deren Basis die Situation gedeutet wird. Diese Konstrukte bilden gleichsam einen "Referenzrahmen" (König/Volmer 1989), innerhalb dessen überhaupt nach Lösungsmöglichkeiten gesucht wird.

Zur Verdeutlichung soll wieder auf das bereits im Kap. 1 aufgeführte Beispiel eines nicht motivierten Mitarbeiters zurückgegriffen werden: Ein Vorgesetzter hat Probleme mit einem Mitarbeiter, der nicht engagiert ist, schlecht seine Arbeit erledigt, unzuverlässig ist usw.

Wenn der Vorgesetzte versucht, sich die Situation zu erklären, greift er bei der Erklärung auf ganz bestimmte Konstrukte zurück:
"Der Kerl will einfach nicht. Ich kann ihm gut zureden, aber er hat einfach keine Lust... Ja wenn er nur wollte, dann kann er was wegschaffen. Aber da kann ich mich auf den Kopf stellen!"

In dieser Erklärung ist "wollen" ein zentrales Konstrukt: Weil der Mitarbeiter nicht "will", arbeitet er nicht erfolgreich. Und dieses Konstrukt "wollen", bietet damit den Referenzrahmen, der die in den Blick kommenden Lösungsmöglichkeiten einschränkt.

Lösungsmöglichkeiten auf der Basis dieses Referenzrahmens wären etwa:
- den Betreffenden unter Druck setzen
- ihm gut zureden
- dem Mitarbeiter Belohnungen für gute Arbeit zukommen lassen
- oder dem Betreffenden kündigen.

Es ist aber auch möglich, diese Situation auf der Basis anderer Konstrukte zu deuten:
"Der Mitarbeiter arbeitet schlecht, weil er nicht über das entsprechende Können, die entsprechenden Fähigkeiten verfügt". Anstatt "wollen" ist hier "können" bzw. "über entsprechende Fähigkeiten verfügen" zentrales Konstrukt, das den Referenzrahmen festlegt. Auf der Basis dieses Referenzrahmens kommen dann völlig andere Lösungsmöglichkeiten in den Blick: Wenn das Problem an mangelnden Fähigkeiten des Mitarbeiters liegt, dann gilt:
- Man könnte versuchen, den Mitarbeiter etwa im Rahmen eines Trainings oder am Arbeitsplatz zu qualifizieren
- Man könnte ihm eine andere Arbeit (für die er ggf. besser qualifiziert ist) geben.

Es ist es eine der Hauptthesen des Konstruktivismus, daß wir in der Regel überhaupt nicht eindeutig entscheiden können, welches der "richtige" Referenzrahmen ist: Festlegung des Referenzrahmens ist ein Stück unserer Konstruktion der Wirklichkeit. Referenzrahmen spiegeln nicht die Wirklichkeit wider, sondern sie sind mehr oder weniger geeignet zur Lösung praktischer Probleme. Und nur im Blick auf die Lösung praktischer Probleme können wir letztlich entscheiden, welcher Referenzrahmen "passender" oder "brauchbarer" ist.

In vielen Situationen im Alltag reicht unser normaler Referenzrahmen aus, um unsere Probleme zu lösen. So gibt es sicherlich Situationen, wo der betreffende Vorgesetzte die Erfahrung gemacht hat, daß gutes Zureden oder auch Druck dazu geführt haben, daß der Mitarbeiter seine Aufgaben besser erledigt. Aber es gibt ebenso Situationen, wo der alltägliche Referenzrahmen zu keiner Lösung führt, sondern das Problem möglicherweise verstärkt: Wenn der Vorgesetzte zunehmend "mehr desselben" tut (Watzlawick u.a. 1974, 51 ff.), d.h. versucht, zunehmend mehr Druck auf den Mitarbeiter auszuüben, besteht eine gute Chance, daß der Mitarbeiter darauf nur mit Gegendruck reagiert, d.h. noch unwilliger und schlechter seine Arbeit erledigt, möglicherweise krank wird usw. Daß es stattdessen effektiver wäre, anders vorzugehen, kommt dabei dem Vorgesetzten auf dem Hintergrund seines Referenzrahmens ("er will einfach nicht") überhaupt nicht in den Blick.

Watzlawick u.a. unterscheiden in diesem Zusammenhang zwischen Lösungen erster und zweiter Ordnung (Watzlawick u.a. 1974, 51 ff.). Lösungen erster Ordnung, so läßt sich diese Unterscheidung nunmehr präzisieren, sind die im ursprünglichen Referenzrahme möglichen Lösungen. Lösungen zweiter Ordnung sind Lösungen, die auf der Basis eines neuen Referenzrahmens und damit (auf der Basis neuer subjektiver Konstrukte) in den Blick kommen.

Wenn ein Beratungsgespräch auf der Stelle tritt, dann liegt das meist daran, daß auf der Basis des ursprünglichen Referenzrahmens keine Lösung möglich ist. Das bedeutet, daß für die Lösung des Problems eine "Referenztransformation", d.h. eine Veränderung des ursprünglichen Referenzrahmens erforderlich ist (König/Volmer 1989): Wenn es dem Vorgesetzten gelingt, die Situation nicht mehr auf der Basis seiner ursprünglichen Konstrukte ("der Mitarbeiter will nicht"), sondern auf der Basis anderer Konstrukte (z.B. "der Mitarbeiter hat noch nicht die entsprechenden Fähigkeiten") zu sehen, dann kommen damit neue Lösungsmöglichkeiten (Lösungen 2. Ordnung) in den Blick.

Damit ergibt sich als Aufgabe Systemischer Beratung: Klienten dabei zu unterstützen, ihre jeweiligen Referenzrahmen auf ihre Angemessenheit hin zu überprüfen und ggf. abzuändern.


## 5.2 Arten von Referenztranformation

In von uns durchgeführten Videountersuchungen zahlreicher Beratungsgespräche wurden bestimmte immer wiederkehrende Arten von Referenztransformation deutlich. Einige davon seien im folgenden dargestellt:

### 5.2.1 Referenztranformation als Einführung neuer Konstrukte

Nehmen wir an, ein Vorgesetzter beklagt sich über einen "kritischen Mitarbeiter". War in dem ursprünglichen Referenzrahmen des Verhalten des Mitarbeiters negativ (kritisch) gesehen, so lernt der Vorgesetzte nun in der Beratung, es positiver zu deuten: Das Verhalten des Mitarbeiters wird als Zeichen von Selbständigkeit, Interesse und Eigeninitiative gedeutet und damit als etwas Positives bewertet.

Zur Deutung der Situation werden hier also neue Konstrukte herangezogen: War das Verhalten zunächst beschrieben mit Konstrukten wie "kritisch", "destruktiv", " aufsässig", "ablehnend", so wird es nunmehr mit neuen Konstrukten verknüpft wie "Initiative zeigen", "selbständig entscheiden" usw. Und diese Veränderung führt dann nahezu von selbst zu einer Lösung 2. Ordnung: Einem Mitarbeiter gegenüber, der selbständiges Verhalten und Eigeninitiative zeigt, werde ich mich anders verhalten, als einem Mitarbeiter gegenüber, dessen Verhalten ich als destruktiv und ablehnend erlebe.

Klassische Beispiele für solche Referenztransformationen durch Einführung neuer Konstrukte bietet das Reframing aus dem Neurolinguistischen Programmieren. Reframing bedeutet "einen neuen Rahmen schaffen":

"Man wechselt den Rahmen, in dem ein Mensch Ereignisse wahrnimmt, um die Bedeutung zu verändern. Wenn sich die Bedeutung verändert, verändern sich auch die Reaktionen und Verhaltensweisen des Menschen" (Bandler/Grinder 1988, 13).

In der Bedeutung "einen neuen Rahmen schaffen" würde Reframing der Referenztransformation entsprechen. In der Praxis werden im Zusammenhang mit "Reframing" jedoch nur bestimmte Arten Referenztransformation behandelt.

Eines der klassischen Beispiele für Reframing gibt Cameron-Bandler aus dem Familienbereich (1983, 120f.): Es handelt sich dabei um eine Frau, die immer wieder den Teppich staubsaugt und durch jede Schmutzspur fast zur Verzweiflung gebracht wird. Die Klientin lernt im Verlauf der Therapie, Schmutzspuren nicht als Versagen bei ihren Pflichten als Hausfrau zu sehen, sondern als "ein Zeichen dafür..., daß ihre Lieben in der Nähe seien, daß sie mit ihrer Familie zusammen sei" (Cameron-Bandler 1983, 120). Die Schmutzspuren auf dem Teppich erhalten eine neue Bedeutung: War die Situation auf der Basis von Konstrukten wie "Versagen" ursprünglich negativ bewertet, so wird auf der Basis der neuen Konstrukte "Zeichen der Nähe liebender Personen" das Verhalten nunmehr positiv gesehen - und damit ist das Problem gelöst.

Auch im Bereich der Organisationsberatung gibt es zahlreiche Situationen, wo es hilfreich ist, ein solches Reframing durchzuführen. Hier nur einige Beispiele:

- Das Verhalten eines Mitarbeiters, der deutlich seine Meinung sagt, läßt sich negativ deuten als destruktiv oder positiv etwa als Offenheit.

- Das Verhalten eines Vorgesetzten, der über alles informiert sein will, läßt sich negativ deuten als Kontrolle oder positiv als Interesse an der Arbeit von Mitarbeitern.

- Das Verhalten eines Kollegen, der viel mit einem selbst besprechen möchte, läßt sich negativ deuten als Aufdringlichkeit - oder positiv als Interesse an gemeinsamen Arbeiten, als Bemühen, Kontakte aufzunehmen usw.

Es gibt verschiedene Möglichkeiten einer Referenztransformation durch Einführung neuer Konstrukte:

## (1) Inhaltliche Referenztransformation

Eine Situation wird unmittelbar durch andere und zwar positive Konstrukte gedeutet: Verhalten eines Mitarbeiters wird nicht als Kritik, sondern als Selbständigkeit und Eigeninitiative gedeutet, Starrheit wird als Beharrlichkeit gesehen usw. (vgl. Bandler/Grinder 1988, 17 ff.; Cameron-Bandler 1983, 119 ff.).

## (2) Ziel-Transformation

Hier wird gefragt, was die positiven Ziele sind, die hinter einem Verhalten stehen. Auch damit werden neue Konstrukte zur Erklärung der Situation herangezogen: Das Verhalten eines Vorgesetzten, der wenig Entscheidungen trifft, wird gedeutet im Blick auf positive Ziele, z.B. im Blick auf das Ziel, den Mitarbeitern mehr Freiraum zu geben. "Ziel" und "den Mitarbeitern Freiraum geben" sind dabei neue Konstrukte, auf deren Basis neue Lösungen 2. Ordnung möglich sind.

Beispiele dafür finden sich sowohl im Neurolinguistischen Programmieren (z.B. Cameron-Bandler 1983, 121 ff.), aber z.B. auch in der Individualpsychologie von Adler und Dreikurs (z.B. Dreikurs/Cassel 1977, 31 ff.), wo z.B. störendes Verhalten eines Jugendlichen nicht als Böswilligkeit, sondern als Interesse an Beachtung und Zuwendung gedeutet wird.

## (3) Thematisierung von Hintergrund-Konstrukten

Viele Beratungsgespräche beginnen mit einem "offiziellen Thema" (dem Thema, das der Gesprächspartner als erstes eingeführt hat), das dann aber auf der Oberfläche bleibt. Dahinter steht jedoch noch ein ganz anderes Problem, das zunächst bestenfalls im Hintergrund anklingt, das aber thematisiert werden muß, um eine Problemlösung zu erreichen.

Dafür ein Beispiel: Eine Mitarbeiterin bringt als offizielles Thema in einem Beratungsgespräch ihr Problem mit einer Kollegin. Das Beratungsgespräch verläuft nach gleichsam klassischem Vorgehen: Es wird eine konkrete Situation fokussiert, es wird nach anderen Möglichkeiten gefragt, mit dieser Kollegin umzugehen. Aber keine Lösung ist befriedigend.

Während der Schilderungen der Beziehung zu ihrer Kollegin taucht jedoch gleichsam im Hintergrund an mehreren Stellen das Konstrukt "Selbstvertrauen" auf: Die Gesprächspartnerin berichtet, daß ihre Kollegin "eben mehr Selbstvertrauen" hat, oder sie erwähnt nebenher, daß sie sich selbst "manchmal wenig zutraut". In der Beratung wird das Konstrukt "Selbstvertrauen" thematisiert ("Sie erwähnten an verschiedenen Stellen mehrmals Selbstvertrauen. Was bedeutet Selbstvertrauen für Sie?"). Und damit eröffnet sich ein völlig neuer Themenbereich, bei dem das Gespräch relativ schnell zu einer Lösung führt: Der Gesprächspartnerin wird deutlich, daß ihr Problem eigentlich nicht die Kollegin, sondern ihr eigenes fehlendes Selbstvertrauen ist - und sie bekommt neue Möglichkeiten in den Blick, an ihrem Selbstvertrauen zu arbeiten.

In dem Moment, wo das Konstrukt "Selbstvertrauen" thematisiert wird, ändert sich der Referenzrahmen. Hatte die Gesprächspartnerin ursprünglich ihre Situation als Schwierigkeit mit einer Kollegin gesehen, so deutet sie nunmehr die Situation im Zusammenhang mit der Frage, welches Selbstvertrauen sie besitzt. Das Konstrukt "Selbstvertrauen" schafft einen neuen Referenzrahmen, der Lösungen 2. Ordnung ermöglicht.

Es gibt zahlreiche Situationen, wo solche im Hintergrund angedeuteten Konstrukte eine entscheidende Referenztransformation ermöglichen. Diese Konstrukte werden in der Regel vom Gesprächspartner selbst nicht thematisiert (es ist ihm nicht bewußt, daß hier ein entscheidendes Konstrukt vorliegt), aber sie werden (in der Regel mehrmals) angedeutet - was für den Berater bedeutet, aufmerksam auf solche wiederholten Andeutungen anderer "Themen" zu achten und sie dann anzusprechen und als Gelegenheit zu nutzen, den Referenzrahmen zu verändern.

### (5) Referenztransformation durch Themenwechsel

Es gibt eine Reihe von Beratungs- und Therapiekonzepten, die durch plötzliche Wechsel im Gesprächsverlauf auffallen: Das Gespräch befaßt sich zunächst mit einem Thema, springt dann aber nahezu ohne Übergang auf ein ganz anderes Gebiet, das mit dem ersten zunächst scheinbar nichts zu tun hat - und zum Schluß wird dann trotzdem die Verbindung zu dem ursprünglichen Problem hergestellt, und es ergibt sich eine überraschende Lösung 2. Ordnung.

Sehr typisch ist dieses Vorgehen im Therapiebereich u.a. bei Satir. Hierfür ein Beispiel: Das offizielle Problem eines Klienten sind Sexualprobleme. Das Problem wird zunächst geschildert, aber es zeichnen sich keine Lösungen ab. Nahezu abrupt wird das Gespräch abgebrochen, und ein neues Thema eingeführt: "Erzähle doch etwas von der Geschichte deiner Familie". Der Klient erzählt, wie sich seine Eltern kennenlernten und von deren Herkunftsfamilien. Das Thema wird dann weitergeführt mit Hilfe analoger Verfahren in Form einer Skulptur (vgl. Kap. 6). Erst am Schluß wird die Verbindung zum aktuellen Problem wieder hergestellt mit dem Ergebnis, daß der Klient neue Einsichten und auch neue Möglichkeiten gefunden hat.

Was hier abläuft, ist wieder eine Referenztransformation, bei der der Klient erkennt, seine Situation auf dem Hintergrund anderer Konstrukte zu deuten: Ursprünglich hatte er sein Problem als ein individuelles gedeutet: Es schafft es nicht, auf Frauen zuzugehen. Der Themenwechsel stellt das Problem in einen neuen Rahmen: Es wird deutlich, daß die Situation des Klienten etwas mit der Geschichte der Familie zu tun hat, daß der Klient hier Erfahrungen mitbringt, die in der Familie von Generation zu Generation weitergegeben wurden und die seine Sicht des Problems mit bestimmen. Die Referenztransformation gibt dann neue Möglichkeiten zu lernen und aus der Familie übernommene Erfahrungen abzuändern (z.B. aus der eigenen Familiensituation).

Entsprechend gibt es auch im Rahmen von Systemischer Organisationsberatung eine Reihe von Möglichkeiten, durch Themenwechsel neue Konstrukte einzuführen, die eine Referenztransformation ermöglichen. Einige Beispiele seien hier genannt:

- Thematisierung der Körpersprache
Dies ist ein Vorgehen, das in vielen Situationen hilfreich ist. Ein Beispiel:
Der Gesprächspartner erzählt, daß ihn eine Auseinandersetzung mit einem Kollegen relativ wenig berührt hat. Es fällt aber auf, daß dabei seine Hände völlig verkrampft sind. Eine Möglichkeit, das Gespräch weiter zu führen, besteht darin, eben dieses Verhalten anzusprechen: "Mir fällt auf, daß Ihre Hände ...", oder: "Schauen Sie doch auf Ihre Hände!" Dann läßt sich die Prozeßarbeit weiterführen: "Was bedeutet das?". Und damit wird für die Deutung der Situation ein neues Konstrukt "verkrampft" eingeführt. Der Klient sieht, daß er sich im Umgang mit diesem Kollegen völlig verkrampft; und es stellt sich als neue Aufgabe, sich aus dieser Verkrampfung zu lösen.

- Thematisierung der Vergangenheit
Dieses im therapeutischen Bereich in der Tradition der Psychoanalyse und auch bei Satir geläufige Vorgehen läßt sich auch im Rahmen Systemischer Organisationsberatung anwenden: "Ist Ihnen das schon einmal passiert?", "Erinnert Sie das an eine Situation?". Der Referenzrahmen verändert sich, indem gegenwärtige Probleme als Ausdruck früherer Erfahrungen gedeutet werden.

- Einführung von Symbolen
Auch dies ist eine Möglichkeit, einen neuen Gesichtspunkt in die Diskussion des Problems einzubringen: Es wird ein Symbol gewählt und dann im Rahmen der Prozeßarbeit die Bedeutung dieses Symbols bearbeitet (vgl. Kap. 6). Das Symbol kann ein Gegenstand sein ("Suchen Sie sich einen Gegenstand, der zu Ihrer jetzigen Situation paßt"), das Symbol kann aber auch ein Bild sein, das der Gesprächspartner auswählt oder selbst malt, das Symbol kann eine Geschichte sein, eine Melodie, ein Gegenstand, den er mal gesehen hat usw. Jedes Mal wird damit ein neues Thema eingeführt, was die Folge hat, daß das ursprüngliche Problem häufig aus einer anderen Perspektive gesehen wird, d.h. daß sich das Konstruktsystem des Gesprächspartners verändert.

## 5.2.2 Referenztransformation als Explizierung und Veränderung vorhandener Konstrukte

Eine weitere Möglichkeit, Referenztransformationen durchzuführen, besteht darin, daß ein Konstrukt, das bislang relativ allgemein und unscharf verwendet wurde, präzisiert wird und damit eine neue Bedeutung erhält.

Dafür ein Beispiel aus einem Beratungsgespräch: Die Gesprächspartnerin erwähnt im Verlauf des Gespräches immer wieder, daß sie sich von ihrem Vorgesetzten "abgrenzen" muß. Aber das Konstrukt "abgrenzen" wird nicht weiter diskutiert und bleibt relativ unscharf. Das Gespräch kommt nicht voran.

Lösungen 2. Ordnung kommen dann in den Blick, als das Konstrukt "abgrenzen" thematisiert und dabei weiter geklärt und verändert wird. Was heißt eigentlich "abgrenzen"? Was ist das für eine Grenze? Worin besteht die Grenze? Wer setzt die Grenze? Und (das war schließlich die entscheidende Frage) was liegt jenseits dieser Grenze? Im Verlauf des Gesprächs erhält das Konstrukt "abgrenzen" damit eine ganz andere Bedeutung. Eine Grenze wird gesetzt, es ist etwas dahinter und davor. Und das Ergebnis ist, daß damit die Gesprächspartnerin eine andere Sichtweise entwickelt und eine Lösung 2. Ordnung findet.

Referenztransformation als Explizierung von Konstrukten kann übrigens recht leicht im Verlauf des normalen Beratungsgesprächs durchgeführt werden: Wenn etwa eine konkrete Situation fokussiert wird ("Können Sie sich an eine Situation erinnern, wo Sie sich nicht abgegrenzt haben?") oder mit Hilfe des Meta-Modells nachgefragt wird ("Was heißt es für Sie, Grenzen zu setzen?"), dann verändert sich häufig die Bedeutung des Konstruktes, und es werden neue Lösungsmöglichkeiten deutlich.

### 5.2.3 Referenztransformation als Umdeutung von Widerfahrnissen in Handlungen

Watzlawick u.a. schildern in dem Buch "Lösungen" die Therapie eines Stotterers. Einem Stotterer, der schon jahrelang vergeblich versucht hatte, gegen das Stottern anzukämpfen (er war zudem noch Vertreter und erlebte das Stottern als äußert schädlich), wird in der Therapie die Anweisung gegeben, in Zukunft möglichst viel und auffällig zu stottern und"... auch dann (und wenn nötig absichtlich) einen hohen Grad von Stottern beizubehalten, falls er sich in seiner neuen Arbeit etwas vertrauter fühlen und daher vielleicht weniger stottern würde" (1974, 118). Das Ergebnis war, daß er von diesem Moment an überhaupt nicht mehr stotterte.

Was ist hier abgelaufen? Das Stottern wurde von dem Klienten als etwas gedeutet, dem er ausgeliefert ist und daß er nicht willentlich beeinflussen kann. Und alle bisherigen vergeblichen Versuche, das Stottern zu vermeiden, bestätigten diese Deutung: Es ist dem Klienten nicht gelungen, weil (so die subjektive Deutung) Stottern "geschieht" und nicht beeinflußbar ist.
Indem nun in der Therapie die Anweisung gegeben wird, möglichst viel und intensiv zu stottern, wird unter der Hand eine völlig andere Bedeutung des Konstruktes eingeführt: Die Aufforderung, intensiv zu stottern, setzt voraus, daß Stottern doch etwas ist, das sich beeinflussen läßt. Und indem der Klient diese Bedeutung akzeptiert, akzeptiert er die Veränderbarkeit: Was sich intensivieren läßt, das läßt sich auch abbauen. Stottern wird also gedeutet als etwas, was willentlich beeinflußbar ist.

Der Erlanger Philosoph Wilhelm Kamlah, einer der Begründer des Erlanger Konstruktivismus der 70er Jahre, hat in diesem Zusammenhang die Unterscheidung von "Handlung" und "Widerfahrnis" vorgeschlagen (Kamlah 1972, 49 ff.): Handlungen sind etwas, das sich willentlich beeinflussen läßt: etwa die Handlung, einen Brief zu schreiben, einen Spaziergang zu machen, aber auch, eine neue Stelle zu suchen, ein klärendes Gespräch mit einem Kollegen zu führen. Widerfahrnisse dagegen sind nicht beeinflußbar. Ein Widerfahrnis etwa ist der Regen, der auf mich niederregnet und den ich nicht beeinflussen kann oder z.B. auch Geburt und Tod.
Nun gibt es zahlreiche Bereiche, wo diese Unterscheidung zwischen Handlung und Widerfahrnis eindeutig ist. Aber dazwischen gibt es auch einen relativ großen Bereich, wo die Grenzen unscharf werden: Ist die Situation, daß ein Mitarbeiter einen unmöglichen Chef hat, mit dem er nicht auskommt, ein Widerfahrnis oder eine Handlung? Ist er dieser Situation hilflos ausgeliefert, oder hat er etwas dazu getan? Ist eine Kündigung ein Widerfahrnis oder eine Handlung, wo der Betreffende

(möglicherweise unbewußt) selbst etwas dazu getan hat? Ist Stottern ein Widerfahrnis oder eine Handlung? Und schließlich, wie weit sind auch manche Erkrankungen, wie die Psychosomatik behauptet, tatsächlich Widerfahrnisse, denen man ausgeliefert ist, oder sind sie nicht eher das Ergebnis von Handlungen?

Problemsituationen zeichnen sich häufig dadurch aus, daß bestimmte Ereignisse von den Betreffenden als Widerfahrnis gedeutet werden: Ich bin der Situation (einem Vorgesetzten, einem unmotivierten Team, der Struktur des Unternehmens, einem Kollegen, der etwas gegen mich hat) gleichsam willenlos ausgeliefert. Referenztransformation bedeutet hier, die Bedeutung der entsprechenden Konstrukte in Handlungskonstrukte zu verändern, d.h. entsprechende Situationen als etwas Veränderbares zu deuten, indem z.B. gefragt wird, was der Betreffende dazu getan hat, daß es so gekommen ist. "Unter der Hand" wird dabei eingeführt, daß es sich hier um eine Situation handelt, die nicht unveränderlich auf einen zukommt, sondern die das Ergebnis von menschlichem Handeln ist (der Betreffende hat etwas dazu getan) - damit aber ist die Situation auch prinzipiell veränderbar.

## 5.3 Initiierung von Referenztransformation

Wie läßt sich in der konkreten Beratung eine Referenztransformation einleiten? Grundsätzlich gibt es dafür drei verschiedene Möglichkeiten:

**(1) Der Gesprächspartner selbst verändert seinen Referenzrahmen und findet neue oder veränderte Konstrukte zur Deutung der Situation.**

**(2) Der Berater gibt von außen andere Konstrukte zur Deutung der Situation vor.**

**(3) In der Interaktion zwischen verschiedenen Gesprächspartnern (z.B. Kollegen desselben Teams) wird deutlich, daß unterschiedliche Referenzrahmen zur Deutung derselben Situation herangezogen werden, was dann dazu führt, daß der jeweilige Referenzrahmen verändert wird.**

Bei allen drei Vorgehensweisen gilt, daß der Prozeß der Referenzformation nicht gleichsam automatisch erfolgt, sondern daß der Klient der Veränderung in der Regel Widerstand entgegensetzt: Das bisherige Referenzsystem (die bisherigen Konstrukte) bot ja eine in vielen Situationen durchaus brauchbare Orientierung und gab Sicherheit. Veränderung des Referenzrahmens bedeutet damit zunächst einmal Verlust der Orientierung (wie soll ich die Situation sehen, woran soll ich mich orientieren?). Und es ist plausibel, daß damit der Veränderung zunächst Widerstand entgegensetzt wird. Was der Gesprächspartner hier also braucht, ist Unterstützung bei der Durchführung der Referenztransformation. Möglichkeiten dafür sind (vgl. auch Dilts 1993):

**(1) Unterstützung der Referenztransformation durch Auflösung von Tilgungen**
Dies ist die einfachste Vorgehensweise: Durch Auflösung von Tilgungen (Fokussieren, Meta-Modell) verändert sich schrittweise das Referenzsystem des Gesprächspartners: Konstrukte werden geklärt und damit verändert, so daß am Ende dieses Prozesses neue Sichtweisen und neue Handlungsmöglichkeiten zur Verfügung stehen.

**(2) Unterstützung der Referenztransformation durch Einbindung in das bisherige Referenzsystem**
Es liegt auf der Hand, daß partielle Abänderung des Referenzsystems (wobei z.B. nur ein Konstrukt verändert wird) auf weniger Widerstand stößt als sehr weitgehende Abänderungen, bei denen der Betreffende einen großen Teil seiner bisherigen Orientierung verwerfen müßte. Das bedeutet, daß eine Referenztransformation um so leichter möglich ist, je mehr sie nur einzelne Konstrukte betrifft und je mehr das ursprüngliche Referenzsystem bzw. zentrale Konstrukte dieses Systems insgesamt beibehalten werden können.
Eine Möglichkeit, die Referenztransformation hier zu unterstützen, besteht dann darin, deutlich zu machen, daß die Veränderung des Referenzrahmens verträglich ist mit zentralen Konstrukten des bisherigen Referenzrahmens. Hierfür ein Beispiel: Für einen Ausbilder ist immer zentral gewesen, sich um die Jugendlichen zu "kümmern" und "für sie einzustehen". Er erfährt aber nunmehr massive Kritik von einer Ausbildungsgruppe, die in den Vorwurf ausmündet, daß er ihnen keinen Freiraum lasse. Dem Ausbilder plausibel zu machen, daß er sich weniger um Jugendliche kümmern soll (womit er das zentrale Konstrukt "kümmern" verwerfen müßte), ist schwieriger, als eine Referenztransformation durchzuführen, in der dem Ausbilder deutlich wird, daß Freiraumlassen ein ganz entscheidender Teil des "Sich um jemanden kümmern" ist. D.h. das ursprüngliche Konstrukt ("sich um andere kümmern") wird hier nicht verworfen, sondern beibehalten, aber es wird in seiner Bedeutung verändert.

Generell gilt: Referenztransformationen sind leichter durchführbar, wenn sie als Konsequenz zentraler Annahmen des bisherigen Referenzsystems gedeutet und in dieser Sprache formuliert werden (vgl. z.B. auch Dilts u.a. 1987, 121 ff.; Grinder/Bandler 1984, 316 ff.).

**(3) Unterstützung der Referenztransformation duch theoretische Erörterungen**
Dieses Vorgehen ist aus theoretisch orientierten Seminaren geläufig: Im Rahmen eines Transaktionsanalyse-Seminars lernen die Teilnehmer zunächst ein neues Konstruktsystem unabhängig von ihrer persönlichen Situation kennen: Sie lernen allgemein, was Eltern-Ich, Erwachsenen-Ich, Kindheits-Ich ist und wenden diese Konstrukte zunächst auf Situationen (Standardbeispiele verschiedener Transaktionen) unabhängig von ihren eigenen Problemen an. Wenn sie dieses Konstruktsystem als fertiges dann auf ihre eigene Situation übertragen, ist die Referenztransformation (Probleme auf dem Hintergrund der Konstrukte "Transaktion", "Eltern-Ich", "Kindheits-Ich" usw. zu sehen) leichter, da diese Konstrukte bereits verfügbar sind.

**(4) Unterstützung der Referenztransformation durch implizite Annahmen**
Dieses Vorgehen wurde schon bei der Umdeutung von Widerfahrnissen in Handlungen aufgeführt. Auf eine als Widerfahrnis gedeutete Situation zu fragen, "was haben Sie dazu getan, daß es so gekommen ist?", unterstellt, daß es sich dabei um eine Handlung handelt, d.h. daß der Betreffende dazu etwas tun kann. Es besteht (das zeigt etwa auch Watzlawick's Beispiel der Stotter-Therapie) dann eine gute Chance, daß der Gesprächspartner diese implizite Annahme (Stottern ist eine Handlung) akzeptiert und damit sein eigenes Referenzsystem verändert.

**(5) Unterstützung der Referenztransformation durch Verwendung analoger Verfahren**
Nachdem der ursprüngliche Referenzrahmen in der Regel durch eine Reihe theoretischer Annahmen gestützt ist, ist es in vielen Situationen leichter, die Veränderung nicht auf rationaler Ebene, sondern auf der "unbewußten Ebene" mithilfe sog. analoger Verfahren wie Symbolen oder Metaphern (vgl. Kap. 6) zu initiieren.

Grundidee all dieser Vorgehensweisen ist, daß der Klient dann an einem Themenbereich arbeitet, der (zunächst) nicht in einem erkennbaren Zusammenhang zum offiziellen Problem der Beratung steht, so daß die Veränderung der eigenen subjektiven Deutungen hier nicht durch rationale Barrieren blockiert wird.

## (6) Unterstützung der Referenztransformation durch Konfusionstechniken

Ebenfalls zur Ausschaltung rationaler Barrieren gegenüber Referenztransformationen dienen die insbesondere in der Tradition von Erickson entwickelten "Konfusionstechniken" (z.B. Gilligan 1991, 283 ff.): "Der Nutzen von Konfusionstechniken", so Gilligan (1991, 286), besteht darin, "eine Person von einer rigiden Bindung an bewußte Prozesse zu lösen und ihr dadurch persönlichere Seinsweisen zu ermöglichen, die dem Selbst gerechter werden."

Gilligan unterscheidet dabei zwei Hauptarten von Konfusionstechniken: Musterunterbrechung und Musterüberladung.

Bei der Musterunterbrechung geht es darum, die geläufige Argumentationsstruktur zu unterbrechen und dadurch Verwirrung zu erzeugen, d.h. rationale Barrieren auszuschließen. Möglichkeiten dafür sind hier etwa:

- Bedeutungsvolle Trugschlüsse
  Der Berater bringt Äußerungen, die keinen rationalen Zusammenhang erkennen lassen. Der Gesprächspartner überlegt, was die Argumentation bedeutet, und gerät damit in Verwirrung und "vergißt seine rationalen Einwände" z.B. gegenüber einer Referenztransformation.

Das klassische Beispiel dafür stammt von Erickson (Gilligan 1991, 289f.):

"... An einem stürmischen Tag, als ich unterwegs war zum ersten offiziellen Seminar über Hypnose ..., kam ein Mann eiligen Schrittes um die Ecke eines Gebäudes, wo ich stand, um mich gegen den Sturm abzustützen, und stieß heftig mit mir zusammen. Noch ehe er sein Gleichgewicht wiedergefunden hatte, um mir etwas zu sagen, schaute ich umständlich auf meine Uhr und sagte höflich, als habe er mich gefragt, wie spät es sei: "Es ist genau zehn Minuten vor zwei", obwohl es in Wirklichkeit schon fast vier Uhr war, und ging weiter. Als ich ungefähr einen halben Häuserblock weit entfernt war, drehte ich mich um und sah, daß er mir noch immer nachschaute, zweifellos noch immer verwirrt und verblüfft von meiner Bemerkung."

Beispiele solcher bedeutungsvoller Trugschlüsse in der Beratung sind etwa sog. "paradoxe Answeisungen": Etwa, einem Klienten auf die Äußerung "ich finde keine Lösung" die Aufforderung zu geben: "Dann raten Sie mal!". Wenn der Klient keine Lösung findet, ist die Aufforderung, zu raten, rational sinnlos, sie ist eine "paradoxe Anweisung".

Aber gerade dadurch, daß hier eine solche paradoxe Anweisung gegeben wird, werden rationale Barrieren des Gesprächspartners ausgeschaltet, er wird wieder frei, neue Möglichkeiten zu suchen - und findet in der Tat häufig welche.

- Verletzung der Syntax: Sätze werden syntaktisch verändert und damit unverständlich.

- Veränderung nonverbaler Verhaltensweisen
Z.B. kann das Händeschütteln schrittweise verändert werden, indem man z.B. zunächst lächelt, langsam aufhört zu lächeln, die Hand in ungewohnter Weise losläßt, etwa mit dem Daumen und der Reihe nach dann mit den anderen Fingern den Druck zunächst verstärkt und zuletzt die Hand sacht zurückzieht, was den Gesprächspartner automatisch in Verwirrung bringt: Er weiß nicht, was das bedeuten soll (Gilligan 1991, 301 ff.).

- Unterstützung der Argumentation
Auch dies ist eine Möglichkeit, rationale Einwände des Gesprächspartners auszuschalten. Wenn der Gesprächspartner betont, daß er etwas nicht schafft, erwartet er üblicherweise eine Gegenargumentation vom Berater. Eine alternative Möglichkeit besteht dann darin, die Einwände des Gesprächspartners zu unterstützen - was immer zu Widersprüchen zwischen den eigentlichen Erwartungen des Gesprächspartners und dem Vorgehen des Beraters und damit leicht zur Desorientierung führt.

Die Musterüberladung besteht demgegenüber darin, daß der Berater so viele Informationen in engem Zusammenhang gibt, daß der Gesprächspartner keine Möglichkeit mehr hat, den Gedankengang nachzuvollziehen. Der Berater erzählt z.B. ausführlich irgendwelche Nebensächlichkeiten (wobei sich der Gesprächspartner fragt, wozu das wichtig ist), wechselt von einem Thema zum anderen (und das in solcher Geschwindigkeit, daß der Gesprächspartner keine Möglichkeit hat, den Gedankengang nachzuvollziehen), wechselt den Zeitbezug, verbindet vergangene, gegenwärtige und zukünftige Ereignisse oder wechselt die Bedeutung von Begriffen.

Eine besondere Art der Referenztransformation mit Hilfe von Konfusiontechniken ist auch das von Bandler/Grinder (1988, 61 ff.) dargestellte sog. Six-Step-Reframing: Grundsätzlich handelt es sich dabei um eine Referenztransformation, bei der der Klient unterstützt wird, positive Ziele hinter eigenen negativen Verhaltensweisen zu erkennen: Was z.B. ist das positive Ziel, daß er immer wieder in Wut gerät? Da hier jedoch auf rationaler Ebene oft eine Referenztransformation nicht durchführbar ist (der Gesprächspartner wehrt sich, positive Ziele eines offenkundig negativen Verhaltens anzugeben), führen Bandler/Grinder hier "Teile" der Person ein, die für entsprechende Verhaltensweisen verantwortlich sind (z.B. indem sie nach dem "Teil" fragen, der ein bestimmtes problematisches Verhalten veranlaßt), und fragen, was das positive Ziel dieses Teiles ist. Die Rede von "Teilen" macht rational sicher wenig Sinn - aber ein Gesprächspartner, der darüber nachdenkt, was diese Teile sein mögen, "vergißt" damit seine eigenen Bedenken gegenüber Veränderungen und wird eher positive Ziele dieses Verhaltens finden - und das heißt: er verändert seine Konstrukte in bezug auf die betreffende Problemsituation.

Sicher sind solche Konfusionstechniken nicht unproblematisch (und auch keineswegs für jede Beraterin oder jeden Berater passend) und können auch zur Abwehr beim Gesprächspartner führen. Sie stellen andererseits jedoch eine Möglichkeit dar, rationale Einwände gegenüber einer Abänderung des bisherigen Referenzrahmens außer Kraft zu setzen - und können damit durchaus ein Hilfsmittel sein.

# Kapitel 6: Analoge Verfahren im Rahmen der Prozeßberatung

## 6.1 Theoretische Grundlagen

Watzlawick u.a. unterscheiden im 4. Axiom ihrer Kommunikationstheorie zwischen "digitaler" und "analoger" Kommunikation (1969, 61ff.), wobei "digital" die Kommunikation auf der Basis festgelegter Bedeutungen (z.b. der Bedeutung bestimmter Wörter) ist, während "analoge" Kommunikation eine "bildhafte" Kommunikation darstellt. Zur analogen Kommunikation gehören damit z.b. Zeichensprache, allgemeine Ausdrucksgebärden, Tonfall, aber auch Bilder, bildhafte Zeichen, Symbole und ähnliches (Watzlawick u.a. 1969, 61ff.; Watzlawick 1982, 16ff.).

Erweitert wird diese Unterscheidung dann noch durch die sog. Hemisphärentheorie im Anschluß an Sperry, demzufolge Denkprozesse stärker der linken Gehirnhälfte, analoge stärker der rechten zugeordnet werden (zur Diskussion vgl. Bambeck/Wolters 1991, 40ff.; Gazzaniga 1989). Bereits Watzlawick ordnet der linken Hemisphäre die digitale Kommunikation zu (Sprache, Lesen, Schreiben, Rechnen) und der rechten Hemisphäre insbesondere die Wahrnehmung von Gestalten und Erfassung von Ganzheiten (Watzlawick 1982, 22f.) - eine Auffassung, die mittlerweile häufig als eine populärwissenschaftliche pauschale Zuordnung getroffen wird:
"Das linke Gehirn arbeitet mit Sprache, Formeln, Symbolen - das rechte Gehirn hat keine Sprache! Es 'denkt' in Bildern" (Birkenbihl 1985, 114).

Nun reichen die vorliegenden Daten zur Gehirnforschung gewiß nicht zur Behauptung einer solchen pauschalen Zweiteilung des Gehirns aus (vgl. Bambeck/Wolters 1991, 47ff.). Aber unabhängig davon, in welchem Umfang verschiedene Prozesse welcher Gehirnhälfte zugeordnet werden, weist die Unterscheidung zwischen "digital" und "analog" darauf hin, daß es offenbar verschiedene Möglichkeiten gibt, Erfahrungen zu verarbeiten:
- Ich kann mittels der Sprache z.B. eine Organisation analysieren (digital)
- Ich kann von derselben Organisation aber auch eine (nichtsprachliche) Vorstellung, ein Bild, irgendwelche Eindrücke haben (analog).

Es ist plausibel, daß wir wesentlich mehr Erfahrungen analog (z.B. anhand von Bildern, verschwommenen Vorstellungen) speichern, als wir digital (sprachlich) verarbeiten. Man kann sich das leicht an Beispielen verdeutlichen: Die eigenen Wünsche etwa sind nur zu einem Teil überhaupt sprachlich verfügbar. Und die unterschwellige Kritik etwa eines Kollegen hinterläßt ihre "Spuren", ohne daß man sich möglicherweise dieses Sachverhalts später bewußt ist.

Es ist die These der sog. Gestalttherapie im Anschluß an Perls (z.B. Perls u.a. 1979, 56ff.; Nevis 1988, 15ff.), daß solche "unerledigten Geschäfte" - übersetzt: solche (belastenden) Erfahrungen, die lediglich analog gespeichert, aber nicht digital verarbeitet worden sind - zu Problemen führen. Und hier setzt die Anwendung analoger Verfahren in Therapie und Beratung an:

Der Klient analysiert nicht sprachlich die Problemsituation, sondern er wählt dafür ein Symbol, eine Metapher, oder er läßt Bilder von vergangenen Situationen kommen. Auf rationaler Ebene hat das Bild mit dem Problem nichts zu tun, aber im Rahmen analoger Prozesse werden Verbindungen zwischen dem Bild und dem Problem hergestellt. Wenn der Klient nunmehr Aussagen zu dem gewählten Bild oder Symbol macht, läuft auf analoger Ebene die Problembearbeitung weiter: Es werden neue Bezüge hergestellt, auf deren Basis dann schließlich auch eine neue Sicht der Problemsituation möglich ist (vgl. Boeckhaus 1988, 91ff.).

Analoge Verfahren im Rahmen der Prozeßberatung sind damit in besonderem Maße geeignet, Referenztransformationen herbeizuführen: Während auf digitaler Ebene ursprüngliche Referenzrahmen in der Regel festgehalten werden, bietet sich hier die Möglichkeit, in veränderter Form neue Referenzrahmen auszuprobieren.

Allerdings sind solche analogen Verfahren in Beratung und Therapie nicht unproblematisch: Das Außerkraftsetzen des ursprünglichen und damit auch in bestimmten Bereichen bewährten Referenzrahmens führt zunächst zur Orientierungslosigkeit, die bis zu gravierenden psychischen Problemen führen kann. Gerade in der Tradition der Gestalttherapie finden sich eine Reihe von Übungen, die leicht zu solchen gravierenden Belastungen des Klienten führen können - v.a. dann, wenn sie nicht kompetent eingeleitet und begleitet werden.

Im Rahmen Systemischer Organisationsberatung haben wir eine Reihe von analogen Verfahren entwickelt, die auch im Beratungskontext anwendbar sind. Trotzdem gilt auch hier, daß der Berater für den Prozeß verantwortlich ist: Er trägt die Verantwortung dafür, daß dadurch nicht Barrieren aufgebrochen werden, die zum Schutz des Klienten notwendig wären. Und das bedeutet für den Berater, solche Verfahren nur soweit anzuwenden, als er selbst kompetent ist und diese Prozesse verantwortlich begleiten und auffangen kann.

Prozeßberatung mit Hilfe analoger Verfahren verläuft stets in folgenden Schritten:

**(1) Darstellung und Klärung der Problemsituation**
Es wird (zunächst auf digitaler Ebene) ein Problem dargestellt und ein Stück weit geklärt.

**(2) Wahl eines Symbols oder einer Metapher**
Der Beratungsprozeß wechselt dann zu analogen Verfahren: Das ursprüngliche Thema wird nicht weiter verfolgt, sondern es wird ein neues Thema aufgegriffen, das Anstoß zu "analoger Prozeßarbeit" bietet: Es wird z.B. die Körpersprache angesprochen, ein Bild oder ein Symbol gewählt usw.

**(3) Prozeßarbeit**
Anhand dieses Themas wird dann die Prozeßarbeit durchgeführt. Auf der Oberfläche dreht sich dabei das Gespräch um das neue Thema (z.B. die Metapher) - unter der Oberfläche erfolgt jedoch hierbei gleichzeitig die analoge Bearbeitung der Problemsituation.

**(4) Transfer**
In einem vierten Schritt schließlich wird die Verbindung zwischen analogen Prozessen und der Problembearbeitung auf der digitalen Ebene wieder hergestellt, indem (wieder mit Hilfe von Prozeßarbeit) gefragt wird, was der Betreffende mit dem Bild, mit den Symbolen usw. in seiner Realität macht, wie er die entsprechenden Erfahrungen konkret umsetzen kann.

## 6.2 Analoge Prozeßarbeit mit Symbolen und Metaphern

Ein Mitarbeiter eines größeren Unternehmens fühlt sich in seiner Situation im Betrieb nicht wohl, ohne jedoch äußern zu können, worauf genau sich sein Unbehagen bezieht. Auf die Aufforderung, sich ein Symbol für seine Situation im Unternehmen zu suchen, wählt er eine Schale mit Schlagsahne, die noch von der letzten Kaffeepause im Raum steht. Es beginnt die Prozeßarbeit zunächst über die Sahne und darüber, was dieses Symbol in Bezug auf seine Arbeitssituation ausdrückt. Der Prozeß verläuft etwa in folgenden Schritten:

Beraterin: "Wie ist die Sahne?"
Gesprächspartner: "Die Sahne ist süß... das ist nicht angenehm süß, sondern widerlich süß, wenn man fortwährend Sahne essen muß, wird einem schlecht".
"Süß" wird dann plötzlich verknüpft mit dem Verhalten des Vorgesetzten: "Wie er sich so gibt, das ist im Grunde genauso wie Sahne, so widerlich süß, man kann ihn nicht fassen..."
Beraterin: "Was haben Sie bislang mit der Sahne gemacht?"
Der Gesprächspartner überlegt kurze Zeit: Er hat versucht sie zu greifen. Aber sie läßt sich nicht greifen, sie rutscht einem immer wieder zwischen den Fingern durch. "Ich kann auch nicht in der Sahne bohren" - hier treten Assoziationen zu "bohrenden" Fragen auf, die er gegenüber seinem Vorgesetzten stellte.
Beraterin: "Was gibt es für andere Möglichkeiten?"
Gesprächspartner: "Ich muß versuchen, die Sahne auszulöffeln. Aber dazu brauche ich einen Löffel."
Beraterin: "Was könnte der Löffel sein?"
Gesprächspartner: "...sachliches Abarbeiten von konkreten Aufgaben".
Beraterin: "Wer könnte einem den Löffel geben?"
Gesprächspartner: "Eigentlich niemand, aber ich selbst könnte mir den Löffel holen".
Beraterin: "Wie läßt sich das in die Realität umsetzen?"
Gesprächspartner: "Weniger auf den Vorgesetzten zu reagieren, sondern seine Arbeit machen und sachlich Abstand halten."

Dieser (hier verkürzt dargestellte) Ablauf ist typisch für analoge Prozeßarbeit: Gerade dann, wenn es schwer fällt, das Problem sprachlich genauer in den Griff zu bekommen, kann es zweckmäßig sein, den Prozeß mit analogen Verfahren voranzutreiben, etwa anhand eines Symbols. Zentral dabei ist, daß der Gesprächspartner selbst die für ihn wichtigen Deutungen gibt (jemand anderem mag Sahne eben nicht "widerlich süß", sondern angenehm und wohlschmeckend sein) und auch selbst Verbindungen zwischen dem Symbol und der Realität herstellt. Beratung, das ist hier ganz besonders wichtig, ist keine Interpretation von außen, sondern Unterstützung bei der eigenen Deutung "was könnte ein Löffel bei meiner Arbeit sein?".

Es gibt eine ganze Reihe von Möglichkeiten, im Rahmen Systemischer Organisationsberatung solche analogen Verfahren anzuwenden. Einige Möglichkeiten seien hier genannt:

### 6.2.1 Gegenstände als Symbole

Dieses Vorgehen ist bereits anhand obigen Beispiels dargestellt: Der Gesprächspartner wählt einen Gegenstand, der als Symbol für eine bestimmte Situation dient. Im einzelnen ergeben sich dabei wieder die vier bereits genannten Phasen:

**(1) Darstellung und Klärung der Problemsituation**

**(2) Wahl des Symbols**
Der Gesprächspartner wird aufgefordert, sich ein Symbol zu suchen. Das kann ein Symbol für eine konkrete Situation sein (z.B. die Situation in seiner Abteilung), aber auch ein Symbol für eine Person, für eine Empfindung ("wie es mir geht") usw.

Die Wahl des Symbols ist in der Regel um so effektiver, je weniger der Prozeß rational gesteuert ist. D.h. es macht wenig Sinn, sich bewußt zu überlegen, welches Symbol denn zu der beruflichen Situation paßt. Es ist günstiger, spontan verschiedene Gegenstände wahrzunehmen und dann spontan zu entscheiden: "Nehmen Sie das als Symbol, was spontan auf Sie zukommt. Nicht Sie suchen sich das Symbol, sondern das Symbol wird Sie finden".

Der Gesprächspartner kann das Symbol mitbringen (z.B. einen Zweig, ein Glas mit Wasser, in dem einige runde Steine liegen, ein Blatt, auf das er etwas geschrieben hat usw.) oder ein Symbol aus der Umwelt nennen (einen Baum, einen Schrank usw.).

**(3) Prozeßarbeit anhand des Symbols**
Einstieg für diese Phase ist in der Regel, daß der Gesprächspartner die Eigenschaften nennt, die für ihn an dem Symbol wichtig sind: zarte Blätter einer Pflanze, ein Schreibblock, der noch nicht vollgeschrieben ist, aber vollgeschrieben werden kann usw. Der Berater hat dabei die Aufgabe, die Wahrnehmung zu unterstützen und auf Beobachtungen hinzuweisen. Aber auch hier ist es wichtig, nicht von außen zu interpretieren: Also nicht "die Zweige sind verdorrt", sondern eher als Frage "was ist mit den Zweigen?".

Diese Beobachtungen werden dann im Blick auf die Bedeutung für den Klienten hin befragt: Was bedeutet es für den Betreffenden, wenn er einen Zweig als Symbol gewählt hat? Auch hier gilt wieder die Forderung, nicht zu interpretieren (was gerade Anfängern manchmal recht schwer fällt), sondern den Gesprächspartner dabei zu unterstützen, selbst für ihn wichtige Zusammenhänge herzustellen. Mögliche Prozeßfragen dabei können etwa sein:

> "Was bedeutet das für Sie?"
> "Was machen Sie damit?"
> "Was bedeuten für Sie die Steine im Glas, was ist das Wasser?"
> "Gibt es jemand, der die Steine hineingelegt hat?".

Oder es wird nach möglichen Veränderungen gefragt. Man kann z.B. fragen, was passieren wird, man kann nach Möglichkeiten fragen, das Symbol zu verändern usw.:

> "Was machen Sie mit dem Symbol?"
> "Was möchten Sie mit Ihrem Symbol tun?"
> "Was meinen Sie, wird passieren?"
> "Was gibt es für Möglichkeiten?"

Auch hier wird "an der Oberfläche" zunächst über das Symbol gesprochen, auf analoger Ebene dagegen werden Verbindungen zur realen Problemsituation hergestellt bzw. das Gespräch wechselt zwischen beiden Ebenen:

"Beim Symbolisieren kommen oft längst vergessene Erinnerungen oder Gefühle zum Vorschein, ebenso wie vorwärtsgerichtete Impulse für das weitere Handeln - etwa Klarheit und Entschiedenheit darüber, was der Klient zukünftig tun will. Auf diese Weise erfährt er den 'inneren Kontext' seines Problems. Er entwickelt eine neue Einstellung zu dem, was ihm früher unlösbar erschien, und erweitert so seinen Handlungs-Freiraum, um Veränderungsschritte zu wagen" (Wiltschko/Köhne 1987, 140).

**(4) Transfer**

Ergebnisse der dritten Phase sind in der Regel zunächst noch ungeklärte Vorstellungen über mögliche Veränderungen: "Ich sollte die Sahne auslöffeln", "Ich muß darauf achten, daß diese Pflanze Wasser bekommt", "Ich muß das Wasser ab und an erneuern". Der nächste Schritt ist dann, die hierin angedeuteten analogen Vorstellungen in die Realität zu übersetzen:

> "Was bedeutet das konkret für Ihre Arbeit, die Sahne auszulöffeln?"
> "Wie könnten Sie die Sahne auslöffeln?"

"Wie können Sie absichern, daß Sie sich dabei nicht den Magen verderben?"

"Wie können Sie darauf achten, daß Sie genügend Wasser bekommen?"

"Was könnte das Wasser sein?"

"Wer könnte Ihnen das Wasser geben?"

"Was können Sie dazu tun, daß Sie frisches Wasser bekommen?"

Ähnlich wie bei anderen Arbeiten der Prozeßarbeit ist das Ergebnis ein Kontrakt, den der Gesprächspartner in der Regel mit sich (und vor dem Berater) schließt: "Ich will das und das tun". Aufgabe des Beraters ist es hier wieder, diesen Kontrakt auf seine Eindeutigkeit und auf die tatsächliche Zustimmung des Betreffenden hin zu überprüfen: "Ist Ihnen klar, was Sie wollen? Stimmen Sie diesem internen Kontrakt tatsächlich zu, oder gibt es noch irgendwelche Einwände?".

### 6.2.2 Metaphern

Metaphern sind Worte bzw. Wendungen oder eine Geschichte, die durch eine Analogie eine andere als die wörtliche Bedeutung suggerieren (z.B. "ein Schiff pflügt durch das Meer"). Metaphern können damit anstelle realer Gegenstände im Rahmen analoger Prozeßarbeit verwendet werden: Der Klient bearbeitet das Problem anhand einer Metapher, eines Wortes, einer Geschichte usw., wobei er dann auf analoger Ebene Verbindungen zwischen der Geschichte und seiner Situation herstellt (vgl. z.B. D. Gordon 1986; Lankton/Lankton 1991). Dabei gibt es eine Reihe unterschiedlicher Möglichkeiten:

- Der Klient wählt ein Wort, das sein Problem oder seine gegenwärtige Situation charakterisiert:
"Ich fühle mich in der Abteilung wie ein Gummiball"
"Ich fühle mich in der Abteilung wie ein Dampfkochtopf, wo jeden Moment der Deckel hochgeht".

- Interessant sind dann die Verbindungen, die von der Metapher zum realen Problem hergestellt werden: Was bedeutet es für den Klienten, daß er sich wie ein Gummiball oder wie ein Dampfkochtopf fühlt?

- Das Problem wird in eine Geschichte verpackt, wo z.B. die Personen in einer Abteilung die Mannschaft eines Schiffes sind usw. (vgl. Gordon 1986).

### 6.2.3 Identifikation mit Gegenständen

Dies ist eine Übung, die in der Tradition der Gestalttherapie sehr häufig verwendet wird: Der Betreffende wählt einen Gegenstand, nimmt ihn wahr und identifiziert sich damit in dem Sinne, daß er den Gegenstand dann in "Ich-Form" berichten läßt (z.B. Rahm 1983, 216ff.; Stevens 1975, 87ff.).

Dabei können sehr unterschiedliche Gegenstände gewählt werden, z.B.:

- reale Gegenstände
  "Ich bin der Schreibtisch... ich bin soweit aufgeräumt, daß man auf mir arbeiten kann, ich habe noch Platz..."

- Symbole
  "Ich bin ein Glas Wasser mit Steinen darin. Das Wasser ist frisch, die Steine rund..."

- Körperteile
  "Ich bin der Arm, der weh tut..."

- Phantasiegegenstände, bei denen der Gegenstand in der Phantasie vorgestellt wird
  "Ich bin ein Baum im Herbst".
  "Ich bin ein Baumstumpf...".

Auch hier ist entscheidend, daß der Gesprächspartner von sich aus selbst die Assoziationen bringt, die für ihn wichtig sind, und dadurch "Gefühle, Gedanken und Handlungen verdeutlicht oder vertieft" (Rahm 1983, 216). Der Berater kann diesen Prozeß unterstützen: "Ein Baumstumpf bedeutet...?".

Die Deutungen werden im Einzelfall sehr unterschiedlich sein. Stevens gibt hierfür ein Beispiel, wie unterschiedlich die Deutungen in einer Gruppe sind, die zu einem Rosenbusch gegeben werden (Stevens 1975, 49ff.):

"Ich wachse an der Seite eines Hauses und trage eine Menge Blüten. Der Schatten des Hauses fällt auf mich, manchmal aber bin ich auch in der Sonne...
Ich bin ein Rosenbusch und lebe in einem Gewächshaus. Ich bin unter Dach - habe junge Wurzeln...
Ich stehe im Hof, bei einem Zaun, und es ist mein Hof, und ich kann über den Zaun sehen, ich klettere an ihm hinauf, ich wachse immer weiter, so daß ich mehr von meiner Umgebung sehen kann...

Ich bin häßlich, gar nicht schön. Nur drei lange Zweige kann ich sehen zu meiner Rechten. Ich bin mitten in einem endlosen, offenen Feld. Frischer feuchter Boden, sonst nichts ringsum...
Ich bin eine junge Rose und wachse in lockerem Boden in einem grünen Garten. Und ich habe wirkliche Angst vor dem ersten Winter, wenn es anfängt, richtig kalt zu werden."

### 6.2.4 Wiederholung und Verstärkung unbedeutender Bewegungen

Auch aus der Tradition der Gestalttherapie stammt die Übung, als Therapeut scheinbar unbedeutende Bewegungen oder Äußerungen des Klienten (z.B. schnippen mit dem Finger, nebensächliche Äußerungen wie "beruhige dich") aufzugreifen und den Klienten aufzufordern, diese Bewegung oder Äußerung zu wiederholen.

Das Ziel dabei ist, daß der Klient sich dieser Bewegung bewußt wird und sich dann mit dem betreffenden Körperteil oder der Bewegung identifiziert: "Lassen Sie Ihre Hand sprechen!" (vgl. Kempler 1980, 107; Rahm 1983, 210f.).
Die weiteren Schritte der Prozeßarbeit entsprechen dann der Arbeit mit Symbolen.

### 6.2.5 Die Kristall-Kugel-Technik

Dies ist ein Verfahren, das De Shazer (1989, 116ff.) ursprünglich im Rahmen der Therapie entwickelt hat, das sich aber grundsätzlich auch für Beratung anwenden läßt und dazu geeignet ist, analog verfügbare Prognosen über die Zukunft oder analog verfügbare zukünftige Lösungen von Problemen bewußt zu machen.

Die Idee bei De Shazer ist, daß der Klient verschiedene Kristallkugeln betrachtet und sich an diesen Kugeln bildlich vergangene und zukünftige Situationen vor Augen hervorruft. De Shazer führt hier vier Schritte auf:

(1) Der Klient vergegenwärtigt sich anhand einer ersten Kristallkugel eine angenehme Erinnerung an der Kindheit.

(2) Er vergegenwärtigt sich anhand einer zweiten Kristallkugel einen Erfolg in seinem Leben, der möglicherweise aus seinem Bewußtsein geschwunden war.

(3) Anhand der dritten Kristallkugel stellt sich der Klient vor, wie er in der Zukunft sein Problem erfolgreich gelöst haben wird.

(4) Und anhand einer weiteren Kristallkugel wird der Klient aufgefordert sich "daran zu erinnern, auf welche Weise das Problem bewältigt wurde" (De Shazer 1989, 118).

Ein ähnliches Verfahren kann man z.B. anwenden, wenn eine Entscheidung ansteht, sich der Klient aber auf rationaler Ebene über die Konsequenzen der Alternativen im unklaren ist. Die Schritte seien hier anhand eines Beispiels verdeutlicht:

**(1) Darstellung und Klärung der Problemsituation**
Der Klient weiß nicht, ob er in seiner bisherigen Position bleiben oder eine neu angebotene Stelle annehmen soll.

**(2) Einführung von zwei Stühlen als Symbole für die möglichen Alternativen**
"Stellen Sie sich vor, Sie sind in Ihrer Firma geblieben. Dies ist der Stuhl, auf dem Sie dann sitzen".
"Und stellen Sie sich vor, Sie haben die Firma gewechselt und das Angebot für eine neue Stelle angenommen. Dies ist dann der Stuhl".

Wichtig ist dabei, daß die beiden Stühle nicht unterschiedlich und auch gleich weit vom Gesprächspartner entfernt sind - damit nicht eine Alternative etwa aufgrund der Form des Stuhles unter der Hand bevorzugt wird. Zur Kennzeichnung der Alternativen können die Stühle mit einem Schild versehen sein.

**(3) Prozeßarbeit mit Hilfe des jeweiligen Stuhls**
"Stellen Sie sich vor, Sie haben die Stelle angenommen" (der Blick wird auf den entsprechenden Stuhl gelenkt).
"Und stellen Sie sich vor, es ist ein Jahr (oder zwei, drei, fünf Jahre - je nach der Thematik) später. Sie sitzen in Ihrem neuen Unternehmen. Was tun Sie? Wie geht es Ihnen dabei?"
Entsprechend wird dann die zweite Alternative bearbeitet.

**(4) Transfer**
Nach Abschluß der Prozeßarbeit mit den Symbolen (die "Bühne" wird abgebaut, d.h. beide Stühle wieder entfernt) steht auch hier wieder eine Transferphase an: Was macht der Gesprächspartner mit diesen Einsichten? Was ist ihm deutlich geworden? Was sind mögliche weitere Schritte, die er jetzt noch klären möchte.

Das Prinzip einer solchen Arbeit mit Stühlen ist, daß unbewußte Erfahrungen und Vorstellungen (etwa Informationen über die zu erwartenden Aufgaben, die eigenen Vorstellungen usw.) hier stärker deutlich werden als auf einer rein rationalen Ebene. In der Regel wird dem Betreffenden danach deutlicher, welches die Alternative ist, die er in Wirklichkeit bevorzugt. Ihm wird z.B. klar, daß er auf der bisherigen Position zwar eine sichere Stellung hat, daß es aber für ihn wichtig ist, etwas Neues aufzubauen.

### 6.2.6 Der Entscheidungsstuhl

Auch diese Übung ist eine Möglichkeit, mit Hilfe von zwei Stühlen Entscheidungen weiter zu klären: Stuhl 1: im Unternehmen bleiben, Stuhl 2: die neue Stelle annehmen. Aber der Gesprächspartner erhält nunmehr die Aufgabe, zunächst ein Argument für die Alternative 1 zu nennen und sich auf den entsprechenden Stuhl zu setzen. Danach bringt er ein Argument für die Alternative 2 und setzt sich gleichzeitig auf den anderen Stuhl. Dieses Vorgehen wird so lange wiederholt, bis bei einem Stuhl keine Argumente mehr deutlich werden.

Was hier abläuft, ist zunächst ein Abarbeiten der bereits bearbeiteten rationalen Argumente: Sie werden sehr schnell genannt. Danach aber treten häufig tiefere Motive zutage und der Argumentationsprozeß wird stärker durch unbewußte Motive gesteuert: Es hat eine Bedeutung, wenn dem Gesprächspartner bei der einen Alternative keine Argumente mehr einfallen. Wichtig ist natürlich auch hier eine Transferphase, in der die Ergebnisse der analogen Prozeßarbeit rational aufgearbeitet werden.

### 6.2.7 Gespräch mit abwesenden Personen

Ursprünglich wurde diese Übung in der Gestalttherapie dafür entwickelt, nicht erledigte Probleme z.B. mit einem Elternteil zu bearbeiten, wobei das betreffende Elternteil aber nicht mehr lebt oder nicht ansprechbar ist (z.B. Kempler 1980, 103ff.). Im einzelnen ergeben sich wieder vier Schritte:

**(1) Darstellung der Problemsituation**

**(2) Einführung von Stühlen als Symbole**
Zwei Stühle werden einander gegenüber aufgestellt. Der Gesprächspartner nimmt auf einem Platz, der ihm gegenüberstehende Stuhl symbolisiert sein Gegenüber (Vorgesetzter, ehemaliger Ausbilder usw.).

**(3) Prozeßarbeit: Gespräch zwischen den Personen**
Der Gesprächspartner wird aufgefordert, seinen Gesprächspartner (z.B. den ehemaligen Ausbilder) direkt anzusprechen. Wichtig ist dabei, daß dies in direkter Rede geschieht: "Ich wollte Ihnen schon immer sagen, wie Sie mich damals behandelt haben, das fand ich richtig gemein!". Danach wechselt der Gesprächspartner den Stuhl und nimmt die Position seines Gegenübers (z.B. des Ausbilders) ein und antwortet ebenfalls in der direkten Rede.
Der Prozeß wird dann mehrmals hin und her wechseln. Wichtig ist dabei, daß stets der andere in direkter Rede angesprochen wird.

Solche Gespräche mit abwesenden Personen können zu starken emotionalen Belastungen führen, etwa wenn dabei gegenüber einem Ausbilder lange Zeit zurückgehaltene Gefühle aufbrechen. Wichtig ist hierbei, daß der Berater den Klienten unterstützt, d.h. neben dem Stuhl steht (bzw. in die Hocke geht, um nicht auf den Gesprächspartner herabzuschauen), ihn ggf. doppelt (also bestimmte Äußerungen, die der Betreffende zu seinem Gegenüber sagen könnte, als Vorschläge anbietet) usw.


**(4) Transfer**
Hier ist wichtig, daß zunächst die "Bühne" abgebaut wird und der Gesprächspartner auf den ursprünglichen Platz zurückkehrt. Zu klären ist, was der Gesprächspartner für seine jetzige Situation mit dieser Erfahrung macht. Wichtig ist es hierbei auch, in dieser Phase wieder ein Stück Distanz zu den möglicherweise zuvor aufgebrochenen Empfindungen aufzubauen und dem Klienten damit wieder ein Stück Sicherheit zu geben.

Insgesamt gilt, das deutete auch dieses letzte Beispiel wieder an, daß analoge Verfahren zu starken emotionalen Belastungen führen können. Es gibt Berater, die solche Übungen sehr leichtfertig einsetzen, ohne die Wirkungen einzuschätzen und ohne damit umgehen zu können. Demgegenüber gilt, daß hier Verantwortlichkeit und Kompetenz des Beraters von entscheidender Bedeutung sind: Kompetenz, mögliche Wirkungen solcher Übungen abschätzen und positiv bearbeiten zu können, und Verantwortlichkeit, beim Einsatz stets nur soweit zu gehen, wie es der Gesprächspartner von sich aus akzeptiert und es vom Berater steuerbar ist.

## 6.3 Visualierung sozialer Systeme

Das Prinzip analoger Verfahren in der Prozeßberatung, vorhandenes aber unbewußtes Wissen des einzelnen zu nutzen, läßt sich auch auf die Diagnose sozialer Systeme anwenden: Auch hier verfügt der einzelne, der z.B. einem Team angehört, über eine Fülle von Informationen und Eindrücken über eben dieses soziale System, ohne daß dieses Wissen stets völlig bewußt ist. Auch hier ist es möglich, dieses Wissen bewußt zu machen - und zwar, indem man auf symbolhafte Weise das System darstellt. Dem Betreffenden werden damit seine unbewußten Eindrücke über das System transparent, er gewinnt Distanz, und er hat die Möglichkeit, sein soziales System von außen zu sehen und von dieser Position aus neue Handlungsmöglichkeiten zu erkennen.

Im Rahmen Systemischer Organisationsberatung wurden von uns eine Reihe von Verfahren entwickelt, soziale Systeme bildlich darzustellen, wobei mit unterschiedlichen Materialien Personen dargestellt werden. Das Vorgehen ist dabei in den Grundzügen jeweils sehr ähnlich und läßt sich in sechs Schritte aufgliedern. Im folgenden werden die Schritte anhand eines konkreten Falles dargestellt.

### Schritt 1: Schilderung der Problemsituation
Ausgangspunkt ist hier eine freie Schilderung der Problemsituation: Ein Abteilungsleiter fühlt sich in seinem Arbeitsbereich nicht wohl, er hat wenig Verbindung zu seinem Vorgesetzten, dem Hauptabteilungsleiter, hat den Eindruck, daß in der Hauptabteilung viel ohne ihn läuft und daß er nicht richtig zum Zuge kommt.

### Schritt 2: Festlegung des "Primärsystems"
Die Visualisierung des sozialen Systems setzt voraus, daß geklärt ist, welche Personen in diesem System eine Rolle spielen. Das ist jedoch eine Entscheidung, die nicht von außen, sondern nur von dem Betroffenen selbst getroffen werden kann: Welche Personen hier eine Rolle spielen, hängt nämlich weniger von den Organisationsstrukturen ab, sondern in erster Linie von der subjektiven Sicht des "Stars", d.h. derjenigen Person, die ihr soziales System darstellt. Dabei können sich durchaus Unterschiede zur Organisationsform ergeben: Es mag sein, daß für den Betreffenden nur einige Personen in seiner Arbeitsgruppe wichtig sind, aber es kann andererseits ebenso gut sein, daß hier Personen auftreten, die einer anderen Organisationseinheit zugeordnet sind. D.h. das für den Star relevante System (es wird hier als "Primär-System" bezeichnet) wird von dem Star selbst im Blick auf seine Situation definiert.

So ergab sich in dem angedeuteten Beispiel folgendes Primär-System:
- 3 Abteilungsleiter (einer davon ist der Star)
- der Hauptabteilungsleiter
- 3 Gruppenleiter, die dem Star zugeordnet sind.

Günstig ist es, wenn der Star die einzelnen Personen etwas schildert, um sich selbst die Situation noch einmal zu verdeutlichen.

**Schritt 3: Visualisierung des sozialen Systems**
Hierbei ergeben sich folgende Aufgaben:

**(1) Wahl von Symbolen für die einzelnen Personen des Primär-Systems**

Günstig sind hier z.B. runde Metaplan-Karten, auf die die Namen der betreffenden Personen geschrieben werden. Man kann auch Stühle nehmen (wobei die einzelnen Personen durch verschiedene Stühle unterschieden werden können) oder Bauklötze oder Spielfiguren (vgl. auch Ludewig u. a. 1983), die aber möglichst ähnlich und nicht vom Spiel her zu eindeutig festgelegt sein sollten. So könnte man z.B. die Bauern vom Schachspiel nehmen und entsprechend kennzeichnen, während die unterschiedlichen Figuren des Schachspiels in der Regel ungünstiger sind, da hier die Bedeutung einzelner Figuren (z.B. des Turms) zu stark festgelegt ist.

Als Unterscheidungsmerkmal bei der Benutzung von Stühlen können die verschiedenen Stühle mit den Namen der betreffenden Personen gekennzeichnet werden (Namen auf Kreppstreifen oder Metaplan-Karten auf den Stühlen anheften).

**(2) Der Star ordnet die Symbole räumlich so an, wie es seinem Eindruck entspricht.**
Wenn man Metaplan-Karten als Symbole gewählt hat, bietet sich dafür ein großer Tisch oder der Boden des Raumes an. Eine senkrechte Metaplan-Wand, auf der die Karten festgemacht werden, ist weniger günstig (durch das Festmachen wird das System zu starr), ebenso ist etwa ein Schachbrett mit festgelegten Feldern weniger geeignet. Wenn man Stühle als Symbole wählt, werden die Stühle entsprechend im Raum verteilt, wobei neben Nähe und Distanz zwischen den einzelnen Stühlen auch die Richtung des Stuhles eine Rolle spielt. Der Vorteil bei der Arbeit mit Stühlen besteht darin, daß das System "größer" dargestellt ist, der Star kann dann von außen das System betrachten und die Personen besser mit den entsprechenden Stühlen verknüpfen.

Sinnvoll ist es, dem Star in dieser Phase Zeit zu lassen: Häufig stellt sich heraus, daß die erste Anordnung nicht stimmt, und es werden einzelne Elemente nochmals in ihrer Position verändert.

Im obigen Beispiel ergibt sich folgendes Bild, das mit Hilfe von runden Metaplan-Karten dargestellt wurde:

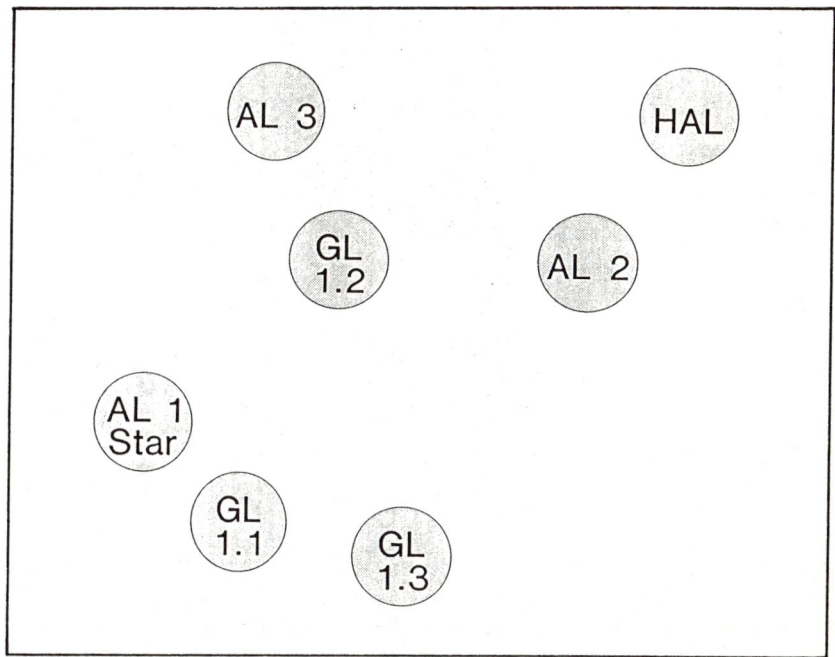

**Schritt 3: Prozeßarbeit I: Klärung des bestehenden Systems**
Ausgangspunkt dafür sind Beobachtungen bezüglich der Anordnung der Metaplan-Karten, Stühle usw.: Entweder erzählt der Star selbst, was ihm auffällt, oder der Berater weist auf Beobachtungen hin: "Mir fällt auf, daß...".

Für diese Beobachtungsphase gibt es eine Reihe von Kriterien:

**(1) Nähe und Distanz zwischen den Symbolen**
Welche Symbole (Personen) stehen näher nebeneinander, welche sind weiter voneinander entfernt?
Auf das obige Beispiel bezogen fällt auf, daß der Star die engste Verbindung zu einem seiner Gruppenleiter hat, die Entfernung zum Hauptabteilungsleiter jedoch bedeutend größer ist als die der anderen Abteilungsleiter.

Übrigens kann es vorkommen, daß der Star in dieser Phase die Darstellung nochmals korrigiert, also z.B. die Position des Hauptabteilungsleiters verschiebt. Dann ist der Prozeß entsprechend nochmals zu wiederholen.

## (2) Subsysteme

Zeigen sich in der räumlichen Anordnung Subsysteme?
In obigem Beispiel deuten sich zwei solcher Subsysteme an:
- das Subsystem Star, Gruppenleiter 1.1, Gruppenleiter 1.2
- das Subsystem Abteilungsleiter 3, Gruppenleiter 1.2, Abteilungsleiter 2, Hauptabteilungsleiter.

Auffällig ist, daß der Gruppenleiter 1.2, der gemäß der Organisationsstruktur zu dem Bereich des Stars gehört, bei der Darstellung jedoch dem anderen Subsystem zugeordnet wird.

## (3) Direkter Kontakt

Manchmal werden einzelne Symbole unmittelbar nebeneinander gelegt oder sie überlappen sich.

## (4) Zugang zu anderen Personen

Zu wem hat der Star direkten Zugang? Ist der Zugang zu bestimmten Personen durch andere versperrt?
Im hier genannten Beispiel: Direkten Zugang hat der Star nur zu Gruppenleiter 1.1 und Gruppenleiter 1.2; zum Abteilungsleiter 3 und 2 wird der Zugang schwieriger (er müßte am Gruppenleiter 1.2 vorbei). Und in der Tat, das bestätigt sich dann in der weiteren Klärung, läuft die Kommunikation zu Abteilungsleiter 2 und 3 zumindest teilweise über den Gruppenleiter 1.2. Aber nahezu versperrt ist der Zugang zum Hauptabteilungsleiter, der Zugang ist durch Gruppenleiter 1.2 und Abteilungsleiter 2 blockiert.

## (5) Orientierung auf andere Personen

Falls es das Material erlaubt, kann Orientierung auch noch mit berücksichtigt werden: So können z.B. Stühle in eine bestimmte Richtung hin zeigen - und deuten damit Orientierung auf andere Personen an.

Ziel der Prozeßarbeit in dieser Phase ist, herauszufinden, wie es dem Star in seiner Position geht, wenn er seine Stellung von außen betrachtet: Ist er mit seiner Position zufrieden? Stört ihn etwas? Was genau stört ihn?

In obigem Beispiel: Dem Star wurde deutlich, daß die Beziehung zu Gruppenleiter 1.2 wesentlich problematischer ist, als er bisher angenommen hatte. Er meinte, zu ihm bislang immer ein gutes Verhältnis zu haben, nimmt aber nunmehr wahr, daß Gruppenleiter 1.2 sich stärker von ihm gelöst hat und zum Teil den Zugang zu anderen Abteilungsleitern und dem Hauptabteilungsleiter versperrt.

## Schritt 4: Prozeßarbeit II: Veränderung des sozialen Systems

Die erste Phase der Prozeßarbeit (Schritt 3) führt den Star zu der Frage, was es für Änderungsmöglichkeiten in seinem sozialen System gibt. Für die Erarbeitung solcher Veränderungsmöglichkeiten gibt es eine Grundregel: Nur der Star selbst darf seine Position verändern. Man findet in Beratungssituationen stattdessen immer wieder Wünsche hinsichtlich der Veränderung anderer: "Es wäre so einfach, Gruppenleiter 1.2 braucht nur seine Position zu verändern" - aber Gruppenleiter 1.2 ist nicht anwesend (und es wäre sehr zweifelhaft, ob er irgendein Interesse hätte, seine Position tatsächlich zu verändern). Und das bedeutet, daß der Berater als Regel einführen muß: "Nur Sie können Ihre Situation verändern, d.h. können Ihre Figur an einen anderen Platz bewegen".

Gleichsam als Reaktion auf die Veränderung des Stars können dann auch andere Positionen verändert werden: genau in dem Maße, wie sich vermutlich die Position der anderen als Reaktion auf die Handlung des Stars verändern wird. Denn wenn sich ein Element im sozialen System verändert, dann reagieren daraufhin die anderen und verändern auch ihre Position.

Möglicherweise stellt sich dabei eine versuchte Lösung als ungeeignet heraus. Dann ist die Ausgangsposition wieder herzustellen, und es sind andere Möglichkeiten zu überlegen.

Im angedeuteten Beispiel versuchte der Star, zwei unterschiedliche Wege zu gehen:

- Zunächst wendete er sich Richtung Abteilungsleiter 3, gelangte aber damit noch stärker in eine Randposition im sozialen System - eine Position, die er keineswegs übernehmen möchte.

- Eine zweite Veränderung (wieder ausgehend von der ursprünglichen Position) führt dazu, daß er sich auf Abteilungsleiter 2 hin bewegt. Damit erreicht er eine Position, die er für besser hält. Es ergibt sich folgendes Bild:

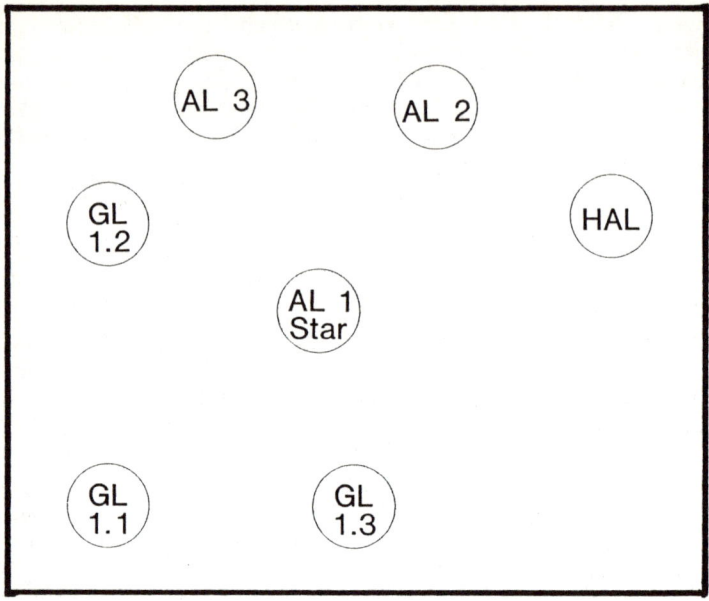

**Schritt 5: Transferphase**
Ähnlich wie bei anderen Formen analoger Prozeßarbeit ist auch hier eine
Transferphase notwendig, in der zu klären ist, was die in der symbolischen Darstellung des Systems durchgeführte Veränderung in der Realität
bedeutet.

Auf das hier gewählte Beispiel bezogen:
Auf den Abteilungsleiter 2 zugehen bedeutet für den Star, fachliche
Aufgaben stärker mit dem Abteilungsleiter 2 zu koordinieren. Gleichzeitig wird der Kontakt zu Gruppenleiter 1.1 geringer (der Star orientiert
sich mehr an Abteilungsleiter 2), und gleichzeitig wird auch Gruppenleiter 1.2 etwas ausgeblendet ("ich zeige ihm etwas mehr die kalte
Schulter") und stärker in das eigene System bezogen ("er soll sich mehr
um seine Aufgabe kümmern und nicht dauernd in anderen Bereichen
herumtreiben").

Wie weit die Transferphase konkret durchgesprochen wird, ist von Fall
zu Fall unterschiedlich. Manchmal ist es notwendig, die einzelnen Schritte sehr genau festzumachen. Manchmal genügt es, nachzufragen, ob dem
Star klar ist, was die entsprechende Veränderung bedeutet.
Ergebnis ist auch hier wieder ein "interner Kontrakt", wo der Star sich
für eine bestimmte Vorgehensweise entscheidet.

## 6.4. Die System-Skulptur

Gleichsam Vorläufer der "System-Skulptur" ist die insbesondere durch Satir bekannt gewordene "Familien-Skulptur": Im Rahmen familientherapeutischer Arbeit hat Satir die Personen einer Familie ihre Position stellen lassen, so wie es ihrer Einschätzung entspricht. Dabei werden Nähe und Distanz, aber auch Orientierung, Zuwendung, Abwendung oder Rückzug und Angriff usw. deutlich (Satir/Baldwin 1988, 192; Satir 1992, 255ff.; vgl. auch Andolfi 1982, 130ff.; Schweitzer/Weber 1982).

Im Rahmen Systemischer Organisationsberatung wird die System-Skulptur von uns als eines der grundlegenden Verfahren eingesetzt. Es ist eine Möglichkeit, die Positionen einzelner Personen in ihrem sozialen System (der Abteilung, einem Projekt-Team usw.) genauer zu erfassen und mögliche Veränderungen in den Blick zu bekommen.

Die System-Skulptur kann mit einem Star (analog zu der im vorigen Abschnitt beschriebenen Visualisierung sozialer Systeme) durchgeführt werden: Etwa ein Abteilungsleiter als Star stellt andere Personen so hin, wie es seiner Meinung nach im sozialen System der Fall ist. Die System-Skulptur kann aber auch mit dem realen System (etwa dem Team selbst) durchgeführt werden, wobei sich das methodische Vorgehen naturgemäß an manchen Stellen unterscheidet.
Im folgenden wird zunächst die System-Skulptur mit einem Star dargestellt. Das ist ein Verfahren, das sich etwa im Rahmen von Workshops oder Seminaren gut anwenden läßt, wo nicht das reale Systeme selbst anwesend ist. Um das in dem letzten Abschnitt genannte Beispiel wieder aufzugreifen: Der betreffende Abteilungsleiter 1 ist wieder Star und stellt sein soziales System, wobei jedoch anstelle der Symbole andere Personen (etwa Teilnehmer des Seminars, die in der Regel die betreffende Hauptabteilung des Stars nicht kennen) treten. Die Schritte entsprechen teilweise denen bei der Visualisierung.

### Schritt 1: Schilderung der Problemsituation
Auch hier ist Ausgangspunkt wieder die freie Schilderung der Problemsituation, die dem Star Möglichkeiten gibt, sich wieder mit der Situation vertraut zu machen.

### Schritt 2: Festlegung des Primärsystems und Auswahl der Spieler

### (1) Festlegung des Primärsystems
"Wer spielt für Sie in diesem Zusammenhang eine Rolle?"
Günstig ist dabei, die einzelnen Namen auf Flipchart zu schreiben (ggf. die Position mit anzugeben), ohne jedoch länger in eine Schilderung einzutreten.

**(2) Auswahl der Spieler für die Skulptur**
Grundregel dabei ist, daß der Star selbst die Spieler auswählt: Er wählt Personen, von denen er intuitiv meint, daß sie entsprechende Rollen übernehmen könnten (was sicher nicht bedeutet, daß sie als Persönlichkeit genau der betreffenden Person ähnlich sein müssen).

**(3) Kennzeichnung der Spieler**
Günstig ist, die Spieler zu kennzeichnen (z.B. Namensschilder aus Kreppstreifen), so daß im weiteren Verlauf immer zu erkennen ist, wen man vor oder hinter sich hat. Das erleichtert den Spielern und v.a. dem Berater oder der Beraterin die Orientierung.

**(4) Schilderung der einzelnen Personen des Primärsystems**
Theoretisch hätte diese Schilderung auch schon in Abschnitt (1) erfolgen können. Sie ist hier günstiger, weil dann die betreffenden Spieler bereits wissen, daß sie diese Rolle übernehmen und so aufmerksamer den Prozeß verfolgen.

Im einzelnen gibt es hier zwei Aufgaben:

- Der Star erzählt spontan, was ihm zu den betreffenden Personen einfällt. Ggf. kann man hier kurz unterstützen: Was ist das Alter, was sind die Ziele des Betreffenden usw.?

- Die einzelnen Spieler haben die Möglichkeit, nachzufragen.

Wichtig ist, daß diese Phase nicht zu sehr ausgeweitet wird: Sie dient dazu, den Spielern zu helfen, sich in ihrer Rolle zu finden, darf aber nicht in eine allgemeine Diskussion der Situation ausarten.

**Schritt 3: Visualisierung des sozialen Systems: Erstellung der System-Skulptur**

Der Regelfall ist, daß der Star die einzelnen Spieler so stellt, wie es seinem Eindruck entspricht:

- Günstig ist gerade bei umfangreicheren Primärsystemen, nicht alle Spieler gleichzeitig stellen zu lassen, sondern zunächst mit zwei oder drei zu beginnen (etwa mit Abteilungsleiter 2 und dem Hauptabteilungsleiter - der Star wählt, mit wem er anfängt). Das hat den Vorteil, daß der ganze Prozeß in stärkerem Maße in einzelne Abschnitte zerlegt wird: Der Star hat mehr Möglichkeiten, schrittweise das System zu entwickeln.

Kriterien für die Position der einzelnen Spieler in der Skulptur sind:

- Nähe und Distanz
- Blickrichtung
- Körperhaltung: ist er vorgebeugt, zeigt die Hand eine angreifende Position, zieht er sich zurück?
- Ggf. kann man auch Über- und Unterordnung mithilfe der Skulptur verdeutlichen: Ein Spieler wird auf einen Stuhl gestellt, einer muß sich hinknien usw.

Aufgabe des Beraters ist es dabei, den Prozeß zu unterstützen. Dafür gibt es unterschiedliche Möglichkeiten:

- Nachfragen: "Stimmt die Richtung?"
- Körperhaltung vormachen: "Ist die Hand eher als Faust (Berater macht vor) oder so (Handfläche nach oben)?"
- Ggf. kann der Berater selbst teilweise die Skulptur formen: Er schiebt z.B. die Hand eines Spielers vor. Wichtig ist dabei, das mit dem Star abzustimmen: "Stimmt es so?"
- Den Star ermutigen, selbst die Skulptur zu formen: "Verändern Sie die Körperhaltung so lange, bis es stimmt!"

Nach Stellung der Skulptur ist auch hier wieder eine Check-Phase nötig: Der Star betrachtet die Skulptur von außen (geht um die Personen herum). Häufig sind in dieser Phase noch einzelne Veränderungen notwendig.

**Schritt 4: Prozeßarbeit I: Klärung des bestehenden Systems**
Im Unterschied zu einer Visualisierung mit Hilfe von Karten usw. ist hier das System durch reale Personen symbolisiert. Das bietet den Vorteil, daß die betreffenden Spieler selbst ihre Sicht darstellen können.

Ausgangspunkt dafür ist, daß die einzelnen Spieler nochmals ihre Position einnehmen (entsprechende Körperhaltung einnehmen und versuchen, sich in die Position hineinzuversetzen). Daran anschließend ergeben sich folgende Schritte:

**(1) Prozeßarbeit mit den Spielern**
Günstig ist es, die Spieler der Reihe nach abzufragen:
- Was fällt ihnen an Ihrer Position auf?
- Wie erleben sie Ihre Position?
- Wie erleben sie Ihre Beziehung zum Star?

Dabei hat es sich als hilfreich erwiesen, den Spieler, der den Star darstellt (den "Star-Spieler"), zuletzt abzufragen und erst bei anderen Personen zu beginnen, also z.B. in der Reihenfolge Gruppenleiter 1.1, 1.3,
1.2, Abteilungsleiter 3, Abteilungsleiter 2, Hauptabteilungsleiter. Der
Star-Spieler stellt seine Situation als letzter dar. Das gibt ihm die Möglichkeit, sich noch etwas länger in die Situation einzufühlen.

Aufgabe des Beraters ist es dabei, den Prozeß zu steuern und zugleich
den jeweiligen Spieler und den Star selbst zu "begleiten": Für beide kann
diese Situation belastend sein: etwa für den Gruppenleiter 1.2, wenn er
sich dabei an eine persönlich erlebte Situation erinnert, die für ihn nicht
gut ausgegangen ist, oder den Star, wenn er dabei wahrnimmt, daß die
Beziehung zu Gruppenleiter 1.2 eben nicht so positiv ist, wie er bislang
glaubte. Das bedeutet für den Berater, jeweils auf den betreffenden
Prozeß zu achten und nach Möglichkeit die agierenden Personen zu
begleiten. Das günstigste ist, sich zum jeweils sprechenden Spieler zu
stellen und den Star dabei mitzunehmen.

Wichtig ist hierbei auch, nicht "durch" das System zu gehen (also nachdem Gruppenleiter 1.3 gesprochen hat, nicht zwischen Abteilungsleiter 1
und Gruppenleiter 1.2 zu Abteilungsleiter 3 zu gehen, sondern außen
herum), weil Bewegungen innerhalb der Skulptur von den Spielern als
Störung des Systems erlebt werden können.

**(2) Prozeßarbeit mit dem Star**
An die Prozeßarbeit mit den Spielern schließt sich die Prozeßarbeit mit
dem Star an:
- Was ist ihm aufgefallen?
- Wie hat er die Situation erlebt?
- Was verbindet er damit?

Sehr häufig stellt der Star zunächst auffällige Ähnlichkeiten zwischen
dem Verhalten der Spieler und der realen Situation fest. Stellenweise sind
diese Übereinstimmungen verblüffend - bis dahin, daß z.B. in Wortwahl
und Tonfall Äußerungen der realen Personen wiedergegeben werden (was
übrigens auch Zeichen dafür ist, wie weit die betreffenden Spieler sich in
ihre Rolle eingefunden haben). Manchmal können dem Star auch noch
Unterschiede deutlich werden, die dann etwa zu einer partiellen Veränderung der Skulptur führen: "Ich sehe gerade, Gruppenleiter 1.2 steht doch
nicht da, sondern eher hier". In diesem Fall ist die Skulptur nochmals zu
überprüfen und auch die Prozeßarbeit mit den Spielern (zumindest teilweise und verkürzt) nochmals nachzuholen.

**Schritt 5: Prozeßarbeit II: Veränderung des sozialen Systems**
Auch hier gilt wieder die Grundregel: Nur der Star hat die Möglichkeit
der Veränderung - die anderen Personen des realen Systems sind nicht
anwesend. Und das bedeutet, nur der Star-Spieler darf seine Position
verändern, erst danach können andere Spieler darauf reagieren.

Damit ergeben sich hier zwei Abschnitte:

**(1) Der Star-Spieler ändert seine Position**
Dafür gibt es eine Reihe von Möglichkeiten:

- Der Star-Spieler nennt zunächst eine mögliche Veränderung bezüglich
seiner Position und führt sie dann entsprechend aus.

- Der Star-Spieler verändert spontan seine Position (geht z.B. einen
Schritt auf den Abteilungsleiter 3 zu).

- Der Berater erfragt oder nennt verschiedene Möglichkeiten:
"Sie können sich auf den Gruppenleiter 1.2 hin bewegen, sie können
näher an den Abteilungsleiter 2 oder Abteilungsleiter 3 herangehen,
oder sie können sich weiter zurückziehen. Sie können auch Ihre Position so lassen, wie sie ist".

Wichtig ist dabei, in dieser Phase nicht zu lange zu reden, sondern
Möglichkeiten auszuprobieren. Dabei gilt als Regel, daß während dieses
Abschnitts die anderen Spieler in ihrer Position "eingefroren" sein
müssen (ansonsten wird der Veränderungsprozeß des sozialen Systems zu
komplex und unüberschaubar).

**(2) Die anderen Spieler reagieren auf die Veränderung des Star-Spie-
lers**
Erst wenn der Star-Spieler eine neue Position gefunden hat, dürfen die
anderen Spieler reagieren. Damit wird die Veränderung des sozialen
Systems sozusagen in einzelne Abschnitte zerlegt: In einer Phase verändert sich der Star-Spieler, dann reagieren die übrigen Spieler des Systems
darauf, dann ggf. nochmals der Star-Spieler - um so den Prozeß nachvollziehbar zu machen.

**(3) Nach der Reaktion der übrigen Spieler beginnt die Prozeßarbeit
mit dem Spieler, der den Star darstellt**
- Wie hat er die Veränderung erlebt?
- Wie geht es ihm in seiner neuen Position?
- Ist er damit zufrieden?
- Oder möchte er noch etwas weiter verändern?

Wenn der Star-Spieler mit seiner Position nicht zufrieden ist, gibt es grundsätzlich zwei Möglichkeiten:

- Er kann noch einen Schritt gehen und die darauf erfolgende Reaktion der übrigen Spieler erleben. Dabei können manchmal instabile Systemzustände entstehen: etwa der Zustand, daß Abteilungsleiter 1 immer wieder auf Abteilungsleiter 3 zugeht, Abteilungsleiter 3 sich jedoch regelmäßig zurückzieht.

- Oder es wird zur Ausgangssituation (der Darstellung des gegenwärtig bestehenden Systems) zurückgegangen und eine neue Möglichkeit erprobt.

Die Phase ist abgeschlossen, wenn der Star-Spieler eine für ihn befriedigende Position erreicht hat oder wenn deutlich geworden ist, daß in diesem System eine solche Position nicht erreichbar ist.

## Schritt 5: Transfer

Voraussetzung für die Transferphase ist die Auflösung der Skulptur: Die Spieler gehen auf ihren Platz (behalten aber möglicherweise noch ihr Namensschild). Zielstellung dieser Phase ist es dann, die in der Skulptur gemachten Erfahrungen in die Realität zu übertragen. Dafür gibt es verschiedene Möglichkeiten:

- Die Spieler machen noch aus ihrer Rolle Vorschläge an den Star. Das gilt für alle Teilnehmer der Skulptur und insbesondere für den Star-Spieler: Was würden die betreffenden Spieler dem Star vorschlagen? Nach dieser Phase lösen sich dann die Spieler endgültig aus ihrer Rolle.

- Der Star wird gefragt, was er aus der Skulptur mitnimmt, welche Konsequenzen er daraus zieht und wie er konkret vorgeht. Ggf. ist hier noch weitere Prozeßarbeit erforderlich.

- Die übrigen Spieler werden gefragt, was sie für sich selbst aus der Skulptur mitnehmen. Hinter dieser Phase liegt die Erfahrung, daß auch die Spieler persönlich beteiligt sind und zwischen den Erfahrungen und ihrem tatsächlichen Leben Verbindungen herstellen. Möglicherweise werden sie an eine ähnliche Situation erinnert, möglicherweise finden sie auch für ihre Arbeit neue Anregungen.

- Falls die Skulptur im Rahmen eines Workshops mit anderen Unbeteiligten durchgeführt wurde, schließt sich daran regelmäßig eine allgemeine Sharing-Phase an. Was ist den Beobachtern deutlich geworden, was nehmen sie persönlich davon mit?

Eine Systemskulptur läßt sich entsprechend auch mit realen Personen selbst durchführen. Das ist ein Vorgehen, das insbesondere im Rahmen von Teamberatungsprozessen hilfreich sein kann, wenn es darum geht, die Position im Team zu klären und Möglichkeiten für eine positive Veränderung zu finden. Dann wird z.B. die oben dargestellte Skulptur mit realen Personen durchgeführt, wobei dann jeder seine eigene Rolle übernimmt (d.h. Abteilungsleiter 2 nimmt seine eigene Position in dieser Skulptur ein).

Grundsätzlich gibt es dafür zwei Möglichkeiten:

**(1) Ein Betroffener (z.B. Abteilungsleiter 1) stellt aus seiner Sicht die übrigen Personen.**
Daran anschließen kann sich eine 2. Phase, wo z.B. Abteilungsleiter 2 seine Sichtweise stellt und beide Sichtweisen verglichen werden.

**(2) Jeder nimmt seine eigene Position ein und wählt eine entsprechende Körperhaltung.**
Auch hierfür gelten im groben die zuvor dargestellten Schritte der Skulpturarbeit. Der Unterschied liegt jedoch darin, daß hier alle Beteiligten gleichsam "Star" sind und sich verändern können, was den Prozeß leicht unüberschaubar macht. Hierfür ist es wichtig, die einzelnen Schritte zu begrenzen:

- V.a. bei großen Systemen ist es zweckmäßig, daß sich nicht das ganze System zugleich stellt, sondern daß der Prozeß in Teile zerlegt wird: Erst wählt z.B. das Subsystem Abteilungsleiter/Hauptabteilungsleiter seine Position und nimmt die entsprechende Körperhaltung ein, anschließend gruppieren sich die Gruppenleiter dazu, was dann natürlich wieder zu Veränderungen bei dem System Abteilungsleiter/Hauptabteilungsleiter führt.

- Bei der Prozeßarbeit mit der System-Skulptur gibt es keinen Außenstehenden. Sondern jeder erlebt sich als Teil des Systems. Ggf. kann ein Spieler gedoppelt werden, indem etwa der Leiter kurzzeitig die Position einnimmt, damit sich der Spieler die Situation von außen betrachten kann.

- Bei möglichen Veränderungen besteht die Gefahr, daß sich zuviel auf einmal bewegt. Günstig sind hier zunächst verbale Phasen, wo die einzelnen Spieler sagen,
    * was sie in ihrer Position verändern möchten
    * was sie insgesamt als Veränderung sich wünschen.

Auf dieser Basis können dann einzelne Möglichkeiten ausprobiert werden. Wichtig ist dabei, auch hier den Prozeß wieder in einzelne Abschnitte zu zerlegen.

- Die Transferphase bezieht sich dann auf alle Personen des Systems. Gefragt ist, was jeder für sich (und das Gesamtsystem) aus der Situation mitnimmt.

Skulpturen mit einem Star und Skulpturen mit einem gesamten System sind sozusagen Extremformen, neben denen auch Mischformen möglich sind, z.B. mag es sein, daß bestimmte wichtige Personen des sozialen Systems nicht anwesend sind. Dann kann ein weniger betroffener Spieler dessen Position einnehmen, der Leiter kann es tun, oder die Position kann durch einen Stuhl symbolisiert werden. Wichtig ist, ein Bild des sozialen Systems zu erstellen und anhand dieses Bildes mögliche Veränderungen auszuprobieren.

Analoge Verfahren in der Prozeßberatung und insbesondere die Arbeit mit Skulpturen sind Vorgehensweisen, die Prozesse sehr schnell in Gang setzen können: Es wird z.B. in einer Skulptur schneller deutlich, wo die Probleme eines sozialen Systems liegen, als wenn man bloß darüber redet. In der Durchführung erscheinen solche Prozesse manchmal sehr einfach (es läuft gleichsam von selbst). Dabei wird aber nicht deutlich, daß gerade die analoge Prozeßarbeit in besonderem Maße Kompetenz benötigt: Kompetenz, die einzelnen Schritte zu beherrschen, sie je nach der Situation flexibel einzusetzen und ggf. auch abzuändern, sowie Sensibilität für das, was beim Gesprächspartner oder bei den Teilnehmern der Skultur abläuft und sich möglicherweise nur auf analoger Ebene andeutet, und die Fähigkeit, gleichzeitig mögliche Belastungen bei einzelnen Teilnehmern zu erkennen und verantwortlich damit umzugehen.

Analoge Prozeßarbeit setzt damit in besonderem Maße Erfahrung, Kompetenz und Verantwortungsbewußtsein voraus. Für den Berater ist es wichtig, diese Kompetenz zu üben (man lernt Skulpturarbeit nicht alleine, sondern nur unter Anleitung) und schrittweise zu erweitern.

# Kapitel 7: Interaktionsstrukturen in sozialen Systemen

## 7.1 Theoretische Grundlagen

Zu den klassischen Merkmalen von Systemen überhaupt gehört, daß sie durch Rückkopplungsprozesse (Regelkreise) gekennzeichnet sind. Rückkopplung ist bereits Merkmal technischer Systeme (Rückkopplung zwischen Thermostat und Heizung); entsprechend sind auch biologische und soziale Systeme durch Rückkopplungsprozesse gekennzeichnet. Für ein soziales System bedeutet das, daß verschiedene Personen A und B wechselseitig aufeinander einwirken. Beispiele dafür lassen sich aus dem Alltag zu Genüge finden, exemplarisch sei das in Kapitel 1 bereits angeführte Beispiel des nichtmotivierten Mitarbeiters nochmals aufgeführt:

Wenn der Vorgesetzte einen Mitarbeiter, der (aus seiner Sicht) nicht motiviert ist, kritisiert, so wirkt dieses Verhalten auf den Mitarbeiter: Möglicherweise hat der noch weniger Interesse, sich zu engagieren, weil er fortwährend kritisiert wird - und eben dieses Verhalten des Mitarbeiters wirkt dann auf den Vorgesetzten zurück. D.h. das Verhalten des Vorgesetzten (Kritik) und das des Mitarbeiters (geringe Motivation, Rückzug) beeinflussen sich gegenseitig, es besteht eine Rückkopplung, bei der sich mehr oder minder stabile Interaktionsstrukturen (die Interaktion zwischen Vorgesetztem und Mitarbeiter ist durch Kritik und Rückzug gekennzeichnet) herausbilden:

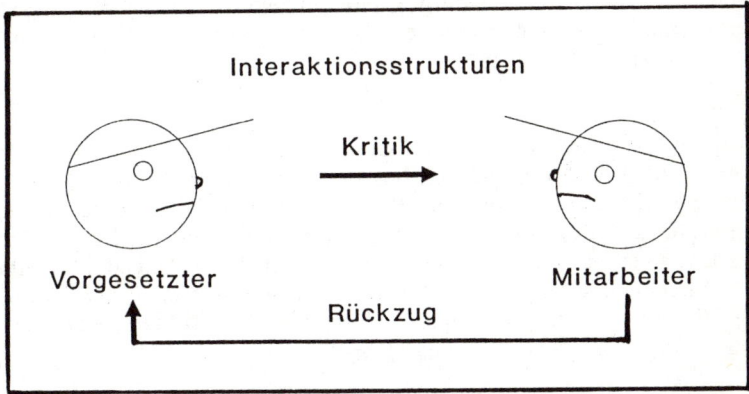

Im folgenden seien zwei Ansätze dargestellt, auf deren Basis sich solche Interaktionsstrukturen theoretisch erklären lassen: Das systemische Kommunikationsmodell in der Tradition von Bateson (insbesondere bei Watzlawick u.a.), das bereits in Kap. 1.3 diskutiert wurde, und die Transaktionsanalyse.

### 7.1.1 Interaktionsstrukturen im Kommunikationsmodell von Watzlawick

Im Anschluß an Watzlawicks klassisches Nörgler-Rückzug-Beispiel (der Mann zieht sich zurück, während die Frau nörgelt: Watzlawick u.a. 1969, 58ff.; vgl. Kap. 1.4) finden sich in der Tradition von Bateson zahlreiche Untersuchungen zu solchen Interaktionsstrukturen (vgl. Watzlawick u.a. 1974, De Shazer 1992, 91ff., 132ff.). Wesentliche Ergebnisse sind folgende:

(1) Interaktionsstrukturen in sozialen Systemen können aus Sicht der Betroffenen sowohl positiv als auch negativ sein:

- Positiv wäre sicher eine Interaktionsstruktur, die sich aus der Veränderung der Nörgler-Rückzugs-Struktur ergibt:
Der Mann bleibt zu Hause, die Frau äußert darüber ihre Freude und nörgelt weniger.
Dieses Verhalten kann eine Interaktionsstruktur bilden, wenn es häufiger auftritt, und wird vermutlich von den Betroffenen nicht als negativ erlebt werden.

- Interaktionsstrukturen, die von den Betroffenen als negativ erlebt werden (wie die Nörgler-Rückzug-Struktur) sind zugleich dysfunktional für das jeweilige soziale System: Wenn sich eine solche Struktur immer wiederholt, werden Veränderungsmöglichkeiten und neue Lösungen eingeschränkt. Das Verhalten des sozialen Systems läuft immer wieder nach demselben Muster ab.

(2) Negative (dysfunktionale) Interaktionsstrukturen in sozialen Systemen werden in der Regel von allen als belastend erlebt: Die Kommunikationsstruktur zwischen der nörgelnden Ehefrau und dem sich zurückziehenden Mann ist für keinen positiv - es gibt hier keinen Gewinner. Entsprechendes gilt für viele andere Kommunikationsstrukturen - etwa die ebenfalls klassische Angriffs-Angriffs-Struktur (jeder macht dem anderen Vorwürfe, greift ihn an) oder die Angriffs-Verteidigungs-Struktur (einer greift den anderen an, der andere verteidigt sich).

(3) Es gibt keinen Schuldigen für die Entstehung negativer Interaktionsstrukturen. Wenn man Interaktionsstrukturen als Rückkopplungsprozeß innerhalb sozialer Systeme versteht, ist dies selbstverständlich: Rückkopplungsprozesse haben keine besondere Ursache in einem der beiden

Elemente, sondern sie spielen sich wechselseitig hoch (vgl. Rapoport 1972). Andererseits ist aber gerade das der Punkt, der im Alltag am schwersten erkannt wird: Im Alltag tendieren wir dazu, nach dem Schuldigen, d.h. nach der Ursache für solche Interaktionsstrukturen zu fragen - wobei in der Regel der Schuldige der andere ist, was dann jedoch nur die Struktur verstärkt.

(4) Negative Interaktionsstrukturen im Rahmen sozialer Systeme ergeben sich aus negativen Konstruktionen der Wirklichkeit, d.h. aus bestimmten negativen Deutungen des Verhaltens des anderen. Das läßt sich bereits am Beispiel von Watzlawick u.a. gut verdeutlichen:

- Die Frau reagiert kritisch auf das Verhalten des Mannes, weil sie es negativ deutet:
  "Er hat kein Interesse an mir"
  "Er ist der Auslöser, der Schuldige für diese Situation".
  Sie würde sich anders verhalten, wenn sie die Situation anders deuten würde (z.B. als Zeichen von Überarbeitung ihres Mannes).

- Und entsprechend sind die Verhaltensweisen des Mannes Ergebnis seiner subjektiven Deutung der Situation: Er deutet das Nörgeln der Frau vermutlich als Ablehnung - und er würde sich zweifelsohne anders verhalten, wenn er es stattdessen z.B. als Interesse an Gemeinsamkeit, als Zeichen von Zuneigung deuten würde.

(5) Im Alltag versucht man, solche Interaktionsstrukturen häufig im Rahmen von Lösungen erster Ordnung nach der Form "mehr desselben" zu beseitigen (Watzlawick u.a. 1974, 51ff.):

- Wenn die Frau merkt, daß ihre Kritik keinen Erfolg hat, wird sie vermutlich nachdrücklicher kritisieren, wird mehr nörgeln.

- Wenn der Mann durch Rückzug keinen Erfolg hat, wird er das noch in stärkerem Maße versuchen.

Entsprechend gilt für andere Situationen:

In der Interaktionsstruktur Angriff-Angriff wird jeder versuchen, den anderen noch heftiger, noch massiver anzugreifen - in der irrigen Annahme, durch Verstärkung der Argumente und Angriffe den anderen zur Einsicht zu bringen.

Lösungsversuche erster Ordnung der Art "mehr desselben" führen jedoch selten zu einer positiven Lösung, sondern häufig zu einer Verschlechterung des Problems:

"Nicht viele menschliche Probleme aber bleiben auf längere Zeit unverändert; sie neigen vielmehr dazu, sich zu verschlimmern und zu eskalieren, ... ganz besonders dann, wenn mehr einer falschen Lösung angewendet wird" (Watzlawick u.a. 1974, 52).

Damit sind dysfunktionale Interaktionsstrukturen ein typisches Merkmal von Konfliktsituationen:
"Diese Wechselwirkungen bestimmen das Konfliktgeschehen. Aber die Parteien sehen sich selbst mehr und mehr als Reagierende: Sie meinen, daß sie bloß 'als Reaktion auf die Gegenpartei' zu mehr Gewalt gegriffen haben. Diese habe nach ihrem Empfinden mehr Gewalt provoziert. Im Konflikt kann deshalb nicht von eindeutigen und einseitigen, d.h. linearen Ursachen und daraus erfließenden Folgen gesprochen werden, sondern von einer 'mutal causality', d.h. von Wechselwirkungen verschiedener Faktoren" (Glasl 1990, 89, vgl. auch 183 ff.).

## 7.1.2 "Maschen" und "Spiele" in der Transaktionsanalyse

Einen zweiten Ansatz zur theoretischen Klärung von Interaktionsstrukturen bietet die Transaktionsanalyse in der Tradition von Berne. Transaktionsanalyse ist zunächst Analyse von Interaktions-Strukturen (häufig spricht man in diesem Zusammenhang auch explizit von der Strukturanalyse als einem Teil der Transaktionsanalyse). Grundlage für die Untersuchung solcher Interaktionsstrukturen ist dabei die auf Berne zurückgehende Unterscheidung zwischen verschiedenen Ich-Zuständen Eltern-Ich, Erwachsenen-Ich und Kind-Ich (vgl. Berne 1970, 25 ff.; Stewart/Joines 1990, 33 ff.; Hagehülsmann 1992, 27 ff.):

- Im Umgang mit anderen kann ich Verhaltensweisen, aber auch Denkweisen und Empfindungen an den Tag legen, wie ich sie bei einem Elternteil erlebt habe: Eltern-Ich.

- Ich kann Verhaltensweisen und Denkweisen benutzen, die mir als Erwachsenem zur Verfügung stehen: Erwachsenen-Ich.

- Oder ich kann Gedanken, Empfindungen und Verhalten benutzen, wie ich es als Kind getan habe: Kind-Ich.

Aus den Transaktionen zwischen verschiedenen Ich-Zuständen können bestimmte Interaktionsstrukturen (die Transaktionsanalyse spricht hier von "Maschen" und "Spielen": vgl. Stewart/Joines 1990, 345 ff.) entstehen.

In der Tradition der Transaktionsanalyse werden dabei folgende Merkmale dysfunktionale Interaktionsstrukturen (Maschen bzw. Spiele) angegeben:

(1) Der Ausgangspunkt für negative Interaktionsstrukturen liegt in "überholten Kindheitsstrategien" (Stewart 1991, 37): Ich fange dabei an, "so zu reagieren, als wäre ich noch ein kleines Kind, wieder in einer Streßsituation der Vergangenheit", ohne daß sich damit das Problem effektiv lösen läßt (Stewart/Joines 1990, 303).

D.h. Kinder entwickeln grundlegende Strategien, die dem "Überleben und Bedürfnisbefriedigung" dienen (Stewart 1991, 42) - z.B. die Strategie, Aggression zu zeigen, um Aufmerksamkeit zu erreichen. Und diese Strategien werden in das "Lebensskript" übernommen und dann in Streßsituationen aktualisiert.

(2) Interaktionsstrukturen (Maschen und Spiele) sind begleitet von Überzeugungen und Gefühlen (sog. "Skriptüberzeugungen und Skriptgefühlen": Stewart/Joines 1990, 316 ff.), d.h. bestimmten subjektiven Deutungen (etwa der Annahme, daß mich die anderen ablehnen) und den daraus resultierenden Empfindungen.

(3) Maschen und Spiele führen zu regelmäßigen Verhaltensmustern (Interaktionsstrukturen). Dabei sind "Maschen" Wiederholungen aufeinanderfolgender Interaktionen, die sich manchmal über Jahre festfahren können. "Spiele" sind in der neueren Transaktions-Literatur zusätzlich durch einen "Wendepunkt" gekennzeichnet, in dem die Spieler "Rollen" wechseln (wenn etwa der nicht motivierte Mitarbeiter sich dann plötzlich über das autoritäre Verhalten des Vorgesetzten beschwert und anschließend kündigt). Aber auch "Spiele" können sich mehrmals wiederholen, etwa daß ein Mitarbeiter "mehrmals" einen Arbeitsplatz verliert.

(4) Maschen und Spiele führen zu (aus der Kindheit vertrauten) negativen Empfindungen. Am Ende des Spiels erleben beide Spieler negative Gefühle - wobei diese Gefühle zunächst durchaus zurückgehalten und gehortet werden können, bis sie dann später z.B. in einem intensiven Streit, einer Kündigung, einem Prozeß oder gar einem Selbstmord zum Ausbruch kommen.

## 7.2 Diagnose dysfunktionaler Interaktionsstrukturen

Dysfunktionale Interaktionsstrukturen sind kennzeichnend für Problemsituationen in sozialen Systemen:
- Es erfolgt immer wieder dieselbe Argumentation, ohne daß man zu einer Einigung gelangt.
- Es werden immer wieder Vorsätze gefaßt, aber nicht eingehalten.

Und das Ergebnis ist in der Regel für den einzelnen unbefriedigend und für das gesamte System dysfunktional: Man hat das Gefühl, auf der Stelle zu treten, Probleme werden nicht gelöst, das System wird starr und entwickelt sich nicht weiter.

Manche dysfunktionalen Interaktionsstrukturen lassen sich relativ leicht erkennen: Wenn etwa jede Bereichsbesprechung dadurch gekennzeichnet ist, daß der Bereichsleiter und ein Gegenüber sich fortwährend angreifen, dann ist im Grunde jedem deutlich, daß es sich hier um eine Struktur handelt, die produktive Arbeit verhindert. Andere Strukturen sind subtiler: Gespräche laufen gut, man einigt sich - aber trotzdem werden die Ergebnisse nicht umgesetzt, sondern versanden irgendwo.

Grundsätzlich gibt es zwei mögliche Zugänge zur Analyse von Interaktionsstrukturen: auf der Gefühlsebene und auf der Verhaltensebene.

**(1) Auf der Gefühlsebene gilt, daß wir Interaktionsstrukturen in der Regel als belastend empfinden:**
Bei einer eskalierenden Auseinandersetzung zwischen zwei Mitarbeitern bleibt in der Regel am Ende bei jedem ein negatives Gefühl. Aber auch die Interaktionsstruktur zwischen Nörgeln und Sich-zurückziehen bei Ehegatten führt bei jedem zu einem negativen Gefühl, dem Gefühl, auf der Stelle zu treten, nicht vorwärts zu kommen, eigentlich doch nichts Entscheidendes erreicht zu haben.

Solche Gefühle, die im Zusammenhang mit Interaktionsstrukturen auftreten, können im Beratungsprozeß nachgefragt werden und geben dann häufig Hinweise auf (möglicherweise verdeckte) Strukturen:

- Welche Situationen werden als belastend erlebt?
- Wo hat der Betreffende das Gefühl, auf der Stelle zu treten, nicht vorwärts zu kommen?
- Wo hat er das Gefühl, immer wieder kämpfen zu müssen?
- Wo erlebt er Sand im Getriebe?

**(2) Auf der Verhaltensebene sind Interaktionsstrukturen dadurch erkennbar, daß bestimmte Verhaltensweisen immer wieder auftreten.** Es gibt Situationen, wo man in einer Organisation solche Strukturen direkt beobachten kann (wenn z.b. Termine nicht eingehalten werden). Oder man kann im Rahmen von Prozeßberatung gezielt solche Strukturen nachfragen:

- Gibt es Problemsituationen, die immer wieder auftreten?

- Gibt es Lösungsversuche, die immer wieder ohne Erfolg angewandt wurden?

- Gibt es Verhaltensweisen, die jemand immer wieder zeigt?

- Gibt es überraschende Wenden, Brüche, die immer wieder auftreten (was ein Anzeichen für "Spiele" im Sinne der Transaktionsanalyse wäre)?

Beispiele für dysfunktionalen Interaktionsstrukturen sind etwa:

- A weist B die Schuld zu, B wehrt ab

- A und B weisen sich gegenseitig die Schuld zu

- A kritisiert B, B blockt ab

- A versucht B zu überzeugen, B zeigt zweifelnde Miene

- A macht Vorschläge, B bringt Einwände (Ja-Aber-Struktur)

- der Vorgesetzte kritisiert einen Mitarbeiter, der Mitarbeiter fühlt sich ungerecht behandelt

- Vorgesetzter fragt nach Kosten und Zeit für ein Projekt, der Mitarbeiter verteidigt nur die Notwendigkeit

- Vorgesetzter redet einem Mitarbeiter gut zu, der Mitarbeiter blockt ab

- im Team ist eine Vereinbarung getroffen, nichts geschieht

- A und B vereinbaren einen Termin, er kommt (aus unterschiedlichen Gründen) aber nicht zustande

- A kritisiert Abwesende und beklagt sich dann, wenn er selber von anderen kritisiert wird

- A sucht Hilfe, lehnt die im nachhinein jedoch ab

- A beklagt sich, daß seine Vorschläge nie angenommen werden

- Im Team wird die Schuld für alle Fehler auf die Geschäftsführung geschoben, nichts geschieht

- In der Diskussion wird endlos geredet, es kommt kein Ergebnis zustande

- In der Diskussion gelangt man schnell zu einer Einigung - aber im nachhinein werden alle möglichen Einwände laut und das Ergebnis in Frage gestellt.

Hilfreich im Rahmen von Beratungsprozessen ist es, solche Interaktionsstrukturen zu visualisieren. Man kann sie als Berater genauer erfassen bzw. hat auch die Möglichkeit, sie auf diese Weise dem Gesprächspartner zu verdeutlichen. Dafür haben sich unterschiedliche Methoden herangebildet:

In der Tradition der Transaktionsanalyse findet sich dafür die klassische Darstellung von Transaktionen, wobei zusätzlich "verdeckte Botschaften" (nicht offen ausgesprochene Botschaften auf der Beziehungsebene, die nur durch Tonfall, Körpersprache usw. deutlich werden) mit aufgeführt werden. Stewart/Joines (1990, 341 ff.) geben dafür folgendes Beispiel der Interaktion zwischen zwei Partnern (Hans und Grete), wo bereits in der Kennlernphase die Interaktion unterschwellig darauf angelegt ist, daß Hans Grete verläßt:

- Offizielle Botschaft auf der Ebene des Erwachsenen-Ich:

> Hans: "Ich möchte dich ganz gern kennenlernen!"
> Grete: "Ja, ich dich auch!"

- Verdeckte Botschaften, in denen das Scheitern der Beziehung angelegt ist:

> Hans: "Bitte versetz mir eins!" (Botschaft vom Kind-Ich zum Eltern-Ich)
> Grete: "Ich erwisch Dich schon noch!" (Botschaft vom Eltern-Ich zum Kind-Ich)

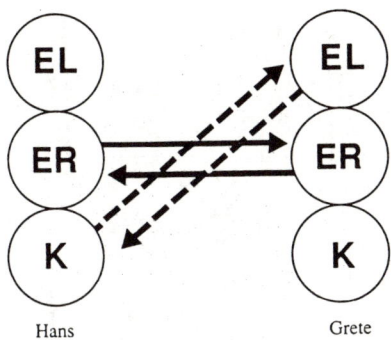

Hans                    Grete

(vgl. Stewart/Joines 1990, 341)

Watzlawick verwendet zur Verdeutlichung von Interaktionsstrukturen eine Darstellung in Form einer Zick-Zack-Linie. So ergibt sich für das Standardbeispiel zwischen der nörgelnden Ehefrau und dem sich zurückziehenden Mann. (Watzlawick u.a. 1969, 59):

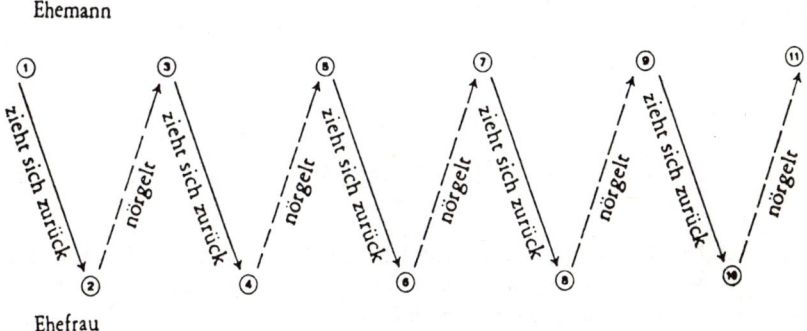

In Anlehnung an Schulz von Thun (1981, S. 194) läßt sich diese Situation auch als "Teufelskreis" darstellen, wobei dann auch Empfindungen mit aufgeführt werden können. Dann ergibt sich etwa:

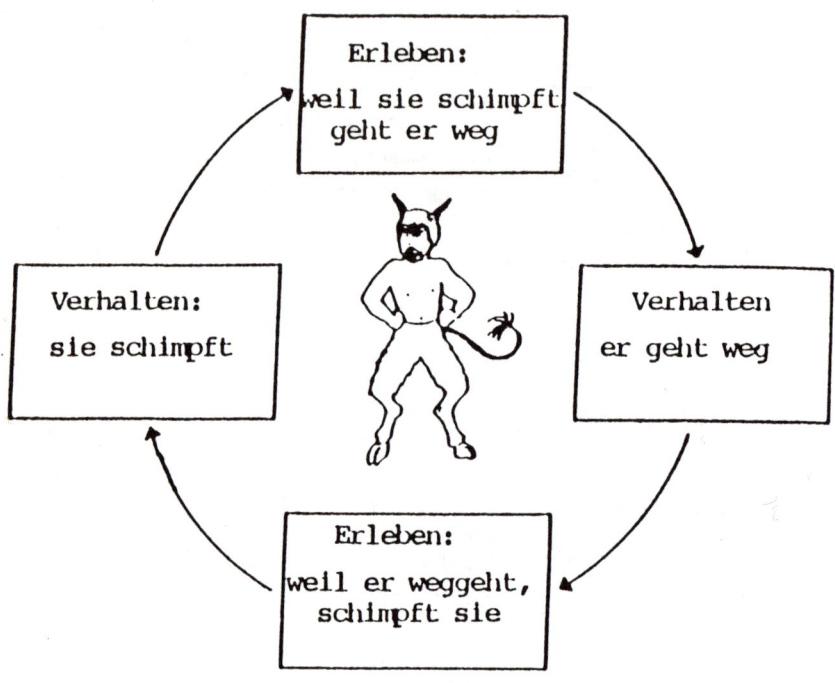

## DER "TEUFELSKREIS"

In der Tradition von Watzlawick hat schließlich De Shazer die Form des Rückkopplungskreises gewählt, bei dem auch die Empfindungen aufgeführt sein können und der darüber hinaus auch (was bei der Transaktionsanalyse und in den ursprünglichen Darstellungen von Watzlawick und Schulz von Thun nicht geht) auf Systeme mit nicht mehr als 2 Personen anwendbar ist. Eine Variante des Nörgler-Rückzugs-Muster (der Ehemann bittet die Frau, ihm zu sagen, daß sie ihn liebt, sie tut es aber nicht) wird bei De Shazer unter Berücksichtigung der jeweiligen Empfindungen folgendermaßen dargestellt (De Shazer 1992, 93):

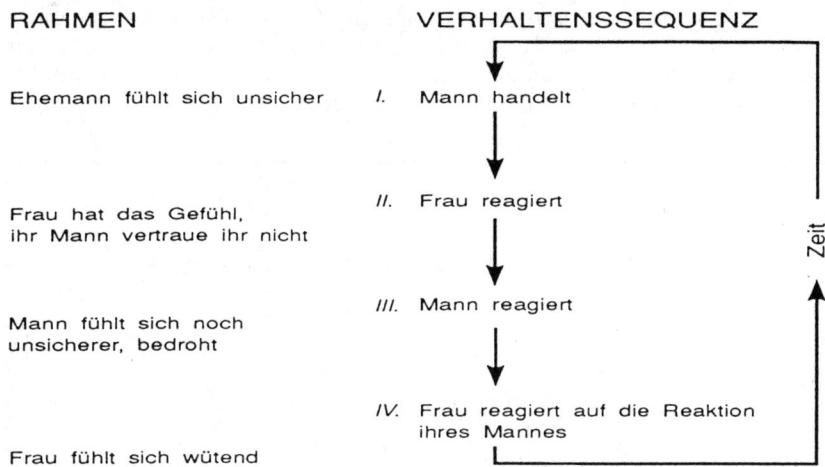

Für eine komplexere Interaktionsstruktur zwischen Kindern und Eltern ergibt sich etwa folgende Darstellung: (De Shazer 1992, 96):

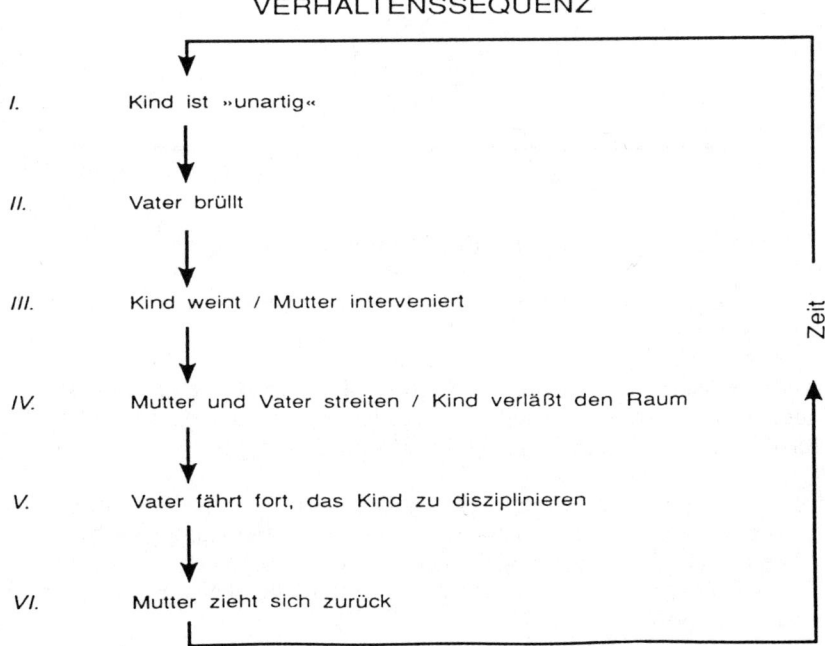

Und schließlich verwenden wir im Rahmen Systemischer Organisationsberatung häufig die in Kap. 6.3 dargestellte Visualisierung sozialer
Systeme, wobei positive Interaktionsstrukturen mit "+" und Konflikt-
strukturen mit einem Konfliktpfeil gekennzeichnet werden.

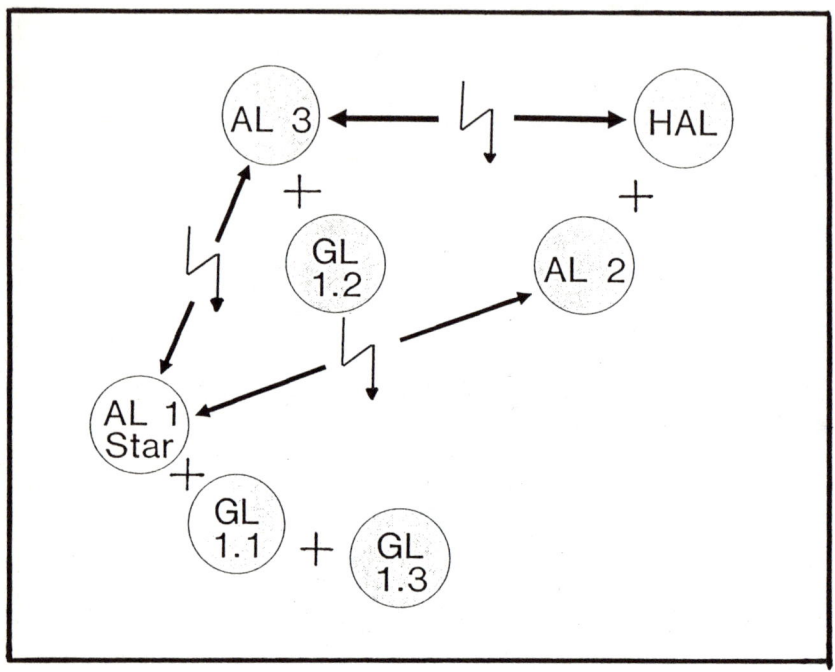

## 7.3 Abänderung dysfunktionaler Interaktionsstrukturen

### 7.3.1 Veränderung der Interaktionsstruktur auf der Ebene subjekti-
ver Deutungen

Kennzeichnend für dysfunktionale Interaktionsstrukturen ist, daß sie von
negativen subjektiven Deutungen begleitet sind: Wer in einer Interaktionsstruktur verfangen ist, sieht die Wirklichkeit negativ:

- Er sieht sein Gegenüber negativ: Der Mitarbeiter, der mit seinem
Vorgesetzten in einer negativen Interaktionsstruktur befangen ist,
"sieht" bei ihm in der Regel nur das Negative (daß der Vorgesetzte ihn
fortwährend kritisiert, ihn ablehnt) und nimmt mögliche positive Seiten
gar nicht wahr.

- Und er "sieht" häufig auch sein eigenes Verhalten negativ: daß er es nicht schafft, seine Aufgabe zu erfüllen, nicht schafft, sich gegenüber seinem Vorgesetzten durchzusetzen usw.

Wenn die negative Interaktionsstruktur aber durch subjektive Deutungen gestützt ist, dann läßt sich diese Struktur auflösen, wenn der Betreffende lernt, die Wirklichkeit anders zu sehen: Wenn der Mitarbeiter z.B. das Verhalten des Vorgesetzten als "Herausforderung an seine eigenen Fähigkeiten" ansieht, wird sich damit automatisch sein Verhalten ändern: Er wird selbstbewußter seinem Vorgesetzten gegenübertreten, vermutlich weniger Fehler machen, die Interaktionsstruktur wird abgeändert.

Veränderung der Interaktionsstruktur auf der Ebene subjektiver Deutungen bedeutet damit nichts anderes als eine Referenztransformation der die Interaktionsstrukturen stützenden Konstrukte:

- Entweder der Betreffende lernt, sein Gegenüber auf der Basis anderer Konstrukte anders, positiver zu sehen (das Verhalten des Gegenübers zu "reframen").

- Oder er lernt, sein eigenes Verhalten anders zu sehen, etwa als eine aus der Kindheit übernommene Strategie im Blick auf sinnvolle Zielsetzungen, die aber für ihn als Erwachsener nicht mehr angemessen ist.

Bei der Abänderung eines Referenzrahmens, der eine Interaktionsstruktur stützt, treten in besonderem Maße die Schwierigkeiten und Widerstände einer Referenztransformation auf, die bereits in Kap. 5.3 angesprochen wurde: Der Verlust des ursprünglich die Interaktionsstruktur stützenden Referenzrahmens führt zunächst einmal zu Unsicherheit. Fast immer sind Beratungsgespräche, bei denen es um Veränderung des struktur-stützenden Referenzrahmens geht, dadurch gekennzeichnet, daß hier der Gesprächspartner ausweicht (um sich nicht damit auseinandersetzen zu müssen), daß er Argumente bringt, die den bisherigen Referenzrahmen stützen, daß er andere Möglichkeiten nicht sieht usw.

D.h. Referenztransformation im Zusammenhang mit der Abänderung dysfunktionaler Interaktionsstrukturen bedarf in besonderem Maße der Begleitung und Unterstützung in der Beratung. Möglichkeiten dafür (es sei auf Kap. 5 verwiesen) sind z.B.:

- inhaltliche Referenztransformation oder Ziel-Transformation in bezug auf das Verhalten anderer Personen:
"Nennen Sie eine positive Eigenschaft bei Ihrem Vorgesetzten!"
"Was könnten positive Ziele hinter dem Verhalten Ihres Vorgesetzten sein?"

- Unterstützung der Referenztransformation mit Hilfe von Prozeßfragen: "Was würde passieren, wenn Sie an Ihrem Chef etwas Positives finden würden?"

- Unterstützung der Referenztransformation durch analoge Verfahren, z.B. Arbeit mit Symbolen oder Metaphern, Skulpturen, Rollentausch, wobei der Star die Rolle seines Gegners übernimmt

- Unterstützung der Referenztransformation mit Hilfe von Konfusionstechniken.

Eine weitere Möglichkeit besteht schließlich noch darin, bei der Veränderung des Referenzrahmens auf Erfahrungen aus der Kindheit zurückzugreifen, in deren Zusammenhang die entsprechenden Interaktionsstrukturen entstanden sind. Dies ist ein Vorgehen, das z.B. in der Transaktionsanalyse angewendet wird.

Grundannahme ist folgende: Wenn Interaktionsstrukturen letztlich auf sog. "Skriptüberzeugungen" aus der Kindheit zurückgehen, dann ist es plausibel, bei der Abänderung der diese Struktur stützenden Überzeugungen und Empfindungen eben auf die Kindheit zurückzugreifen.

Goulding/Goulding (1981, 230ff.) und Stewart (1991, 222ff.) haben dabei bestimmte Phasen für eine Referenztransformation der die Interaktionsstruktur stützenden Gedanken und Empfindungen entwickelt. Im groben lassen sich dabei vier zentrale Phasen unterscheiden:

- Der Gesprächspartner wird aufgefordert, eine kurz zurückliegende Szene wiederzuerleben, in der eine negative Interaktionsstruktur deutlich wurde.

- Der Gesprächspartner wird dann aufgefordert, eine Kindheitsszene wiederzuerleben, die der Problemsituation entspricht. Damit geht der Gesprächspartner zu einer (möglichen) Ursprungssituation zurück, in der die entsprechende Verhaltensstruktur als Strategie entstanden ist.

- Im Blick auf diese Kindheitssituation wird der Gesprächspartner aufgefordert, seine gesamten Fähigkeiten als Erwachsener zu nutzen, um für solche Situationen neue Strategien zu entwickeln.

- Und schließlich werden die hier gefundenen neuen Strategien für die Gegenwart fest und bewußt gemacht.

Eine ähnliche Möglichkeit besteht in der Variation der im Kap. 6 beschriebenen Systemsskulptur, nämlich der von Satir beschriebenen Familienrekonstruktion (z.B. Nerin 1989; Satir/Baldwin 1988). Analog zur Systemskulptur kann man die Skulptur der Ursprungsfamilie in einer Streßsituation darstellen. Dabei wird dann häufig symbolisch deutlich, wie sich Interaktionsstrukturen hier als zweckmäßig und sinnvoll herangebildet haben. Und gemäß der Schritte der Veränderungsskulptur können dann neue Möglichkeiten zur Bewältigung solcher Situationen entwickelt werden.

## 7.3.2 Veränderung der Interaktionsstruktur auf der Verhaltensebene

Neben der Veränderung auf der Ebene der subjektiven Deutungen liegt die zweite Möglichkeit der Veränderung der Interaktionsstruktur auf der Verhaltensebene: Der Betreffende lernt, "etwas anderes zu tun". Dieses Vorgehen ist insbesondere in der Tradition von Bateson diskutiert worden: Ausgehend von dem Buch "Lösungen" von Watzlawick u.a. (1974) werden im Rahmen der sog. Kurzzeittherapie (Fisch u.a. 1987; De Shazer 1992) Möglichkeiten effektiver Veränderung von Problemstrukturen untersucht.

Das Vorgehen bei der Veränderung von Interaktionsstrukturen läßt sich in drei Hauptphasen aufgliedern:

**Phase 1: Vermeiden von bisherigen Lösungsversuchen**

Dazu heißt es bei Fisch u.a. (1987, 143):

"Aller Wahrscheinlichkeit nach besteht der wichtigste Schritt der Behandlung darin, sich völlig klar darüber zu werden, was man vermeiden muß; wir bezeichnen das als das "Minenfeld". Ein Großteil der Planung zwischen oder vor den Sitzungen zentriert sich auf die Frage: "Was muß ich am dringendsten vermeiden?" Die Antwort wird sich in erster Linie aus der Grundrichtung der Bemühungen des Klienten (und anderer) um die Bewältigung des Problems ergeben. So muß man zum Beispiel unbedingt vermeiden, dem Vater, der gewohnheitsmäßig Gehorsam von seinem Sohn verlangt, vorzuschlagen: "Sie müssen sich mehr bemühen, Ihren Sohn zur Fügsamkeit zu bewegen", und ebenso wird man dem Schlaflosen nicht sagen: "Sie müssen sich noch mehr anstrengen, um einzuschlafen... Effektive Strategien wirken für gewöhnlich um 180 Grad der Anstrengung des Patienten entgegengesetzt".

Probleme als Anlaß für eine Beratung zeichnen sich ja in der Regel dadurch aus, daß die bisherigen Lösungsversuche zu keinem Erfolg geführt haben. Das aber bedeutet, daß die bisherigen Problemlösungsversuche Teile einer Interaktionsstruktur geworden sind.

Eine tatsächliche Problemlösung kann dann nicht "mehr desselben" sein (das würde die ursprüngliche Struktur nur verstärken), sondern muß "etwas anderes" (eine Lösung 2. Ordnung auf der Basis eines anderen Referenzrahmens) sein. Auf obige Beispiele bezogen:

- Wenn die Interaktionsstruktur gerade durch Forderungen und Übertretungen gekennzeichnet ist, wird eine Problemlösung nur bei Verzicht auf weitere Forderungen überhaupt möglich sein.

- Wenn die Interaktionsstruktur z.B. dadurch bestimmt ist, daß sich jemand zu Kontrolle zwingt, damit aber keinen Erfolg hat, bedeutet Abänderung zunächst, auf die bisherige Anstrengung zu verzichten.

- Oder wenn ein Mitarbeiter trotz Hilfestellung mit bestimmten Aufgaben nicht zurechtkommt, dann macht es keinen Sinn, diese Hilfestellung fortzusetzen, weil Hilfestellung offenbar gerade Teil einer Interaktionsstruktur ist und damit das Problem nur verstärkt.

## Phase 2: Suche nach neuen Handlungsmöglichkeiten

Das Prinzip für Abänderung von Interaktionsstrukturen auf der Verhaltensebene ist im Grunde sehr einfach: "etwas anderes tun!". Dabei sind den Alternativen zunächst keine Grenzen gesetzt, sondern häufig gilt: Je überraschender und unerwarteter ein neuer Lösungsversuch ist, desto eher verspricht er Erfolg. Es besteht also durchaus eine Möglichkeit, im Rahmen eines klassischen Problemlösungsprozesses in einer Brainstorming-Phase zunächst einmal unterschiedliche (und auch die zunächst unvernünftig erscheinenden) Möglichkeiten zusammenzustellen (vgl. auch Gordon 1979, 194ff.).

Einige unterschiedliche Vorgehensweisen (ohne Anspruch auf Vollständigkeit) seien auch hier wieder aufgeführt:

## (1) Metakommunikation

Im Anschluß an Watzlawick u.a. (1969, 41ff., 45ff.) wird z.B. von Schulz von Thun (1981, 91ff.) Metakommunikation als Lösung vorgeschlagen: "Gemeint ist eine Kommunikation über die Kommunikation, also eine Auseinandersetzung über die Art, wie wir die gesendeten Nachrichten gemeint und die empfangenen Nachrichten entschlüsselt und darauf reagiert haben" (Schulz von Thun 1981, 91).

Dabei ist jedoch Voraussetzung, daß auf der Meta-Ebene (wenn also über die bisherige Kommunikation geredet wird) nicht unter der Hand die ursprünglichen Strukturen wieder auftreten. Ein Satz wie "Lassen Sie uns über die Art und Weise unseres Gesprächs reden. Wieso greifen Sie mich im Gespräch immer an?" ist explizite Metakommunikation - und zugleich wird dieser Satz unweigerlich wieder in die ursprüngliche Angriffs-Struktur führen, auf die der andere vermutlich mit Abwehr reagieren wird. An der Interaktionsstruktur ändert eine solche Art von Metakommunikation überhaupt nichts.

Wohl aber kann Metakommunikation hilfreich sein, wenn sie die Struktur des Gespräches herausstellt und zu einer Brainstormingphase führt, in der gemeinsam neue Möglichkeiten der Lösung des Problems gesucht werden - wobei jedoch häufig ein Berater oder Moderator erforderlich ist, um diese Metakommunikation zu steuern und einen Rückfall in die ursprüngliche negative Interaktionsstruktur zu verhindern.

### (2) Aktives Zuhören, Ich-Botschaften

Gerade bei Angriffsstrukturen sind als Abänderung der Interaktionsstruktur auch die Verfahren hilfreich, die in unterschiedlichen Konzepten der Gesprächsführung genannt werden. Beispiele dafür sind etwa:

- Das "aktive Zuhören" (Gordon): die These des anderen zunächst zu verstehen suchen und sie widerspiegeln, anstelle etwas dagegen zu sagen

- Nachfragen (z.B. mit Hilfe des Metamodells) anstelle von Einwänden oder Angriffen

- Ich-Botschaften (Gordon 1979, 107ff.) anstelle von Angriffen

- Wechsel auf die Ebene des Erwachsenen-Ich anstelle von Reaktionen auf der Ebene des Eltern- oder Kind-Ich (Transaktionsanalyse).

### (3) Weniger desselben tun

Ein erster Schritt zur Abänderung eskalierender Interaktionsstrukturen kann auch sein, anstelle des bisherigen "mehr desselben" "weniger desselben" zu tun: Ein Mitarbeiter, der sich zunehmend mehr Mühe gegeben hat, keine Fehler zu machen, aber trotzdem immer wieder Fehler macht, ist damit offenbar in einer Struktur verfangen (Mühe geben - Fehler machen). Die einzige Möglichkeit, das Problem zu lösen, besteht dann vermutlich darin, "weniger desselben" zu tun, d.h. sich weniger Mühe zu geben oder "bewußt" einen Fehler zu machen (was immer noch besser ist als die Fehler, die sowieso passieren). Oder wenn ein Vorgesetzter versucht, Probleme durch fortwährend steigende Kontrolle zu lösen, so ist die Struktur (mehr Kontrolle, mehr Widerstand und mehr Probleme) nur abzuändern, indem die Kontrolle verringert wird.

**(4) Symptomverschreibung**

In vielen Fällen besteht eine wirksame Abänderung der Strukturen darin, das Problemverhalten, das man bislang zu vermeiden suchte, explizit zu verschreiben (sog. Symptomverschreibung: Watzlawick u.a. 1974, 145ff.). Klassisches Beispiel ist der Umgang mit Schlafstörungen: Wenn jemand bislang erfolglos versucht hat, sich zum Schlafen zu zwingen, wird sich diese Struktur nur abändern lassen, wenn er sich stattdessen bemüht, wach zu bleiben. Und eben das muß die Aufforderung des Beraters sein: "Zwingen Sie sich, wach zu bleiben!" (Fisch u.a. 1987, 144, vgl. 160ff.).

Entsprechend sind andere Symptomverschreibungen möglich:

- Wenn das Problem in fortwährender Kritik eines Mitarbeiters besteht, dann ist Symptomverschreibung, ihn explizit zur Kritik aufzufordern: z.B. bei einer Besprechung all die Argumente zu sammeln, die gegen die Produkteinführung sprechen.

- Wenn das Problem darin besteht, daß Vereinbarungen nicht eingehalten werden, dann wird es sinnvoll sein, eben das als Faktum zu akzeptieren ("es ist klar, daß diese Vereinbarungen nicht eingehalten werden!") und auf dieser neuen Basis Lösungsmöglichkeiten zu suchen.

- Wenn das Problem darin besteht, daß ein Team gegenüber Veränderungen Einwände hat, dann ist eine Symptomverschreibung, zunächst diese Bedenken zu verstärken und Argumente und Strategien für eine Beibehaltung des bisherigen Zustandes zu sammeln.

**(5) Veränderung von Interaktionsstrukturen durch Veränderung der "Tonart".**

Interaktionsstrukturen lassen sich auch abändern, indem man durch "kleine Veränderungen" die "Tonart" (De Shazer 1992, 126ff.) einer Interaktion verändert.

De Shazer bringt dafür folgendes Beispiel aus einer Familientherapie (De Shazer 1992, 132ff.):
Zwei Ehepartner geraten immer wieder in Konflikte, die dann häufig zu Gewalttätigkeiten führen. Tonartveränderung bedeutet dann, die Art der Konflikte geringfügig zu verändern:

- Dem Ehemann wird die Anweisung gegeben, bei der Rückkehr von der Arbeit, wenn er auch nur im geringsten wütend wäre, durch die Hintertür in das Haus oder rückwärts durch die Haustür zu kommen.

- Der Ehefrau wurde die Anweisung gegeben, wenn sie nur im geringsten wütend wäre, entweder in der Küche oder im Bad auf den Mann zu warten, statt an der Eingangstür.

Obwohl sich hier im Grund überhaupt nichts ändert, sondern nur die "Tonart" des Konfliktes, führt diese Veränderung mit der Zeit zu einer Verschiebung der Bedeutung des Vorgehens (das Wütendsein wird angekündigt und bekommt zugleich eine Qualität des Lächerlichen), was mit der Zeit in der Tat zur Abänderung der Struktur führt.

De Shazer (1992, 127, 130) gibt dazu folgende Erläuterung:

"Doch kleine Veränderungen, die den Prozeß der Umdeutung (reframing) einleiten, führen häufig letztendlich zu umfassenderen Ergebnissen: zur Lösung des Rätsels, nachdem das Ziel erreicht ist. Sobald die kleine Veränderung eingetreten ist, ist die Familie in der Lage, das Beschwerdemuster auf andere Weise wahrzunehmen, wodurch sie einen Bonus empfängt...
Wenn man in der Therapie 'die Tonart verändert', so fängt dadurch der Kontext an, sich zu verändern, da sich das Verhalten verändert, und dadurch wird der gesamte Sinnzusammenhang verändert."

**Phase 3: Vereinbarung neuer Handlungsmöglichkeiten durch Kontrakt**
Der 3. Schritt schließlich besteht darin, aus der Liste möglicher Lösungen eine Lösung auszuwählen und festzumachen. D.h. der Abschluß muß (entsprechend der Prozeßarbeit überhaupt) ein Kontrakt sein.

Dafür gelten die üblichen Hinweise für die Bildung von Kontrakten:

- Eindeutigkeit des Kontraktes
  D.h. es muß klar sein, was die nunmehr vereinbarten Handlungsmöglichkeiten sind.

- Explizite Zustimmung der Betroffenen
  Die Zustimmung der Betroffenen muß explizit sein (also nicht "wir wollen mal sehen" oder "ich will es versuchen").

- Durchsetzung und Kontrolle der Lösungen.

Entscheidend für die Abänderung von Interaktionsstrukturen ist, daß die neuen Möglichkeiten tatsächlich durchgeführt werden. Auch hierfür gibt es verschiedene Unterstützungsmöglichkeiten, wie z.B.

- Vereinbarung von konkreten Aufgaben, die eine Anwendung veränderter Verhaltensweisen sicherstellen.

- Vereinbarung eines Verantwortlichen, der die Durchführung absichert. Im Ausnahmefall könnte das auch ein Berater sein, der z.B. eine Besprechung, bei der ein bislang vergeblich gehütetes "Geheimnis" öffentlich gemacht wird, moderiert.

- Vereinbarung von Kontrollpunkten und Verantwortlichen dafür.

## 7.4 Interaktionsstrukturen innerhalb des Klienten-Systems in der Beratung

Wenn an einer Beratung mehrere Klienten teilnehmen (z.B. bei einer Teamberatung oder einer Beratung zwischen Vorgesetztem und Mitarbeiter), dann können natürlich auch während dieser Beratungssitzung innerhalb des Klientensystems Interaktionsstrukturen entstehen: Zwei Angehörige des Teams greifen sich gegenseitig an und beschuldigen sich, ein Klient unterbricht fortwährend einen anderen, einer wird ständig kritisiert und zieht sich zurück.

Auch hier gilt wieder: Wenn während der Beratung im Klientensystem dysfunktionale Interaktionsstrukturen auftreten, dann sind damit Entwicklung und Veränderung des sozialen Systems erschwert, wenn nicht verhindert: Es ist offensichtlich, daß keine Veränderung möglich ist, solange auch in der Beratung die alltäglichen Muster weitergeführt werden.

Von daher gilt als Grundregel:
Negative Interaktionsstrukturen zwischen Klienten im Beratungssystem müssen unterbrochen werden.

Im wesentlichen ergeben sich dabei folgende Schritte:

(1) Häufig kann es sinnvoll sein, die Interaktionsstruktur zunächst ein Stück laufen zu lassen. Das gibt dem Berater die Möglichkeit, die Interaktionsmuster zu beobachten: Handelt es sich um eine Angriff-Angriff-Struktur, wird ein Gesprächspartner angegriffen, wobei sich der andere verteidigt, redet einer für den anderen usw.? Gleichzeitig gibt eine solche Phase eine Reihe zusätzlicher Hinweise z.B. über Repräsentationssysteme oder über zentrale Konstrukte oder über Themen, die im Hintergrund angedeutet werden.

(2) Danach gilt, daß der Berater die Interaktionsstruktur an einer Stelle anzuhalten hat. In der Regel geschieht dies durch unmittelbares Unterbrechen, das je nach der Situation mehr oder weniger nachdrücklich sein kann:

In vielen Situationen wird es genügen, wenn der Berater das Wort ergreift. In anderen Situationen dagegen (v.a. wenn Interaktionsstrukturen bereits eskaliert sind) ist hier besonderer Nachdruck notwendig. Hilfreich dafür können sein:

- Der Berater kann sein Einschalten in das Gespräch nonverbal ankündigen. Hier gibt es bestimmte Verhaltensweisen, die (bereits in alltäglicher Kommunikation) für die anderen Gesprächspartner anzeigen "ich will jetzt etwas sagen": sich vorbeugen, aufmerksam zuhören, sozusagen "in Sprungposition sitzen".

- Das Einschalten in das Gespräch muß zum "passenden" Zeitpunkt erfolgen: Erfahrungsgemäß müssen auch in Interaktionsstrukturen die Gesprächspartner irgendwo Luft holen. Das gibt dem Berater die Möglichkeit, genau an dieser Stelle zu unterbrechen und selbst etwas zu sagen.

- Das Einschalten in das Gespräch muß nachdrücklich geschehen und kann durch Tonfall und Körpersprache unterstützt werden: lauter Tonfall, "stop" sagen (evtl. Stopzeichen mit der Hand), sich vorbeugen und körpersprachlich "zwischen die beiden Gesprächspartner schieben", ggf. an den Arm tippen - als körpersprachliches Stopzeichen).

- Entscheidend ist dann, daß der Berater nicht wieder aus dem Gespräch gedrängt wird. Ein Berater, der mehrmals vergeblich versucht, ins Gespräch zu kommen, würde selbst in eine Interaktionsstruktur verfallen: Er versucht, ins Gespräch zu kommen - und wird wieder herausgedrängt.

Eine Alternative zu diesem recht direktiven Vorgehen schildert Gilligan aus einer Beratung mit einer Klientin, die stets ohne Unterbrechung über mögliche Ursachen ihres Problems redete. Nachdem hier direktes Unterbrechen dieses Musters nicht weiterführte, wendet Gilligan eine Konfusionstechnik an (Gilligan 1991, 299):

"Als ich die Klientin weiterhin bedeutungsvoll, aber schweigend ansah, wurde ihr Tempo aus Nervosität zunächst schneller, dann unrhythmischer (ein Zeichen dafür, daß ihre Nervosität noch wuchs). Als sie mich mehrere Male fragte, was ich denke oder was ich tue, sagte ich schlicht und geheimnisvoll: "Ich warte ... Sie haben viele Jahre gewartet ... auf ein paar Minuten mehr kommt es nicht an."

Was hier angewendet wird, ist ein "Weniger desselben": Wenn eine Struktur besteht, daß jemand pausenlos redet und der Gesprächspartner vergeblich versucht, ins Gespräch zu kommen, ist "weniger desselben", d.h. weniger sprechen, den Redefluß laufenlassen und dabei die "Tonart" verändern, manchmal ein geeignetes Mittel, die Interaktionsstruktur im Klientensystem zu unterbrechen.

(3) Wenn der Berater die Interaktionsstruktur zwischen Klienten unterbrochen hat, ist es zweckmäßig, dann selbst etwas längere Zeit zu sprechen, weil damit für die Gesprächspartner die Möglichkeit besteht, die Emotionen abzubauen. Als Berater kann man hier z.B. Metakommunikation oder auch Konfusionstechniken anwenden, wobei man gleichzeitig rationale Barrieren außer Kraft setzt.

(4) Nach einer solchen Intervention ist es zweckmäßig, "etwas anderes" zu tun, damit die ursprünglichen Interaktionsstrukturen nicht erneut aufbrechen. Möglichkeiten hierfür sind (v.a. auch Glasl 1990, 289ff.):

- Regeln für den weiteren Ablauf vereinbaren, z.B.:
  "Jeder erzählt seine Sicht, der andere darf dabei nicht unterbrechen!"
  Dieses Vorgehen wird sich aber nur durchsetzen lassen, wenn es explizit mit Kontrakten abgesichert ist. D.h. Aufgabe des Beraters ist es hier, die explizite Zustimmung jedes einzelnen einzuholen.

- Wünsche an den anderen formulieren lassen (anstelle von Angriffen und Beschuldigungen), wobei auch hier wichtig ist, daß der Berater diesen Prozeß zunächst deutlich steuert und das Vorgehen über einen Kontrakt absichert.

- Reframing: Welche positiven Ziele stehen hinter den Angriffen?

- Gemeinsamkeiten und Unterschiede im Konflikt klären: Gibt es Gemeinsamkeiten in der Darstellung der Situation (z.B. daß alle die Situation als belastend erleben)? Läßt sich über diese gemeinsame Sichtweise ein Kontrakt herstellen? Welche Möglichkeiten gibt es zur Erreichung gemeinsamer Ziele (Brainstorming)?

- Verwendung analoger Verfahren wie:
  * die eigene Situation, Gemeinsamkeiten und Unterschiede, Wünsche usw. aufmalen lassen
  * eine Skulptur erstellen
  * Kristall-Kugel-Technik u.dgl.: Wie könnte das soziale System in Zukunft ausschauen?

## 7.5 Interaktionsstrukturen zwischen Berater- und Klientensystem

Es ist gut möglich, daß auch Berater in negative Interaktionsstrukturen hineingezogen werden. Solche Interaktionsstrukturen können z.b. sein:

- Der Berater macht Vorschläge, der Klient lehnt sie mit "ja - aber" ab.

- Der Berater wird angegriffen und verteidigt sich.

- Der Berater stellt Regeln auf, die nicht eingehalten werden.

Das Entstehen von Interaktionsstrukturen zwischen Berater- und Klientensystem ist ein deutliches Anzeichen dafür, daß der Berater oder die Beraterin "in das System gefallen ist": Er oder sie sind selbst betroffen und auch emotional beteiligt (z.b. Ärger über uneinsichtige Klienten).

Aber auch hier gilt als Grundregel: Beratung ist nur möglich, wenn es gelingt, diese Interaktionsstruktur aufzulösen.
Dafür einige Hinweise:

(1) Entscheidende Voraussetzung für den Berater ist hier zunächst, daß er sich der Interaktionsstruktur, in der er verfangen ist, selbst bewußt wird. Indikatoren dafür sind meist die damit verbundenen Empfindungen: Ärger über einen uneinsichtigen Klienten, das Gefühl, auf der Stelle zu treten und nicht weiter zu kommen, die Erfahrung von "Widerstand" beim Klienten usw. Erster Schritt ist also, sich solcher Empfindungen, die Anzeichen von Strukturen sind, bewußt zu werden.

(2) Als zweiter Schritt gilt, zunächst einmal Distanz zu gewinnen: Als Betroffener benötigt der Berater Distanz, um sich aus der Struktur zu lösen. Er kann z.b. die Vorwürfe des Gesprächspartners zunächst weiter laufen lassen, ohne überhaupt zu antworten. Er kann sich zurücklehnen (und gewinnt dadurch "körpersprachlich" Distanz), ggf. aufstehen und das Fenster öffnen, die Beratungsitzung kurz unterbrechen usw. Und er erhält damit die Möglichkeit, die Situation aus der Distanz heraus zu analysieren.

(3) Anschließend gilt, "etwas anderes" zu tun, wobei hier der Rahmen der Möglichkeiten wieder recht weit gesteckt ist. Einige Beispiele seien hier genannt:

- nachfragen, welche Kriterien eine gute Lösung erfüllen sollte:
  Woran können die Klienten erkennen, daß die Lösung gut ist, daß sie auf dem richtigen Weg sind?

- den Widerstand des Klienten reframen oder verstärken: Deutlich machen, daß es nicht selbstverständlich ist, sich auf einen Berater einzulassen, oder daß natürlich die Gefahr besteht, daß Ergebnisse der Beratung z.B. an den Vorstand weitergegeben werden. Dabei läßt sich das Positive einer solchen Skepsis herausstellen. Oder diese Situation wird zur "Ist-Situation" in einem Problemlösungsprozeß gemacht: Wie können wir mit dieser Situation umgehen?

- ein anderes, im Hintergrund deutliches Thema ansprechen
  z.B. bei Bedenken der Klienten, daß der Berater mit dem Vorstand "klüngelt", das Thema "Gerüchte im Unternehmen", "Befürchtungen" usw.

(4) Hilfreich ist in solchen Situationen in besonderem Maße, das weitere Vorgehen explizit über Kontrakte abzusichern (um etwaige neue Angriffe und Verteidigungsstrukturen zu vermeiden). Das heißt für den Berater, gemeinsam mit den Gesprächspartnern das weitere Vorgehen der Zusammenarbeit abzuklären und explizit die Zustimmung zu den weiteren Schritten einzuholen.

# Kapitel 8: Regeln sozialer Systeme

## 8.1 Theoretischer Hintergrund: Der Regelbegriff

Technische Systeme verhalten sich entsprechend bestimmten Naturgesetzen. Soziale Systeme dagegen, und das ist ein weiterer zentraler Unterschied zwischen technischen und sozialen Systemen, werden durch Regeln gesteuert.

Der Regelbegriff ist einer der zentralen Begriffe der neueren Sozialwissenschaften und markiert (neben dem Begriff der subjektiven Theorie) die Abkehr von naturwissenschaftlich behavioristischen Konzepten: Ein soziales System verstehen, heißt, die Regeln verstehen, die dieses System leiten.

Der Sprachphilosoph Ludwig Wittgenstein, einer der ersten, der in den "Philosophischen Untersuchungen" (1968, erstmals 1953) sich ausführlich mit Regeln auseinandergesetzt hat, verdeutlicht dies am Beispiel des Schachspiels:
"Das Schachspiel ist dies Spiel durch alle seine Regeln" (Wittgenstein 1968, §197). D.h. ich kann nur verstehen, was die Figur des Königs im Schachspiel bedeutet, wenn ich die Regeln kenne, nach denen diese Figur im Spiel ziehen darf ("der König im Schachspiel darf immer nur ein Feld weiter ziehen" usw.).

Entsprechend gilt: Ich kann nur ein soziales System wie ein Unternehmen, eine Abteilung usw. verstehen, wenn ich die Regeln kenne, die das Verhalten der Personen in diesem System leiten.

Regeln sind durch folgende Merkmale bestimmt (vgl. z.B. Heringer 1974; Kemmerling 1980; Winch 1974):

**(1) Regeln sind Handlungsanweisungen der Form "tue x, wenn p der Fall ist!"**

Beispiele für solche Regeln sind etwa:
"Wenn der Vorgesetzte dich ruft, laß alles stehen und liegen und gehe sofort hin!"
"Aufträge an Fremdfirmen müssen vom Bereichsleiter abgezeichnet werden!"
"Besucher haben sich beim Pförtner zu melden!"

Diese Beispiele machen deutlich, daß Regeln keine einmaligen Aufforderungen sind, sondern generell Gültigkeit besitzen: Sie gelten für alle Situationen von einem Typ p: "Immer, wenn jemand im Unternehmen einen Besuch macht, hat er sich beim Pförtner zu melden!", "immer, wenn der Vorgesetzte ruft, hat der Mitarbeiter alles stehen und liegen zu lassen!"

Dabei gibt es Unterschiede, wie und ob eine Regel schriftlich fixiert ist. Die Regel "Besucher haben sich beim Pförtner zu melden!" mag schriftlich formuliert sein. Oder sie mag die schriftliche Formulierung haben "Besucher bitte beim Pförtner melden!" - wobei es sich beide Male um die gleiche Regel handelt. Die Regel "wenn dein Vorgesetzter dich ruft, laß alles stehen und liegen!" ist vermutlich nirgends schriftlich niedergelegt. Trotzdem ist sie den Mitarbeitern bekannt (bzw. jeder neue Mitarbeiter lernt sie spätestens dann, wenn er sie übertritt) und besitzt Geltung.

**(2) Die Befolgung von Regeln wird durch Sanktionen gestützt.**
So wird die Regel "Besucher haben sich beim Pförtner zu melden!" dadurch sanktioniert, daß derjenige, der diese Regel übertritt, nicht ins Unternehmen gelassen wird. Oder der Mitarbeiter, der die Aufforderung, sofort zum Vorgesetzten zu kommen, nicht unmittelbar befolgt, wird dadurch sanktioniert, daß er kritisiert wird ("nächstes Mal erwarte ich, daß Sie sofort zu mir kommen!") oder möglicherweise in Zukunft keine Termine beim Vorgesetzten erhält ("jetzt habe ich keine Zeit").

Regeln durch Sanktionen stützen bedeutet dabei, Konsequenzen zu setzen, die die Befolgung dieser Regeln absichern. Dabei können diese Konsequenzen negativer Art sein (jemand wird "bestraft", weil er die Regeln nicht befolgt) oder auch positiver Art (er erhält z.B. Anerkennung). Die Art der positiven bzw. negativen Sanktion kann dabei sehr unterschiedlich sein: Sie reicht von einem freundlichen oder kritischen Blick über verbale Kritik oder Anerkennung bis zur Abmahnung auf der einen oder Beförderung und Gehaltszulage auf der anderen Seite.

**(3) Regeln besitzen Geltung innerhalb bestimmter sozialer Systeme.**
Regeln sind immer auf das jeweilige soziale System bezogen und zwischen verschiedenen sozialen Systemen unterschiedlich.

Dabei kann der Geltungsbereich von Regeln unterschiedlich groß sein:
- Es gibt Regeln, die kulturspezifisch sind, was dann z.B. bei internationalen Kontakten zu Problemen führt (vgl. Koopman 1991; Scholz/ Hofbauer 1990, 87ff.): Ein Mitarbeiter, der von seiner Firma in Deutschland zu einer Filiale nach Singapur kommt, muß neue kulturelle Regeln etwa über den Umgang mit Kollegen, Vorgesetzten und Mitarbeitern lernen.

- Es gibt Regeln, die für bestimmte Funktionen gleich sind. Z.B. sind Regeln, die für Vorgesetzte gelten, zwischen verschiedenen Unternehmen zumindest zu einem Teil übereinstimmend (z.b. daß bestimmte Entscheidungen nur Vorgesetzte treffen dürfen).

- Es gibt Regeln, die nur für ein bestimmtes soziales System Geltung besitzen. Dabei kann das soziale System unterschiedlich weit gefaßt sein: Es gibt so etwas wie typische (z.b. in Leitlinien oder Unternehmensgrundsätze niedergelegte) Unternehmensregeln, aber es gibt ebenso besondere Regeln, die den Umgang miteinander und mit Außenstehenden in einer ganz bestimmten Projektgruppe festlegen und damit nur für dieses besondere soziale System Geltung besitzen.

- Und schließlich gibt es so etwas wie persönliche Regeln, die nur für eine einzelne Person gelten und die die betreffende Person möglicherweise sich selbst gegenüber aufstellt. Beispiele dafür wären etwa: "ich muß stets zu meinen Mitarbeitern halten!", "ich darf keine Schwäche zeigen!".

All diese Regeln wurden von den betreffenden Personen ursprünglich in irgendwelchen sozialen Systemen gelernt: Möglicherweise war es die eigene Herkunftsfamilie, in der die Regel "ich darf keine Schwäche zeigen!" Geltung besessen hat und die nunmehr für andere Situationen übernommen wird - eine Auffassung, die insbesondere in der Tradition der Transaktionsanalyse vertreten wird, wo man die Herkunft persönlicher Regeln aus dem jeweiligen "Lebensskript" und damit aus der Kindheit besonders betont (z.B. Brown u.a 1984; Gündel 1990).

**(4) Regeln haben die Funktion, Verhaltenssicherheit zu erzeugen**
Das gilt bereits für das Schachspiel: Wenn ich die Regel kenne, weiß ich, wie ich ziehen darf. Und dasselbe gilt entsprechend für soziale Systeme: Wenn ein Kind die Regeln in der Familie lernt, so bekommt es damit Sicherheit, sich in dieser Familie zu bewegen. Oder ein neuer Mitarbeiter in einem Unternehmen muß zunächst die Regeln lernen, wenn er nicht fortwährend anstoßen will. In der Tat können wir uns in einem sozialen Umfeld nicht bewegen, wenn wir die Regeln nicht kennen. Oder wir stoßen fortwährend an, wenn wir in einem neuen Rahmen unbefragt Regeln übernehmen, die wir in einem anderen sozialen System gelernt haben und die nur dort Geltung besitzen.

**(5) Regeln können funktional oder dysfunktional, sinnvoll oder weniger sinnvoll sein**
Regeln verfolgen stets einen bestimmten Zweck. Die Regel, daß Besucher sich beim Pförtner melden sollen, verfolgt den Zweck, daß nicht fremde Personen völlig ohne Kontrolle sich im Unternehmen bewegen

und möglicherweise neue Informationen an andere Unternehmen weitergeben können. Die Regel, alles stehen und liegen zu lassen, wenn der Vorgesetzte ruft, verfolgt den Zweck, daß der Vorgesetzte Leerlaufzeiten (durch Warten auf den Mitarbeiter) vermeidet.

Aber die Beispiele zeigen bereits, daß diese Regeln nicht immer sinnvoll sind: Es mag sein, daß die Regel, sich beim Pförtner zu melden, ihr Ziel nicht erreicht, weil nach Passieren des Eingangstores sich jeder ohnehin frei auf dem ganzen Gelände bewegen kann - oder daß eine solche Regel überhaupt nicht notwendig ist, weil ein Außenstehender keinerlei relevante Betriebsgeheimnisse auf diese Weise erfahren könnte. Und es mag sein, daß die Regel, alles stehen und liegen zu lassen, wenn der Vorgesetzte ruft, zumindest in bestimmten Situationen nicht sinnvoll ist: dann etwa, wenn der betreffende Mitarbeiter gerade ein wichtiges Kundengespräch führt, das er dann abbrechen müßte.

Während im Anschluß an Wittgenstein Regeln zunächst v.a. im Zusammenhang mit sprachphilosophischen Überlegungen diskutiert wurden, hat sich der Regelbegriff mittlerweile allgemein als zentraler Begriff für die Erklärung menschlicher Verhaltensweisen erwiesen. In unterschiedlichen Bereichen stoßen wir immer wieder auf Regeln. Einige wichtige Ansatzpunkte sozialwissenschaftlicher Forschung zum Regelbegriff seien hier genannt:

**(1) Regeln in der Sprachphilosophie**
Der ursprüngliche Schwerpunkt bei der Erforschung von Regeln lag im Bereich der Sprache. Bereits bei Wittgenstein findet sich die These, daß die Bedeutung der Sprache durch Regeln festgelegt ist: Analog zu Regeln des Schachspiels lernt man Regeln des jeweiligen "Sprachspiels" (Wittgenstein 1968, §83), d.h. man lernt Regeln, die den Gebrauch bestimmter Wörter festlegen.

Aufgegriffen und weitergeführt ist diese These dann in der Sprachphilosophie von Searle:

"Sprechen ist eine (höchst komplexe) Form regelgeleiteten Verhaltens. Eine Sprache zu lernen und zu beherrschen... entsprechende Regeln zu lernen und zu beherrschen... Daß ich weiß, wie eine Sprache gesprochen wird, impliziert die Beherrschung eines Regelsystems, das meinem Gebrauch der Elemente der betreffenden Sprache zugrunde liegt" (Searle 1971, 24,26).

Man kann sich diese These an einfachen Beispielen leicht verdeutlichen: Ein Kind lernt eine Sprache, indem es Regeln lernt. Es wird korrigiert: "nein, das ist keine Lokomotive, das ist ein Omnibus" - was die Regel beinhaltet: "diesen Gegenstand darfst du nicht als Lokomotive bezeichnen!" Und es lernt Regeln einer Grammatik: "nach 'wegen' darfst du nicht 'die' sagen!".

Searle hat in diesem Zusammenhang eine Unterscheidung zwischen konstitutiven und regulativen Regeln eingeführt (1971, 54ff.), was sich im groben mit Bedeutungs- und Handlungsregeln beschreiben läßt:

Konstitutive und regulative Regeln sind gleichermaßen Handlungsanweisungen, also Aufforderungen, etwas zu tun. Konstitutive oder Bedeutungsregeln sind dabei Aufforderungen, die festlegen, wie eine bestimmte Sprache verwendet werden soll. "Dies ist eine Lokomotive" ist also die Regel "dazu darfst (sollst) du das Wort 'Lokomotive' verwenden!". Entsprechend gibt es in jedem sozialen System bestimmte typische konstitutive Regeln, d.h. bestimmte Begriffe (wie z.B. Fahrsteiger, Reviersteiger, Kaue usw. im Bergbau) - und damit bestimmte Anweisungen, wie man zu sprechen hat. Ein neues soziales System kennenlernen bedeutet dann, eine neue Sprache zu lernen - und es ist entsprechend kennzeichnend dafür, daß man ein soziales System kennt, daß man die Sprache versteht, daß man weiß, was mit bestimmten Redewendungen gemeint ist.

Regulative Regeln (Handlungsregeln) sind Anweisungen, die auf der Basis von Bedeutungsregeln zu bestimmten Handlungen auffordern bzw. diese untersagen. Searle gibt hierfür folgendes Beispiel: Wenn ich weiß, was eine Einladung zu einer Party ist (hierfür muß ich also die Bedeutungsregeln kennen, die festlegen, was "Einladung" bedeutet), kann ich auf dieser Basis zusätzlicher Handlungsregeln festlegen (etwa darüber, daß die Einladung zwei Wochen vorher schriftlich verschickt werden soll: Searle 1973, 57).

Entsprechend läßt sich die Unterscheidung zwischen Bedeutungs- und Handlungsregeln auch auf Unternehmen übertragen: So gibt es z.B. Bedeutungsregeln, die die Bedeutung von Gruppenleitern festlegen (also festlegen, wann jemand als Gruppenleiter bezeichnet werden darf). Und es mag auch sein, daß im Laufe einer Entwicklung Gruppenleiter eine andere Funktion erhalten, d.h. daß sich die Bedeutung der konstitutiven Regeln für "Gruppenleiter" verändert. Auf der Basis solcher Bedeutungsregeln bestehen dann weitere Handlungsregeln: etwa die Handlungsregel, daß sich die Gruppenleiter derselben Abteilung einmal in der Woche zu einer Besprechung einfinden sollen, daß Gruppenleiter ihrem Abteilungsleiter zu berichten haben usw.

## (2) Symbolischer Interaktionismus

Mit dem Bereich konstitutiver Regeln befaßt sich ein weiterer Forschungsansatz, der im Anschluß an Mead etwa von Blumer und Goffman vertreten wird (vgl. z.B. Arbeitsgruppe Bielefelder Soziologen 1970; Goffman 1971). Die Hauptthese dieses Symbolischen Interaktionismus lautet, daß Interaktion stets über Symbole - und das sind konstitutive Regeln im Sinne von Searle - vermittelt wird.

Zu den Symbolen zählt der Symbolische Interaktionismus in erster Linie die Sprache (wo die entsprechenden Bedeutungsregeln die Interaktion bestimmen), daneben aber noch eine Fülle von weiteren Symbolen, deren Bedeutung durch entsprechende Bedeutungsregeln festgelegt wird.

Das sind zum einen nonverbale Verhaltensweisen, die Symbolcharakter haben. Als konkretes Beispiel führt Goffman (1971, 41f.) das Winken auf: Ich sehe, wie mir ein anderer zuwinkt. Zunächst gilt für mich, daß ich diese Geste verstehen muß als etwas, das Bedeutung hat (die Bedeutung, mich herzurufen), und danach wird dann die eigene Handlung auf der Basis dieser Bedeutungsregeln durchgeführt: Wenn ich weiß, daß diese (merkwürdige) Bewegung des anderen ein Heranwinken ist, dann kann ich mich entscheiden, ob ich dieser Aufforderung folge oder sie ablehne.

Neben solchen Gesten können auch Gegenstände als Symbole Bedeutung haben: Der ovale Besprechungstisch im Unterschied zu einem eckigen hat z.B. die Bedeutung, daß es sich hierbei um einen Vorgesetzten mindestens auf der Ebene des Abteilungsleiters handelt. Art des Vorzimmers, die Einrichtung, Anzahl der Fenster in Büros usw., all das sind Symbole, die eine bestimmte Bedeutung haben. Das soziale System kennen bedeutet somit auch, diese Symbole kennenlernen bzw. die dahinterstehenden Bedeutungsregeln.

## (3) Ethnomethodologie und Konversationsanalyse

Ähnlich wie beim Symbolischen Interaktionismus ist der Ansatzpunkt auch hier die Erforschung fremder Kulturen. Während beim Symbolischen Interaktionismus jedoch die Bedeutungsregeln im Mittelpunkt stehen, geht es hier stärker darum, die Interaktion auf der Basis von Handlungsregeln zu erklären - ein großer Teil der Untersuchungen befaßt sich damit, welche Handlungsregeln alltäglicher Interaktion zugrundeliegen.

Ein deutliches Beispiel dafür sind die sog. Krisenexperimente von Garfinkel, in denen aufgezeigt wird, wie solche Handlungsregeln Verhaltenssicherheit bzw. wie die Verletzung von Handlungsregeln Verhaltensunsicherheit bewirken: Ein Gast kommt in ein Restaurant und bittet einen anderen Gast, ihn zu einem Tisch zu führen und ihm die Speisekarte zu bringen. Er führt also Handlungen aus, die nicht im Umgang mit anderen Gästen, sondern im Umgang mit der Bedienung angemessen sind. Das Ergebnis sind regelmäßig Konfusion beim Betreffenden und Störungen in der Interaktion.

Auf dem Hintergrund der Ethnomethodologie ist dann seit den 70er Jahren die Konversationsanalyse entwickelt worden (z.b. Garfinkel/Sacks 1976; Kallmeyer/Schütze 1976; Bergmann 1981). Unter der offiziellen Zielsetzung, die "formalen Strukturen der Alltagshandlungen" zu untersuchen (Garfinkel/Sacks 1976, 138) geht es hier letztlich darum, implizite Regeln zu erfassen, die alltägliche Interaktion leiten. Ein viel diskutiertes Beispiel dafür ist der Sprecherwechsel (Kallmeyer/Schütze 1976, 14f.):

Die Teilnehmer in einer gemeinsamen Besprechung legen implizit bestimmte Regeln zugrunde, die festlegen, unter welchen Bedingungen das Gespräch von einem Sprecher zum anderen übergeht. Beispiele für solche Regeln sind etwa:
- Wenn der Sprecher einen nächsten Sprecher auswählt (indem er ihn konkret anspricht), dann hat der ausgewählte Gesprächspartner das Recht und die Verpflichtung, als nächster zu sprechen.

- Wenn der Sprecher keinen als nächsten Sprecher auswählt, dann gilt die Regel der ersten Auswahl: Wer als erster spricht, gewinnt das Recht auf einen Redebeitrag.


## 8.2 Organisationskultur

Einen weiteren Ansatzpunkt in diesem Zusammenhang bildet die Diskussion um Organisations- bzw. Unternehmenskultur und Corporate Identity. Ausgangspunkt für diese seit den 70er Jahren stattfindende Diskussion war der Wettbewerb zwischen amerikanischen und japanischen Firmen: Der Erfolg der japanischen Unternehmen gegenüber den amerikanischen, so das Ergebnis, läßt sich nicht (allein) aus technischen Rahmenbedingungen, sondern aus unterschiedlichen Organisationskulturen erklären (z.B. Pascale 1978; Heinen 1987).

Dabei ist die Diskussion um Organisationskulturen und Corporate Identity zunächst durch verschiedene theoretische Hintergründe belastet: Organisationskultur greift auf einen Kulturbegriff zurück (vgl. Heinen 1986, 49ff.), Corporate Identity versucht, den psychologischen Begriff der Identität einer einzelnen Person auf eine Organisation zu übertragen (vgl. z.B. Achterholt 1991, 31ff.). Auf diesem Hintergrund finden sich eine Reihe sehr unterschiedlicher und zum Teil unscharfer Definitionen:

Unternehmenskultur wird verstanden als sozialer normativer Klebstoff, der eine Organisation zusammen hält, als ein "Beziehungsgeflecht von symbolischen Kommunikations- und Interaktionsprozessen" (Heinen 1986, 19), als ein "Vorrat an Sinnstrukturen und Handlungsmustern, aus welchen heraus Situationen, Handlungen und Entscheidungen des Unternehmens einer bewertenden Interpretation hinsichtlich ihrer Bedeutung für die Unternehmen als Ganzes zugänglich werden" (Heinen 1986, 25).

Gemeinsam ist den unterschiedlichen Bestimmungen von Organisationskultur, daß sie die Aufmerksamkeit auf Regeln lenken, die in einem sozialen System Geltung besitzen, und auf die Deutungen und Erklärungen, die auf der Basis dieser Regeln gegeben werden.

Damit läßt sich Organisationskultur definieren als gemeinsamer Bestand an
- Bedeutungsregeln und den auf dieser Basis gegebenen gemeinsamen Deutungen der Wirklichkeit
- den Handlungsregeln eines sozialen Systems.

Für die Erfassung der Unternehmenskultur eines sozialen Systems ergeben sich damit folgende Fragen (vgl. auch Alvesson/Berg 1992, 61ff.; Heinen 1987, 107ff.):

**(1) Was sind die zentralen Begriffe (und die entsprechenden Bedeutungsregeln), auf deren Basis die Wirklichkeit des betreffenden sozialen Systems gesehen wird?**
Das können "offizielle Begriffe" sein wie "Lean-production", die von außen oder "von oben" festgelegt werden und das Handeln beeinflussen. Es können aber auch Begriffe sein, die gleichsam "von unten" auftauchen und für Mitarbeiter besondere Bedeutung etwa zur Erklärung von Problemen haben: So ist z.B. "Verwaltung" oft ein Begriff, der in größeren Unternehmen häufig zur Erklärung von Störungen herangezogen wird: Ursache für eine Reihe von Problemen ist "die Verwaltung".

**(2) Was sind über die Sprache hinaus die Symbole, die die Wirklichkeit des sozialen Systems bestimmen?**
Zu den Symbolen werden dabei üblicherweise bestimmte Riten und Rituale gezählt. Ehrungen von Mitarbeitern verlaufen nach bestimmten Bedeutungsregeln, die festlegen, was eine Ehrung ausmacht bzw. was die entsprechenden Handlungen bedeuten. Daneben sind Gegenstände Symbole (z.B. die Größe des Büros, der Dienstwagen, der eigene Parkplatz usw.), die letztlich dazu dienen, anderen Orientierung zu geben, etwa über die Position des Betreffenden (vgl. auch Neuberger/Kompa 1987).

**(3) Welche Beschreibungen und Erklärungen werden auf der Basis
der jeweiligen Bedeutungsregeln gegeben?**
Woraus werden z.B. Erfolg und Mißerfolg erklärt: Aus externen Faktoren (der schlechten Geschäftslage) oder aus internen Faktoren (z.B. der
schlechten Führung, der Verwaltung)?

**(4) Welche Handlungsregeln bestimmen den Umgang innerhalb des
sozialen Systems bzw. die Interaktion nach außen?**
Dabei können diese Handlungsregeln expliziert vereinbart und z.B.
schriftlich formuliert sein - oder sie sind naturwüchsig entstanden, ohne
daß die "offiziellen" und "inoffiziellen" Regeln tatsächlich übereinstimmen müssen.

So findet sich in vielen Führungsgrundsätzen die Regel
"Wir suchen keine Schuldigen, sondern versuchen, das Problem zu
lösen"
Tatsächlich kann jedoch eine ganz andere Regel "in Wirklichkeit" Gel-
tung besitzen, etwa:
"Wir suchen erstmal einen Schuldigen, alles andere wird sich finden!".
Oder als pointierte Formulierung:
"Wir suchen keinen Schuldigen, wir kennen ihn - die Geschäftsfüh-
rung!".

Jedesmal handelt es sich um Handlungsregeln (etwa die Forderung, sich
zunächst um die Problemlösung zu kümmern, oder die Forderung, bei
Problemen zunächst die Schuld von sich zu schieben). Jedesmal ist
dadurch die Organisationskultur anders bestimmt, und daraus ergeben
sich innerhalb des sozialen Systems unterschiedliche Verhaltensweisen
und möglicherweise auch unterschiedliche Entwicklungen.

Das letzte Beispiel deutet übrigens eine wichtige Unterscheidung an: Die
Unterscheidung zwischen Ist- und Soll-Kultur:

- Die Ist-Kultur ist durch den tatsächlich vorhandenen gemeinsamen
  Bestand an Bedeutungs- und Handlungsregeln eines sozialen Systems
  gekennzeichnet, also durch die Regeln, die tatsächlich Geltung besitzen
  und das Verhalten bestimmen. Diese Ist-Kultur ist teilweise offiziell
  fixiert (z.B. in Organigrammen), zu einem großen Teil aber gleichsam
  naturwüchsig entstanden. Ein Beispiel der Ist-Kultur wäre auch die
  Regel, Schuld von sich zu schieben.

- Die Soll-Kultur ist das Regelsystem, das erreicht werden soll. Formulierungen dazu finden sich in Unternehmensphilosophien, in Leitlinien des Unternehmens oder in Führungsgrundsätzen. Wichtig ist, daß die dort formulierten Regeln ein Regelsystem kennzeichnen, das erreicht werden soll, womit aber noch nichts über die tatsächliche Umsetzung gesagt ist. Faktisch können die Ist-Kultur (d.h. die tatsächlich geltenden Regeln) und die Soll-Kultur (die Regeln, die erreicht werden sollen und in Führungsgrundsätzen usw. fixiert sind) gravierend voneinander abweichen.

Gemeinsames Ergebnis der Untersuchungen über Regeln sozialen Verhaltens sowie der Diskussion über Unternehmenskultur und Corporate Identity ist, daß Regeln das Verhalten in einem sozialen System bestimmen. Und das bedeutet, daß im Rahmen Systemischer Organisationsberatung diese Regeln zu erfassen, im Blick auf ihre Funktionen (wie weit sie sinnvoll und zweckmäßig sind) zu bewerten und ggf. abzuändern sind.

### 8.3 Diagnose sozialer Regeln

Regeln sind nicht direkt beobachtbar. Sicher kann ich feststellen, daß in einer konkreten Situation ein Mitarbeiter die Schuld für einen Fehler auf einen anderen schiebt. Aber ob dahinter eine Regel steht oder ob möglicherweise der Betreffende eine geltende Regel übertreten hat oder ob hierfür überhaupt keine Regel vorliegt, ist nicht beobachtbar. Regeln lassen sich immer nur aus dem Verhalten "erschließen" - und das macht die erste Schwierigkeit bei der Diagnose sozialer Regeln aus.

Eine zweite Schwierigkeit besteht darin, daß Regelwissen zu einem großen Teil unbewußtes Wissen ist: Jeder folgt im täglichen Umgang einer großen Zahl von Regeln, ohne daß man diese Regeln im einzelnen angeben könnte. Regeln (das gilt für Bedeutungsregeln ebenso wie für Handlungsregeln) sind zu einem großen Teil nicht bewußt, sondern im konkreten Umgang gelernt - und somit auch nicht bewußt gespeichert.

Damit steht die Diagnose sozialer Regeln vor einer zweifachen Aufgabe:

- **Regeln aus dem Verhalten zu erschließen**

- **Latent vorhandenes Regelwissen bewußt zu machen.**

Nun gibt es auf dem Hintergrund qualitativer Forschung eine Reihe von Möglichkeiten, Regeln zu erfassen. Die wichtigsten seien hier aufgelistet:

## (1) Erfassung von Regeln durch teilnehmende Beobachtung

Dieses Vorgehen entspricht dem Prozeß, mit dem wir im Alltag Regeln lernen: Wenn man sich in einem sozialen System bewegt, so lernt man "automatisch" eine Reihe von Regeln - zum Teil, indem man den Gepflogenheiten anderer folgt, zum Teil, indem man positive bzw. negative Sanktionen bei sich oder anderen erfährt.

Entsprechend diesem Verfahren lernt ein teilnehmender Beobachter, der ein Stück weit in einem sozialen System "lebt" (indem er z.B. an Konferenzen teilnimmt), in gewissem Umfang das dort bestehende Regelsystem.

Die Schwierigkeit dieses Vorgehens liegt jedoch darin, daß auch für den teilnehmenden Beobachter dieses Regelwissen dann zunächst nur ein latentes Wissen ist. Er ist in einer ähnlichen Situation wie derjenige, der in diesem sozialen System lebt: Auch der Beobachter entwickelt zunächst nur ein "Gefühl" dafür, wie das System abläuft, er lernt in begrenztem Umfang, sich "intuitiv", richtig zu verhalten. Aber er steht ebenfalls vor der Schwierigkeit, dieses latente Wissen nicht oder nur schlecht bewußt explizieren zu können. Dafür sind weitere Verfahren notwendig.

## (2) Erfassung von Regeln auf der Basis systematischer Beobachtung

Die Befolgung einer Regel führt dazu, daß ein bestimmtes Verhalten regelmäßig (d.h. immer wieder) auftritt. Regelmäßigkeit in Verhaltensabläufen ist jedoch beobachtbar, und auf der Basis dieser Beobachtung ist dann zu fragen, ob hinter diesen Regelmäßigkeiten eine Regel steht. So kann ich z.B. beobachten, daß in einem Team Vereinbarungen immer wieder nicht eingehalten werden. Interpretieren muß ich, ob dahinter eine Regel steht, etwa dergestalt, daß die Einhaltung von Vereinbarungen negativ sanktioniert wird (der Betreffende bekommt mehr Arbeit aufgehalst), während bei Übertretung der Vereinbarungen nichts geschieht.

Damit bieten sich eine Reihe von Möglichkeiten, Regeln auf der Basis einer Analyse von Regelmäßigkeiten zu erfassen:

- Auf der Verhaltensebene ist zu fragen, ob bestimmte Verhaltensweisen, bestimmte Abläufe immer wieder auftreten, die dann Hinweise auf Handlungsregeln geben können.

- Auf der Bedeutungsebene ist entsprechend zu fragen, ob bestimmte Begriffe und Themen immer wieder auftreten.

- Und schließlich läßt sich beobachten, welches Verhalten positiv oder negativ sanktioniert wird: Wofür werden Mitarbeiter positiv sanktioniert, wofür erhalten sie Anerkennung, einen ermutigenden Blick, was begünstigt ihre Karriere in dem jeweiligen sozialen System?

Andererseits: Welche Verhaltensweisen werden unbeachtet gelassen (Nichtbeachtung als eine negative Sanktion), was provoziert kritisches Stirnrunzeln oder ausdrückliche Kritik, was hat zur Folge, daß man in der Karriere auf ein Abstellgleis gestellt wird?

Übrigens - das sei hier nur am Rande angemerkt - ist auch die Beobachtung von Sanktionen mehr als eine reine Beobachtung, sondern ein Stück Interpretation: Ich muß interpretieren, daß z.B. das Stirnrunzeln des Vorgesetzten die Bedeutung einer negativen Sanktion hat und nicht Zeichen von Kopfschmerzen ist usw.

**(3) Erfassung von Regeln durch Befragung**
Abgesehen davon, daß Regeln durch Befragung relativ schwer zugänglich sind, weil Regelwissen latentes Wissen ist, besteht hier die Schwierigkeit, daß Regeln nicht direkt erfaßbar sind, sondern nur die jeweilige subjektive Vorstellung von geltenden Regeln: Der Gesprächspartner nennt Regeln, die seiner Meinung nach Geltung besitzen - ob das die tatsächlich geltenden Regeln sind, ist dabei noch offen.

Je nach der Zielsetzung ergeben sich unterschiedliche Leitfragen für die Erfassung von Regeln:

- Welche Regeln (Vorschriften) gelten im Unternehmen? Was sind die geschriebenen Regeln?

- Welche ungeschriebenen Regeln gelten für bestimmte Verhaltensbereiche?
  Satir (1992, 164ff.) bringt hierfür eine Reihe hilfreicher Fragen, die auch für die Analyse von Regeln in Organisationen herangezogen werden können:
  "Wie frei können Sie über das sprechen, was Sie sehen und hören?"
  "Wem gegenüber können Sie dies zum Ausdruck bringen?"
  "Wie gehen Sie damit um, wenn Sie mit etwas nicht einverstanden sind?"
  "Wie fragen Sie, wenn Sie etwas nicht verstehen? Was dürfen Sie fragen? Wen fragen Sie?"

- Erfragung von Regelmäßigkeiten:
  Was passiert immer wieder? Was sind Störungen, die immer wieder auftreten?

- Erfragung von Sanktionen:
Wofür werden die Mitglieder des sozialen Systems belohnt, wofür werden sie bestraft? Welche Verhaltensweisen haben positive Konsequenzen, welche negative?

- Erfragung von Bedeutungsregeln:
Was sind die zentralen Themen, die im Unternehmen diskutiert werden? Was bedeuten diese Themen?
Übrigens kann man in diesem Zusammenhang wieder auf die in der St. Gallener Tradition propagierte Analyse von Wirkungsverläufen (z.B. Probst/Gomes 1991) zurückgreifen: Dem Konzept zufolge handelt es sich dabei um ein Regelkreismodell auf der Basis des technischen Systembegriffs - faktisch kann es ein hilfreiches Verfahren sein (und wird als ein solches eingesetzt), in einer Arbeitsgruppe wichtige gemeinsame Begriffe und wichtige Bedeutungsregeln zu explizieren.

- Erfragung gemeinsamer subjektiver Erklärungen
Was gilt allgemein als Ursache für Erfolg oder Mißerfolg?

- Bezug auf andere Personen
Was muß jemand lernen, der im Unternehmen vorankommen will?
Was mußten Sie anfangs lernen, um sich im Unternehmen zurechtzufinden?

- Erfassung von Regeln im Rahmen narrativer Interviews
Schließlich besteht die Möglichkeit, implizites Regelwissen zu erfragen, indem man den Betreffenden im Rahmen eines narrativen Interviews die Geschichte seit seinem Beginn im Unternehmen erzählen läßt: "Erzählen Sie doch, wie es Ihnen ging, als Sie hier im Unternehmen angefangen haben!". Implizit werden hier auch Regeln deutlich, die dann freilich im Rahmen zusätzlicher inhaltsanalytischer Arbeit genauer zu analysieren sind.

## (4) Erfassung von Regeln durch Analyse von Texten
- Erfassung offizieller Regeln
In unterschiedlichen Texten können Regeln schriftlich fixiert sein. So finden sich Regeln (z.B. Regel einer Soll-Unternehmenskultur) in Leitsätzen oder in Führungsgrundsätzen. Daneben finden sich Regeln in der Darstellung der Organisationsstruktur, in Arbeitsplatzbeschreibungen usw.

- Erfassung inoffizieller Regeln

Hierzu zählen Verfahren, die auch zur Erfassung von Organisationskultur eingesetzt werden: Inoffizielle Regeln lassen sich erfassen, indem man z.B. Mythen, aber auch Witze, Anekdoten, Klo-Sprüche usw. untersucht (vgl. z.B. Neuberger/Kompa 1987).

Ein Beispiel für eine in Sprüchen deutlich werdende Regel wäre etwa der Satz:

"In unserem Unternehmen kann man sich nur auf eins verlassen - daß man sich auf nichts verlassen kann!".

Dahinter steht die Regel, daß Veränderungen innerhalb der Personalstruktur jederzeit von oben nach unten durchgeführt werden dürfen und nicht angekündigt zu werden brauchen.

**(5) Erfassung von Regeln durch Analyse von Gegenständen**

Auch dieses Verfahren ist im Zusammenhang mit Untersuchungen zur Organisationskultur geläufig: Man versucht, Gegenstände wie Büros, Empfangsbereich, Betriebsgebäude usw. zu analysieren im Blick darauf, welche Bedeutung diese Gegenstände haben. So kann z.B. die Gestaltung des Empfangsbereiches Auskunft geben über die dahinter stehenden Regeln im Umgang mit Besuchern und Kunden.

**(6) Analoge Verfahren zur Erfassung von Regeln**

Schließlich lassen sich Regeln auch noch durch indirekte Verfahren erfassen. Dahinter steht die Annahme, daß auf analoge Weise Regeln schneller dargestellt werden können, als bei direkter Befragung. Möglichkeiten sind z.B.:

- Zusammenstellung von Regeln im Rollenspiel

"Stellen Sie einen typischen Vormittag in Ihrer Abteilung dar!"
"Stellen Sie ein typisches Gespräch mit Ihrem Vorgesetzten dar!".

- Darstellung von Regeln mithilfe von Symbolen

"Mit welchem Symbol würden Sie das Führungsverhalten Ihres Vorgesetzten kennzeichnen?"

Man kann auch für die Mitglieder eines Systems Symbole (z.B. Tiere) wählen. Hintergrund dafür ist der aus der Arbeit mit Kindern geläufige Test "Familie in Tieren" (Kos/Biermann 1984), wo z.B. ein Kind die Familienmitglieder als Tiere darstellt: den Vater als Elefanten, die Mutter als Löwen usw.

Entsprechendes läßt sich auch auf andere soziale Systeme wie z.B. eine Abteilung anwenden: Als was wird der Meister dargestellt, als Löwe, als Windhund, als Stier, als Schaf? Dahinter verbergen sich dann u.a. auch Regeln, die den Umgang miteinander bestimmen: Einem Stier sollte man besser aus dem Weg gehen.

Bei einer Reihe von Verfahren ist die Analyse von Regeln methodisch keineswegs unproblematisch. Wie läßt sich z.B. absichern, welche Regeln hinter bestimmten Formen oder Größen des Schreibtisches stehen? Häufig wird hier gleichsam intuitiv und ohne methodische Absicherung interpretiert - ein Vorgehen, an dem auch zahlreiche Analysen von Unternehmenskultur leiden. Notwendig ist jedoch demgegenüber eine deutliche methodische Absicherung, bei der überprüft werden kann, ob bestimmte Deutungen tatsächlich zutreffen.

Ansätze für eine solche Absicherung finden sich in der Diskussion um die qualitative Forschung. Hier seien nur einige mögliche Punkte genannt (vgl. Volmer 1990):

**(1) Kontrastierung mit Alternativen**
Dieses Verfahren geht auf die Konversationsanalyse zurück, wo man Regeln alltäglicher Kommunikation herauszufinden versucht, indem man die jeweiligen Handlungen mit möglichen Alternativen (wie hätte die Begrüßung auch noch ablaufen können) kontrastiert. Grundsätzlich dasselbe Verfahren bietet sich auch für die Analyse von Regeln in Organisationen an: Welche Alternativen wären bei der Gestaltung von Büros, von Abläufen usw. denkbar oder zu erwarten?

**(2) Vergleich mit typischen Vorgehensweisen**
Manchmal lassen sich Regeln relativ schnell über typische Verhaltensweisen herausstellen: Wie würde ein typischer Empfangsbereich eines Unternehmens ausschauen, wo die Regel gilt, daß der Arbeitsbereich soweit als möglich von Besuchern abgeschirmt werden soll? Wie weit stimmt die tatsächliche Beobachtung damit überein?

**(3) Verbindung unterschiedlicher Erhebungsverfahren**
Schließlich steigt die Zuverlässigkeit von qualitativen Analysen, wenn man unterschiedliche Verfahren (also z.B. Beobachtung im Vergleich zur Befragung) anwendet (sog. "Triangulation" in der qualitativen Sozialforschung: vgl. z.B. Flick 1991, 432f.).

## 8.4 Bewertung von Regeln

Regeln haben in einem sozialen System stets eine doppelte Funktion:

Zum einen dienen sie einem konkreten praktischen Zweck: Die Regel für Besucher, sich am Empfang zu melden, dient dazu, daß Fremde sich nicht unkontrolliert im Unternehmensbereich bewegen. Oder Regeln des Informationsflusses verfolgen den Zeck, dem Betreffenden die wichtigen Informationen zukommen zu lassen (oder möglicherweise Informationen nur auf bestimmte Personen zu beschränken bzw. Mißbrauch von Informationen zu verhindern).

Zum anderen haben Regeln auch die Funktion, die Bindung der Mitglieder an das betreffende soziale System zu sichern: Wer die Regeln beherrscht, d.h. wer die Sprache spricht und sich in dem betreffenden sozialen System richtig bewegen kann, gehört dazu - entsprechend grenzen sich Personen unterschiedlicher sozialer Systeme durch unterschiedliche Regeln (durch eine unterschiedliche Sprache, durch unterschiedliche Symbole und unterschiedliche Handlungsgewohnheiten) voneinander ab.

Die Konsequenz davon ist, daß Regeln funktional oder dysfunktional sein können: Sie können für das soziale System eine sinnvolle Funktion haben, oder sie können die damit intendierten Ziele nicht erreichen.

Im Grunde wird damit ein Standardthema Systemischer Organisationsberatung angesprochen: Wenn in Organisationen Probleme auftreten, so stehen diese Probleme in vielen Situationen im Zusammenhang mit dysfunktionalen Regeln, d.h. mit Regeln, denen innerhalb des sozialen Systems keine sinnvolle Funktion mehr zukommt und die die Arbeit innerhalb des sozialen Systems behindern.

Regeln können aus unterschiedlichen Gründen dysfunktional sein:

### (1) Regeln ohne sinnvolle Funktion

Regeln sind dysfunktional, wenn die Funktion, die damit intendiert wird, ihrerseits keine sinnvolle Funktion mehr ist.

Beispiele dafür finden sich etwa bei Empfangsregeln in Unternehmen: Wenn das Ziel einer deutlichen Kontrolle von Besuchern die Sicherung von Betriebsgeheimnissen ist, dann werden die entsprechenden Regeln in dem Moment dysfunktional, indem im Gebäude keine schützenswerten Betriebsgeheimnisse mehr vorhanden sind.

Es gibt häufig Situationen, wo aufgrund von Veränderungen die ursprünglich intendierten Ziele entfallen, aber die Regeln unbefragt beibehalten und damit dysfunktional werden. Hier gilt es zunächst, Ziele zu überprüfen und dann im Blick darauf nach der Notwendigkeit von Regeln zu fragen.

**(2) Regeln, die ihre intendierte Funktion nicht erfüllen**
Regeln sind auch dysfunktional, wenn das intendierte Ziel sinnvoll ist, dieses Ziel aber nicht erreicht wird. Auf obiges Beispiel bezogen: Wenn es im Blick auf den Schutz von Betriebsgeheimnissen notwendig ist, daß Besucher sich nicht frei auf dem Werksgelände bewegen dürfen, dann ist zu überprüfen, ob die Empfangsregeln das tatsächlich erreichen. Eine Regel, daß Besucher am Empfang angemeldet werden sollen, ist im Blick auf das intendierte Ziel dysfunktional, wenn die betreffenden Besucher im Anschluß an den Besuch ohne Begleitung durch das Werksgelände zurückgehen können.

Eine besondere Art von Regeln, die die intendierte Funktion nicht erfüllen, sind zu pauschale Regeln: Regeln, die so allgemein gehalten sind, daß sie keine konkreten Handlungen beinhalten bzw. ausschließen. Manchmal finden sich Beispiele dafür in Gesprächsregeln: Die Forderung "jeder Teilnehmer soll für den Gesprächsverlauf Verantwortung tragen!" ist, wenn sie nicht weiter erläutert wird, leer (was heißt: "für den Gesprächsverlauf Verantwortung tragen"?) und ist damit dysfunktional. Sie regelt nicht das, was sie eigentlich regeln soll, sondern eröffnet statt dessen Möglichkeiten für beliebiges Vorgehen. In einer solchen Situation gibt es sinnvollerweise zwei Möglichkeiten: entweder die Regel für ungültig zu erklären - oder sie so zu präzisieren und zu erläutern (ggf. anhand von Standardbeispielen), daß sie ihrer Funktion gerecht werden kann.

**(3) Nicht realisierbare Regeln**
Insbesondere in Leitsätzen und Führungsgrundsätzen finden sich des öfteren Regeln, die nicht realisierbar sind.
Typisch dafür sind soziale Organisationen. So wird z.B. in einem Internat die Forderungen aufgestellt, daß die Mitarbeiter "jederzeit" für die Jugendlichen dazusein haben. Sicherlich ist die Forderung gerade für eine soziale Organisation sehr lobenswert. Aber sie ist letztlich in dieser uneingeschränkten Form nicht realisierbar. Sie führt nämlich leicht dazu, daß Mitarbeiter fortwährend überfordert sind und daß sie Schuldgefühle entwickeln, weil sie der von ihr akzeptierten Regel nicht genügen können. Und erst im Rahmen einer genauen Analyse kann man dann möglicherweise feststellen, daß Ursache für eine hohe Fluktuation unter den Mitarbeitern eine dysfunktionale Regel "Mitarbeiter sollen immer für die Jugendlichen da sein!" ist.

Ein anderes Beispiel für eine dysfunktionale Regel ist die Forderung an eine Führungskraft, den Mitarbeitern "alle" Informationen zukommen zu lassen. Diese Forderung ist schlechterdings nicht realisierbar, weil die Vielzahl vorhandener Informationen die Möglichkeiten überschreiten, sie weiterzugeben. Und eine solche Regel führt damit häufig zu Problemen, dann nämlich, wenn Mitarbeiter sich bei Kritik am Vorgesetzten eben auf diese Regel beziehen.

**(4) Regeln mit negativen Nebenwirkungen**
Regeln können dysfunktional sein, wenn sie zugleich negative Wirkungen haben, die nicht intendiert sind. Auch das läßt sich etwa am Beispiel der Empfangsräume verdeutlichen:
Im Blick auf die Zielsetzung, das Gelände von unerwünschten Besuchern freizuhalten, wäre eine strenge Kontrolle zweckmäßig. Zugleich ist aber damit zu rechnen, daß eine solche Kontrolle oder etwa das grundsätzliche Verbot an Außenstehende, das Werksgelände zu betreten, Kunden und Geschäftspartner verärgert. In diesem Fall wäre die Regel möglicherweise ebenso dysfunktional.

Ein typisches Beispiel für Regeln mit dysfunktionalen Nebenwirkungen sind bürokratische Regelsysteme (vgl. z.B. Mayntz 1968; Türk 1981): Bürokratien zeichnen sich durch ein sehr enges und umfangreiches Netz von Regeln aus.

Zunächst ist eine solche Entwicklung auch sachlich plausibel: Um Unklarheiten hinsichtlich der Regeln und damit Verhaltensunsicherheit (wann gilt die Regel noch?) zu verringern, führt man neue zusätzliche Regeln ein, die z.B. Ausnahmen, Randbereiche usw. genauer definieren. Damit entsteht ein umfangreiches Regelsystem mit einer Fülle von Vorschriften. Die unerwünschte Nebenwirkung davon ist, daß solche Regelsysteme letztlich nicht mehr überschaubar und starr sind und daß sie damit flexibles Handeln verhindern: Ein stark bürokratisch geregelter Bestellvorgang ist in dem Moment dysfunktional, wo schnell notwendige Bestellungen verhindert werden.

Die Verselbständigung zusätzlicher Regeln macht letztlich ein soziales System starr und damit unfähig, auf Änderungen im Umfeld zu reagieren. Die notwendige Konsequenz muß sein, das Regelsystem wieder zu vereinfachen und damit auf der einen Seite in der Tat die Unsicherheit zu vergrößern, zugleich aber den Freiraum für ein flexibles Reagieren wieder herzustellen.

Die hier angedeuteten Beispiele machen deutlich, das Dysfunktionalität von Regeln häufig die Folge von Veränderungen der Systemumwelt oder des Systems selbst ist. Regeln werden "in der Regel" aus plausiblen

Intentionen eingeführt. Aber Veränderungen in der Systemumwelt machen Veränderungen der Regeln erforderlich. Wenn sich die Systemumwelt ändert (z.B. der Konkurrenzdruck größer wird) müssen Regeln auf ihre Funktionalität überprüft und ggf. abgeändert werden. Das gleiche gilt für Veränderungen innerhalb des Systems: Wenn z.B. eine Organisation wächst, die Mitarbeiterzahl steigt, dann werden damit eine Reihe von ursprünglich funktionalen Regeln etwa zur Festlegung von Kommunikationsabläufen (z.B. die Regel "jeder ist jederzeit ansprechbar") nicht mehr durchführbar und bedürfen der Abänderung.

## 8.5 Veränderung von Regeln

Regeln entwickeln so etwas wie ein Eigenleben: Sie entstehen, stabilisieren sich, werden weiter tradiert - und scheinen sich jeder Veränderung zu widersetzen. Regelüberprüfung und Regelabänderung sind für soziale Systeme notwendig, aber (das zeigt die Tendenz zunehmender Bürokratisierung insbesondere größerer Organisationen) sie sind ein keineswegs leicht durchzuführender Prozeß.

Für die Veränderung von Regeln ergeben sich folgende Schritte:

**(1) Bewußtmachen dysfunktionaler Regeln**
Ein erster Schritt besteht darin, Regeln auf ihre Funktionalität bzw. Dysfunktionalität hin zu überprüfen:
- Welche Regeln mit welchen Sanktionen bestehen?
- Was ist die Funktion der betreffenden Regeln, wieweit sind die Regeln funktional?
- Gibt es Alternativen zu diesen Regeln, die im höheren Maße funktional sind?

Übrigens ist dieses Erkennen von Regeln ein Prozeß, der innerhalb des betreffenden Systems nur schwer durchführbar ist. Eine Verwaltung, für die ein ausgefeiltes Regelsystem Teil der Lebenswelt ist, tut sich schwer, Dysfunktionalität von eigenen Regeln zu entdecken. Beurteilung von Regeln ist leichter möglich von Betroffenen außerhalb des betreffenden Systems (d.h. von denjenigen, die an dysfunktionalen Regeln leiden), wobei Unterstützung von außen (Interviews, Gruppendiskussionen usw.) hilfreich ist.

**(2) Regelveränderung durch explizite Kontrakte**

Gleichsam das eindeutigste Verfahren der Regelabänderung besteht darin, daß explizite Kontrakte darüber geschlossen werden.

Das bietet sich vor allem dann an, wenn es um Regeln in überschaubaren Systemen geht: Bei Regeln, die z.B. die Interaktion von einem Vorgesetzten und seinen Mitarbeitern betreffen, lassen sich mögliche Veränderungen relativ schnell untereinander abklären und vereinbaren.

Hierfür gelten die Vorgehensweisen für die Erstellung von Kontrakten:
- Wichtig ist, die jeweiligen Regeln so eindeutig zu formulieren, daß die Handlungskonsequenzen für alle Beteiligten klar sind.

- Wichtig ist, bei Regeln auch die jeweiligen (positiven oder negativen) Sanktionen zu vereinbaren. Häufig werden neue Regeln zwar verbal akzeptiert, aber wenn sie nicht durch Sanktionen gestützt sind, fehlt gleichzeitig der Druck, die neuen Regeln einzuhalten. Da Regeln immer auch durch die zur Verfügung stehenden Sanktionen definiert werden, setzt die Vereinbarung neuer Regeln notwendig die Vereinbarung über positive oder negative Sanktionen zur Stützung dieser Regeln voraus.

- Und schließlich ist wichtig, den Kontrakt explizit festzumachen. Hier gilt das gleiche wie bei Kontrakten in jedem anderen Beratungsgespräch: Jeder muß zustimmen.

- Und schließlich ist es hilfreich, gerade bei der Vereinbarung neuer Regeln Check-Punkte mit zu vereinbaren, an denen die neue Regel überprüft wird:

  * Wie weit ist die neue Regel eingehalten worden?
  * Haben sich die jeweiligen Sanktionen bewährt?
  * Ist die Regel möglicherweise dysfunktional, indem z.B. negative Nebenwirkungen auftreten?

Nicht selten stellt man später fest, daß vereinbarte Regeln nicht eingehalten werden. Diese Situation ist auf jeden Fall ein Grund, die Regeln neu zu überprüfen. Möglicherweise sind keine Sanktionen vereinbart, möglicherweise erweist sich eine Regel insgesamt als dysfunktional oder nicht realisierbar und bedarf der erneuten Diskussion und Abänderung.

**(3) Veränderung von Regeln Top-down**

Dies ist gleichsam der klassische Weg der Regelveränderung in hierarchisch gegliederten Systemen: Es werden Top-down bestimmte Regeln festgelegt und dafür entsprechende Sanktionen gesetzt: Mitarbeiter haben in Zukunft entsprechend zu handeln.

Naheliegend ist dieses Vorgehen deshalb, weil die Durchsetzung von Sanktionen ein Prozeß ist, der Top-down verläuft. Die Setzung von Sanktionen hängt ab von der "sozialen Macht" des Betreffenden (z.B. French/Raven 1959; Crott 1979, 172ff.): Je mehr soziale Macht eine Person hat, um so leichter kann sie Sanktionen und damit auch Regeln durchsetzen. Soziale Macht in hierarchisch strukturierten Systemen steigt mit der Hierarchiehöhe.

Trotzdem ist dieses Vorgehen nicht unproblematisch:
Zum einen sind Top-down-Prozesse leicht in Gefahr, die Funktionalität von Regeln falsch einzuschätzen. Zahlreiche Beispiele dafür finden sich in Veränderungen der Organisationsstruktur, wie sie in vielen Großunternehmen mit auffälliger Regelmäßigkeit immer wieder durchgeführt werden. Eine zentrale Planungsabteilung beschließt, bestimmte Bereiche neu aufzuteilen oder neu zusammenzulegen - und damit Regeln zu ändern - ohne Kenntnis der besonderen Bedingungen der jeweiligen sozialen Systeme. Dann werden möglicherweise funktionale Subsysteme auseinandergerissen, und es werden neue Systeme geschaffen, bei denen den Betreffenden die Zielsetzung des jeweiligen Systems nicht mehr einsichtig ist. Je zentraler Regelveränderungen durchgeführt werden, desto größer ist die Gefahr, daß dabei Dysfunktionalität erzeugt wird. Was hier zumindest notwendig ist, ist eine stärkere Verkopplung zentraler Planung mit Analysen vor Ort, um die Sicht der Betroffenen und damit auch ihre Sicht von Stärken und Schwächen unterschiedlicher Regeln zu erfassen.

Zum anderen lassen sich keineswegs immer Regelveränderungen Top-down über die Betreffenden hinweg durchführen. Eine solche Durchsetzung mag zwar bei Veränderungen von Organisationsstrukturen noch relativ einfach sein (weil hier die Übertretungen und Sanktionen sehr deutlich sind), aber sie wird zunehmend schwieriger, je weniger die Einhaltung der Regeln kontrolliert wird bzw. kontrolliert werden kann. Denn hier gilt, daß Mitarbeiter bzw. untergeordnete Ebenen sehr wohl die Möglichkeit haben, Regeln zu unterlaufen (indem sie sie nicht befolgen) und auch selbst Sanktionen zu setzen: Jeder Mitarbeiter kann Regeln, die ihm nicht passen, unterlaufen, etwa, indem er sie übersieht. Oder er kann Sanktionen setzen, indem er krank wird usw.

D.h. Regeln effektiv zu vereinbaren, bedeutet letztlich, die Akzeptanz der von den Regeln Betroffenen einzuholen.

**(4) Veränderung von Regeln "vor Ort"**

Es ist ein landläufige Vorstellung bei zahlreichen Mitarbeitern, sie seien gleichsam passiv Veränderungen von oben ausgeliefert - ohne Möglichkeit der eigenen Einflußnahme. So richtig es ist, daß ein neuer Mitarbeiter zunächst vorhandene Regeln zu übernehmen hat und daß Regelveränderungen von außen zunächst der Normalfall sind, so gilt doch andererseits, daß ein Mitarbeiter auch vorgegebenen Regeln nicht völlig ausgeliefert ist, sondern durchaus Möglichkeiten hat, Regeln zu verändern. Dabei sind sicher die Möglichkeiten je nach der Art der Regelung unterschiedlich groß: Zwar hat ein Mitarbeiter wenig Einfluß etwa auf Regeln, die die Gesamtstruktur des Unternehmens festlegen - wohl aber hat er Einfluß auf Regeln, die im Team, im Umgang zwischen unmittelbarem Vorgesetzten und Mitarbeiter usw. gelten.

Aus der Sicht des Mitarbeiters gibt es unterschiedliche Möglichkeiten, Regeln zu verändern:

- Verändern von Regeln durch Problematisierung
Dies ist das bereits unter (1) angesprochene Vorgehen: Selbstverständlich hat ein Mitarbeiter Möglichkeiten, dysfunktionale Regeln anzusprechen, wobei es dann freilich auf die Art der Interaktion im unmittelbaren Umfeld ankommt, wie solche Anregungen aufgenommen werden.

- Ausweitung des Interpretationsspielraums
Dies ist eine zweite Möglichkeit, Regeln zu verändern. Regeln haben stets einen gewissen Interpretationsspielraum. Die Regel "über wichtige Vorgänge in der Arbeitsgruppe ist der Abteilungsleiter zu informieren!" hat zwar (möglicherweise) eine festgelegte Bedeutung (Mitarbeiter und Abteilungsleiter haben ein gemeinsames Vorverständnis), ist aber andererseits für Interpretationen in einem gewissen Rahmen offen: Wo genau ist die Grenze zwischen wichtigen und unwichtigen Vorfällen zu ziehen? Wie soll die Art der Information erfolgen? Wie soll informiert werden? Wann soll informiert werden (jedes Mal unmittelbar danach oder in größeren Abständen mit einem umfassenderen Bericht)? All das sind Interpretationsspielräume, die ein Mitarbeiter (ebenso wie natürlich der Vorgesetzte) beeinflussen und damit die Regel "unter der Hand" verändern kann.

- Übertreten von Regeln
Regeln werden auch dadurch verändert, daß sie übertreten werden. Die Regel, keinen Kontakt zur (konkurrierenden) Parallelabteilung aufzunehmen, kann ein Mitarbeiter (in den meisten Fällen) übertreten, ohne daß er gravierende Sanktionen zu befürchten hat. Es mag zwar sein, daß er von anderen Kollegen angesprochen wird, es mag sein, daß er auch kritische Kommentare erntet. Aber wenn die Regelübertretung

weitergeführt wird und nicht massive Sanktionen erfolgen (was gerade in solchen Grenzbereichen keineswegs der Fall sein muß), so besteht eine gute Chance, daß mit der Zeit auch andere Mitarbeiter diese Gewohnheit teilen und die ursprüngliche Regel außer Kraft gesetzt wird.

- Regelveränderung durch Setzung von Sanktionen
Jeder Mitarbeiter hat die Möglichkeit, auch von sich aus Sanktionen zu setzen. In der Abteilung setzt nicht nur der Vorgesetzte Sanktionen, auch Mitarbeiter untereinander und gegenüber dem Vorgesetzten: Sie können das Verhalten des Vorgesetzten positiv sanktionieren durch Zustimmung, Engagement, oder negativ durch zweifelnde Blicke, Kritik, durch Verzögerung von Erledigungen usw. Und jeder hat prinzipiell die Möglichkeit, diese "soziale Macht" d.h. die ihm zur Verfügung stehende Macht zu belohnen und zu bestrafen, zur Veränderung von Regeln einzusetzen.

Regeln entstehen zum Teil durch bewußte Setzung, zum großen Teil aber gleichsam unbewußt im täglichen Umgang. Und Regeln können dementsprechend auch bewußt oder unbewußt verändert werden: durch explizite Vereinbarung oder durch allmähliches Einbringen einer neuen Regel. Beide Wege sind möglich, beide haben Vor- und Nachteile. Sicher wäre es problematisch, ein gesamtes Regelsystem auf einmal zu verändern. Sicher macht es auch keinen Sinn, alle Regeln zu problematisieren. Aber wichtig ist, bei "kritischen Punkten" jeweils die zugrunde liegenden Regeln auf ihre Funktionalität hin zu überprüfen und dann Veränderungen zu initiieren.


Abschließend sei noch eine weitere Form der Veränderung von Regeln aufgeführt, die in der Tradition in der Familientherapie von Satir entwickelt wurde: Die Regeltransformation (vgl. Satir 1992, 161ff.):

Die Regeltransformation befaßt sich mit "persönlichen Regeln", die der einzelne im Laufe seines Lebens (häufig aus seiner Herkunftsfamilie) gelernt hat und in die Gegenwart mitbringt. Die Regel "ich muß immer sachlich bleiben!" wurde möglicherweise als Botschaft in der eigenen Herkunftsfamilie erworben (etwa als durch Sanktionen gestützte Botschaft der Eltern). Und sie wird dann von dem Betreffenden weiter übernommen, wobei er sich möglicherweise selbst negativ sanktioniert, wenn es ihm nicht gelingt, sachlich zu bleiben. In vielen Situationen ist eine solche Regel "immer sachlich bleiben!" auch funktional. Aber es gibt auch Situationen, wo diese persönliche Regel zu Problemen führt - etwa, wenn der Betreffende nunmehr allen Ärger in sich hineinfrißt und nicht äußern kann. Für diese Situation schlägt Satir die Regeltransformation vor:

- Mach dir die problematische Regel bewußt!

- Sprich sie laut aus, betone jedes Wort einzeln!
  Achte darauf, wie es dir bei dem Aussprechen geht!

- Überlege dann alternative Formulierungen! Sprich sie laut aus und achte darauf, wie es dir dabei geht!

- Wähle die Regelformulierung aus, bei der es dir am besten geht und die für dich paßt.

# Kapitel 9: Evolution sozialer Systeme

## 9.1 Theoretische Grundlagen

Im Unterschied zu technischen Systemen (wie dem System Thermostat - Heizung) sind soziale Systeme nicht starr, sondern sie verändern sich. Sie sind durch Entwicklung, Evolution bestimmt.

Damit wird im Rahmen der Systemtheorie ein Begriff aufgenommen, der ursprünglich aus der Biologie stammt: der Evolutionsbegriff. Ursprünglich hatte DARWIN den Evolutionsbegriff zur Erklärung der Entstehung von Lebewesen eingeführt, und seit Anfang der 70er Jahre gibt es zunehmend Ansätze, eben diesen Begriff auch zur Erklärung von sozialen Veränderungen heranzuziehen (z.B. Hayek 1969; Röpke 1977; Weick 1979; Wurm 1991).

Anlaß dafür ist auch hier das Ungenügen traditioneller mechanischer Vorstellungen (des Maschinen-Modells) zur Erklärung sozialer Veränderungen. Dabei wurden hier v.a. zwei Hauptprobleme thematisiert:

### (1) Das Problem der Prognostizierbarkeit

Je komplexer soziale Systeme sind, desto weniger sind zukünftige Entwicklungen vorhersagbar. Dahinter steht die Feststellung, daß auf der Basis des Maschinenmodells Entwicklung in der Regel als gradlinige Entwicklung erfaßt wird (je mehr ein Raum beheizt wird, desto höher steigt die Temperatur), während fast alle komplexen Systeme durch "Nichtlinearität" gekennzeichnet sind (Oeser 1989, 15ff.; Turnheim 1991, 37ff.): Die Entwicklung in einem sozialen System verläuft nicht gradlinig, sondern ist durch Wendepunkte gekennzeichnet.

Ein einfaches Beispiel dafür ist das Verhältnis von Umsatz und Gewinn: Steigerung des Umsatzes führt eben keineswegs immer, wie man auf der Basis einer Annahme gradliniger Entwicklungen vermuten würde, zu einer Steigerung des Gewinns - sondern die Steigerung des Umsatzes kann ab einem bestimmten Punkt zu einer Verringerung des Gewinns bis hin zum Zusammenbruch des sozialen Systems führen. Andere Beispiele für nichtlineare Entwicklungen sozialer Systeme sind etwa Wirtschaftswachstum oder Informationsflut: Vergrößerung der Information führt eben keineswegs, wie man in Organisationen häufig immer noch meint, zu einer Verbesserung von Entscheidungen, sondern ab einem bestimmten Punkt eher dazu, daß man in der Fülle von Informationen erstickt.

218

## (2) Das Problem der Steuerbarkeit sozialer Systeme

Die geringe Prognostizierbarkeit von Veränderungen bedingt, daß bei steigender Komplexität zugleich die Steuerbarkeit sozialer Systeme sinkt. Beispiele sind auch hier wieder Probleme des Wirtschaftswachstums, der Arbeitslosigkeit usw., aber auch die Kritik an traditionellen Managementkonzepten. Für Servatius liegt eine Hauptschwäche vieler amerikanischer Management-Konzepte darin, daß sie "auf der Grundhaltung einer mechanistischen Beherrschung sozialer Systeme beruhen" (Servatius 1991, 99): Man versucht, Probleme in Organisationen analytisch zerlegend zu erfassen, was dazu führt, "daß unsere traditionellen Organisationen immer mehr Zeit benötigen, um komplexer werdende Aufgaben zu bearbeiten" - während wachsende Komplexität und Dynamik demgegenüber in immer kürzeren Reaktionszeiten zu bearbeiten wären (Servatius 1991, 60). Die "mechanistische Illusion der Beherrschbarkeit", so Servatius (1991, 100) "gerät zunehmend unter Beschuß":

**Unsere sozialen Systeme befinden sich in einer Zeitschere zwischen der benötigten Reaktionszeit bei wachsender Komplexität und der erforderlichen Reaktionszeit bei zunehmender Dynamik (nach Bleicher 1989)**

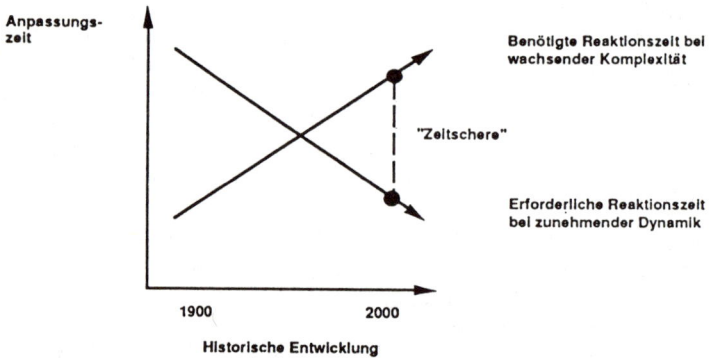

(Servatius 1991, 60)

Genau diese Situation war der Anlaß, nach anderen Begriffen und Konzepten zur Erklärung von Veränderungen in Organisationen zu suchen: Gefordert wurde, Organisationen nicht als Maschinen, sondern als "lebende Systeme" (Dopfer 1986) zu betrachten bzw. nicht mehr die Mechanik, sondern die Biologie "zum Mekka der Ökonomen" zu machen (Oeser 1989, 8).
Der Rückgriff auf die Biologie lag dabei aus zwei Gründen relativ nahe:

Zum einen findet man in der Biologie ähnlich wie bei Organisationen weniger gradlinige Entwicklungen, sondern Entwicklungen, die durch Wendepunkte und Zyklen gekennzeichnet sind. Standardbeispiel dafür sind die Entwicklungszyklen, die ein System von Raubtieren und Beute bestimmen: Setzt man z.B. in einer Forellenzucht Hechte aus, so vermehren sich zunächst die Hechte sehr stark, da sie auf einen nahezu unbegrenzten "Beute-Vorrat" stoßen. Reduzierung der Forellen führt dann aber mit der Zeit zu einer Überbevölkerung der Hechte und damit abrupt zu einem Wendepunkt: nämlich zur Reduzierung der Hechte, denen nunmehr fast keine Nahrung mehr zur Verfügung steht - was dann wieder zur Vermehrung der übriggebliebenen Forellen führt, so daß sich im Laufe der Zeit ein durch Überbevölkerung von Hechten oder Forellen gekennzeichneter Zyklus heranbildet (z.B. Turnheim 1991, 37ff.).

Zum anderen bieten offenbar biologische Systeme im Unterschied zu traditionellen Organisationen die Möglichkeit, schneller auf Umweltveränderungen zu reagieren. Als Standardbeispiel wird hier häufig auf das Auge verwiesen: Wenn das Auge analog zu einer traditionellen Organisation konstruiert wäre, würde die zur Lösung von Problemen benötigte Zeit viel zu umfangreich sein. Fuchs (1992, 17) illustriert dies an folgendem Beispiel:

"Sie begegnen auf der Straße einem Betrunkenen. Ihr Auge sieht, wie der Mann mit der Faust ausholt. In einer heute üblichen Unternehmensorganisation würde sich dann in etwa folgendes abspielen. Das Auge schickt ein Telefax an seinen zuständigen Vorstand und entschuldigt sich zunächst für die Störung mit dem Hinweis auf die Gefährlichkeit und Einmaligkeit der Situation:
Auge an Vorstand:
1) Eine Faust kommt auf uns zu!
2) Erbitte, das Lid schließen zu dürfen.
3) Empfehle Ausweichschritt und gegebenenfalls Flucht.

Vorstand an Auge:
Ich möchte keinen Präzedenzfall schaffen. Legen Sie mir deshalb bitte einen Investitionsantrag für das Schließen des Lides mit Aufwand und Nutzen vor. Wie Sie wissen, bin ich für Punkt 3 nicht zuständig. Machen Sie mir bitte eine Vorstandsvorlage. Ich werde Ihr Anliegen dann im Gesamtvorstand vortragen.

Auge an Vorstand:
zu 1) Die Faust kommt immer näher!
zu 2) Der Aufwand für das Schließen des Lides beträgt circa 1,7 Kalorien.
Der Nutzen ist nicht quantifizierbar.
zu 3) Für die Vorstandsvorlage brauche ich mindestens zwei Tage.
Befürchte, dann ist es zu spät. Empfehle dringend, etwas zu unternehmen.

Vorstand an Auge:
Was heißt immer näher? Bitte exakte Angaben!
Angesichts der begrenzten Investitionen könnte ich zustimmen, wenn der Aufwand durch das Budget gedeckt ist. Der Gesamtvorstand tagt erst nächste Woche Dienstag. Bis dahin erwarte ich Ihre Vorlage.

Auge an Vorstand:
Ich ziehe meine Anträge zurück. Bestellen Sie bitte einen Krankenwagen."

Für Organisationen wird demzufolge im Rückgriff auf die Biologie anstelle einer mechanistischen Beherrschung "die Grundhaltung einer evolutionären Anpassung" gefordert (Servatius 1991, 99).

Für systemische Überlegungen liegt der Rückgriff auf biologische Vorstellungen insofern recht nahe, als bereits Bertalanffy als Biologe bei der Begründung der allgemeinen Systemtheorie klassische mechanische Vorstellungen verwirft und stattdessen auf Konzepte der Biologie zurückgreift (z.B. Bertalanffy 1968, 98ff.). Standardbeispiel für Systeme sind für ihn zunächst biologische Systeme wie die Zelle (z.B. 1949, 42ff.). Lebende Organismen und soziokulturelle Systeme werden in einem Zusammenhang gesehen und von technischen Bereichen abgegrenzt (1970a, 26).

In Unternehmenstheorie und Managementforschung wird jedoch erst seit Beginn der 70er Jahre in stärkerem Maße auf evolutionstheoretische Konzepte zurückgegriffen. Einige Ansätze seien hier kurz aufgelistet (vgl. auch Servatius 1991, 62ff.):

- Von Hayek fordert Anfang der 70er Jahre, Institutionen nicht unter dem Gesichtspunkt der Konstruktion gemäß vorgegebenen Zwecken, sondern unter dem Gesichtspunkt der Evolution zu betrachten (Hayek 1971, 23ff.)

- Im Anschluß an biologische Phasenmodelle wird versucht, Phasen in der Evolution von Organisationen zu bestimmen, wobei verschiedene Modelle nebeneinander stehen (Übersicht bei Pümpin/Prange 1991, 45ff.):

Bleicher (1991, 332ff.) unterscheidet sechs Phasen: Pionierphase, Markterschließungsphase, Diversifikationsphase, Akquisitionsphase, Kooperationsphase und Destrukturierungsphase.

Daneben finden sich des öfteren Modelle mit 4 Phasen wie z.B. bei Mintzberg (1984: Entstehungsphase, Entwicklungsphase, Reifephase, Niedergangsphase), Glasl/Lievegoed (1993: Pionierphase, Differenzierungsphase, Integrationsphase, Assoziationsphase) oder Pümpin/Prange (1991: Pionierphase, Wachstumsphase, Reifephase, Wendephase).

- Bekannt geworden ist der Evolutionsansatz insbesondere durch die Arbeiten von Vester (1983; 1984; 1988). Vester wendet sich insbesondere gegen Eingriffe in ökologische Systeme (z.B. durch übermäßige Abfallproduktion) und fordert, lebenden Systemen "ein wenig ihre Tricks abzuschauen, die sich im Laufe der Jahrmillionen als nützlich erwiesen haben" (1983, 117).

- Der Rückgriff auf das Evolutionskonzept (und hier insbesondere auf Vester) findet sich dann auch in der St. Gallener Schule. In Anlehnung an Selbstorganisation in biologischen Systemen ist z.B. für Probst Selbstorganisation die zentrale Aufgabe im Umgang mit sozialen Systemen (z.B. Probst 1989a). Und im Anschluß daran proklamiert Servatius "evolutionäre Führung" anstelle von "strategischem Management" (1991) und versucht, das Vorgehen bei der Führung von Organisationen stärker auf dem Hintergrund evolutionstheoretischer Begriffe zu bestimmen (vgl. auch Balck/Kreibich 1991; Königswieser/Lutz 1992; Laszlo u.a. 1992).

- Und schließlich sind in den letzten Jahren Ansätze aus der Chaos-Forschung aufgegriffen worden, um Entwicklung dynamischer Systeme weiter erklären zu können (vgl. z.B. Kriz 1992; Küppers 1987). Hintergrund sind dafür zunächst mathematische Erklärungsversuche für den Übergang von Ordnung in Chaos (sog. Fraktal-Theorien). Analog dazu versucht man, Situationen in Organisationen als chaotische Situationen zu erklären (z.B. Küppers 1990) bzw. unter Rückgriff auf Überlegungen der Chaosforschung Managementstrategien zu entwickeln (z.B. Gerken 1992; Lynch/Kordis 1991; Müri 1992; Turnheim 1991).

Hintergrund für die Betrachtung der Evolution von sozialen Systemen ist (mehr oder minder vermittelt) ein Modell evolutionärer Prozesse, das letztlich auf Darwin zurückgreift. Im wesentlichen basiert dieses Evolutionsmodell auf drei zentralen Thesen (vgl. Giesen 1980; Irrgang 1993; Kieser 1989; Wuketis 1988):

## (1) Genetische Tradierung

Voraussetzung für evolutionäre Prozesse ist die Fähigkeit der Reproduktion von Individuen. Dabei werden bestimmte Merkmale des Individuums genetisch weiter tradiert: etwa die Farbe und Musterung der Flügel bei Schmetterlingen.

## (2) Variation

Die genetisch bestimmten Merkmale werden nicht stets auf die gleiche Art weitergegeben, sondern es treten Variationen (z.B. unterschiedliche Formen und Farben der Flügel) auf. Variationen können durch unterschiedliche Kombinationen des Genpools entstehen. Bei der genetischen Weitergabe von Merkmalen werden meist die Genotypen mehrerer Individuen kombiniert, so daß das neue Individuum keine exakte Kopie eines anderen Individuums darstellt. Oder Variationen entstehen durch Mutationen, wobei zufällig neue Eigenschaften auftauchen oder alte Eigenschaften verschwinden.

## (3) Selektion

Die unterschiedlichen Variationen bieten den Individuen unterschiedliche Chancen, sich in der Umwelt besser zu behaupten. So bietet z.B. eine bestimmte durch Mutation entstandene Musterung der Flügel eines Schmetterlings eine bessere Tarnung und erhöht damit die Chance für das Überleben. Das bedeutet, daß die im Blick auf das Überleben am besten angepaßten Individuen ("the fittest") die größte Chance haben, ihre genetischen Merkmale weiter zu tradieren. Die Selektion im Blick auf ein Ziel "Überleben" führt zur Tradierung bestimmter Genkombinationen bzw. zum Verschwinden anderer.

Gemeinsame Annahme aller Übertragungen evolutionstheoretischer Ansätze auf soziale Systeme ist, daß es auch in Organisationen Evolution und damit auch Tradierung von Informationen, Variation und so etwas wie Selektion gibt. Andererseits gilt, daß das aus der Biologie stammende Grundmodell der Evolution offenbar nicht bruchlos auf soziale Systeme übertragbar ist (vgl. Kieser 1989, Segler 1985; Wurm 1991):

## (1) Tradierung von "Comps"

Während bei biologischen Lebewesen Verhaltensweisen genetisch tradiert sind, werden im Rahmen sozialer Systeme Verhaltensweisen mit Hilfe von Regeln weitergegeben. Im Unterschied zu Genen als Informationsträgern hat sich hierfür der Begriff "Comps" (von "competence") eingebürgert (Segler 1985, 205ff.): Comps sind all die Wissensbestände und Regeln, die das Verhalten eines sozialen Systems bestimmen. Dabei kann es sich um Verfahren zur Herstellung von Produkten handeln (z.B. Verfahren zur technischen Ausstattung eines Autos), aber auch um bestimmte systemspezifische Regeln zur Durchführung von Trainings), um Regeln zur internen Strukturierung des sozialen Systems (Art der Arbeitsteilung, der Delegation, der Kontrolle usw.) oder zur Abgrenzung des Systems nach außen (Regelung von Kundenkontakten, Marktbeobachtung usw.), aber auch um bestimmte Werte eines sozialen Systems oder von der Unternehmensleitung vorgegebene Richtlinien.

Solche Comps werden innerhalb des sozialen Systems tradiert, wobei die Tradierung auf der Basis schriftlicher Formulierungen (Verfahrensrichtlinien, Patente, Organisationsstruktur usw.) oder durch mündliche Tradierung erfolgen kann.

## (2) Variation in sozialen Systemen

Bei der Tradierung von Comps treten Variationen auf, d.h. es können neue Wissensbestände und neue Regeln (neue Herstellungsverfahren, neue Ablaufregeln usw.) entstehen. Dabei gibt es mehrere Möglichkeiten der Entstehung von Variationen (vgl.Kieser 1989, 183ff.):

- Variationen können das Ergebnis von "Kopierfehlern" sein. So kann z.B. beim Versuch, vorhandenes Wissen (bestimmte Comps) auf eine neue Situation zu übertragen, gleichzeitig eine Veränderung dieses Wissensbestandes erfolgen, die dann weiter tradiert wird: Eine Trainingsübung wird bei der Anwendung auf eine andere Zielgruppe modifiziert und dann in dieser modifizierten Form auch auf andere Situationen übertragen.

- Variationen können durch Austausch zwischen verschiedenen sozialen Systemen entstehen. Standardbeispiele dafür sind Situationen, wo ein neuer Mitarbeiter neues Wissen bzw. neue Regeln in ein soziales System einbringt und damit zu einer Veränderung dieses Systems beiträgt: Ein neuer Trainer bringt bestimmte neue Übungen ein, eine neue Führungskraft führt neue Regeln ein und setzt sie durch usw. Oder im Rahmen einer Fusion zwischen zwei Unternehmen treffen unterschiedliche Comps aufeinander und erhöhen damit zunächst einmal die Variation.

- Und schließlich können Variationen bewußt hergestellt werden, indem Innovationen erzeugt werden. Dieses Vorgehen ist v.a. bei der Entwicklung neuer Produkte typisch. Während z.B. die traditionellen Zünfte des Mittelalters sehr stark die gleichen Herstellungsverfahren tradiert haben, waren dann die Erfinder in Manufakturen diejenigen, die (zunächst mehr oder weniger unsystematisch) die Heranbildung von Variationen vorantrieben, was dann schließlich zur Etablierung von Entwicklungsabteilungen in Großunternehmen führte.

### (3) Selektion in sozialen Systemen

Die weitere Tradierung bzw. Ausmerzung von Variationen wird durch Selektion gesteuert. Dabei können im Extremfall ganze Sozialsysteme ausgemerzt werden, weil sie nicht mehr lebensfähig sind: Ein Unternehmen geht zugrunde, weil es keine konkurrenzfähigen Produkte mehr anbietet, ein Wanderverein wird sich mit der Zeit auflösen, wenn es nicht gelingt, für jüngere Interessenten neue Angebote zu machen usw.

Oder es können Teilsysteme eliminiert werden: ein Subsystem, das bestimmte Produkte herstellt, die sich nicht mehr verkaufen lassen, eine zentrale Bildungsabteilung, wenn sie keine Abnehmer in anderen Unternehmensbereichen findet. Und schließlich können aber auch innerhalb eines bestehenden sozialen Systems einzelne Comps durch andere ersetzt werden: etwa, wenn ein neues Herstellungsverfahren ein altes ablöst oder eine neue Organisationsstruktur (z.B. Lean-Production) eingeführt wird.

Dabei ist jedoch zu beachten, daß nur zu einem Teil die Selektion direkt durch das Überleben in der Umwelt gesteuert wird. Zu einem großen Teil erfolgt Selektion nach eigenen Regeln (und damit durch bestimmte Comps des sozialen Systems selbst). Lau gibt dazu folgendes Beispiel (Lau 1981, 104): Nehmen wir an, das Weltbild einer primitiven Gesellschaft verbietet die Verwendung von Metall. D.h. es besteht eine (möglicherweise durch ein bestimmtes religiöses Wertsystem gestützte) Regel, daß Metallgegenstände nicht verwendet werden dürfen. Dann wird die Erfindung einer Metall-Jagdwaffe sich möglicherweise nicht durchsetzen, da sie aufgrund interner Selektionskriterien behindert wird. Vielleicht wird erst nach starker Verzögerung sich der höhere Selektionsvorteil von Metall-Jagdwaffen durchsetzen - dann etwa, wenn ein anderes soziales System (ein anderer Stamm), das nicht die Herstellung von Metallwaffen tabuisiert, die Oberhand gewinnt.

Ein neueres Beispiel für die Bedeutung interner Selektionskriterien ist die moderne Medizin (Kieser 1989, 189ff.): Krankenhäuser z.B. werden nicht nach Heilungserfolgen bewertet, sondern nach der technischen Ausstattung und nach bestimmten Verfahren - also nach Kriterien, die innerhalb des sozialen Systems "Medizin" festgesetzt wurden. Damit wird die Selektion von Varianten in der medizinischen Entwicklung eingeschränkt: Begünstigt werden Entwicklungen hoher technischer Standards, und behindert werden Außenseiterverfahren, die nicht durch die medizinischen Experten anerkannt sind. Möglicherweise deutet sich hier erst sehr verzögert eine Selektion auf einer höheren Ebene, d.h. einer Selektion und Veränderung der internen Selektionskriterien an, wenn man feststellt, daß interne Selektionskriterien letztlich Probleme der Gesunderhaltung nicht mehr adäquat lösen können.

Der wohl größte Teil der Selektionsprozesse in sozialen Systemen verläuft auf der Basis interner Selektionskriterien. Wenn z.B. in der Bildungsarbeit eines Unternehmens die Transaktionsanalyse favorisiert wird, dann häufig nicht aufgrund eines externen Selektionskriteriums (das ohnehin in diesem Bereich relativ schwer zu ermitteln wäre), sondern aufgrund interner Selektionsregeln, die die Transaktionsanalyse als Standardverfahren festlegen. Oder Umstrukturierungen einer Organisation erfolgen möglicherweise nicht aufgrund eines Selektionsvorteils (wenn auch ein solcher postuliert wird), sondern aus dem Interesse bestimmter Führungskräfte, ihren Einflußbereich zu vergrößern oder einen anderen Bereich zu schwächen.

Im Grund erfolgt in der Evolution eines sozialen Systems fortwährend Selektion irgendwelcher Comps. Und für das Überleben dieses sozialen Systems entscheidend ist letztlich die Frage, wie weit die Selektion auf Veränderung der Umwelt bezogen ist und nicht nur intern gesteuert wird.

## 9.2 Anwendung

Daß soziale Systeme von fortwährender Evolution bestimmt sein müssen, um überlebensfähig zu sein, ist heute wohl allgemein anerkannt. Doch weniger klar ist, wie ein soziales System gesteuert werden kann, um fortwährende Evolution zu sichern: Nicht, daß man darauf keine Antworten wüßte - das belegen Bücher zu "Evolutionärer Führung" (Laszlo u.a. 1992; Servatius 1991) oder "Chaos-Management" (Turnheim 1991) -, sondern eher, daß es sehr viele und sehr heterogene Vorschläge gibt, wie die Evolution zu steuern sei:

- Da finden sich zunächst sehr viele allgemeine Programme:

"Management... hat weniger mit Optimieren als mit Balancieren zu tun... vor allem aber mit Integration und Synthese sehr verschiedenartiger Faktoren" (Malik 1989a, 133).

Unternehmen müssen "selbst-bewußte Organismen" sein, die sich stets in einer "bewußten Metamorphose" befinden: "Sie haben als 'bewußte Organismen' die Chance, sich selbst zu verändern, dauernd zu lernen und lernfähig zu bleiben" (Fuchs 1992, 42f.).

"Um in dieser Welt... erfolgreich zu sein, muß man einen neuartigen Geist (mind) entwickeln" - man muß die "Strategie des Delphins" entwickeln (Lynch/Kordis 1991, 23f.).

"Eine visionäre Führung nutzt diese Potentiale in ihrem Umfeld und innerhalb der eigenen Organisation. Sie schafft eine Verbindung zwischen den die Evolution treibenden Kräften und der Motivation der Geführten. Sie versucht aber nicht, diesen Kräften entgegenzuwirken und die 'natürliche' Evolutionsrichtung zu verändern" (Servatius 1991, 105).

Im "kinetischen Management" gilt: "Die Unordnung toleriert die Ordnung... Das, was bisher die Ausnahme war, wird nun zur Regel" (Gerken 1992, 123f.).
- Daneben finden sich zahlreiche sehr praktische Anregungen wie die Forderung nach Dezentralisierung, nach Job-Rotation, das Zugeben eigener Fehler usw. - die zum großen Teil wenig systematisiert und teilweise auch durchaus widersprüchlich sind.

Doch was heißt konkret, eine "bewußte Metamorphose" in einem sozialen System durchführen? Was soll eine Führungskraft hier tun? Heißt das, sie soll eigene Fehler zugeben - was dann bestenfalls auf längst bekannte Forderungen in neuen Formulierungen hinauslaufen würde.

Insgesamt scheint sich bei der Frage, wie Evolution zu steuern oder "auszubalancieren" sei, die Diskussion gerade im Stadium einer unsystematischen Suche nach möglichen Alternativen zu befinden. Das ist eine Situation, die im Rahmen eines Evolutionsprozesses durchaus ihren Sinn macht, die aber sicher nur ein Übergangsstadium sein darf: Zu fragen ist nach einem systematischen Verständnis der Initiierung, Ausbalancierung und Begleitung von Evolutionsprozessen, das mehr Sicherheit gibt, tatsächlich das intendierte Gleichgewicht zu erreichen.

Einen besseren Ansatzpunkt für die Frage nach der Sicherung der Evolution sozialer Systeme und ihrer Begleitung im Rahmen von Systemischer Organisationsberatung könnte das von Servatius im Anschluß an Stiefel/Belz (1989) formulierte "ökologische Gesetz des Lernens" sein, das besagt, "daß eine Spezies so lange überlebt, wie ihre Lerngeschwindigkeit gleich oder größer ist als die Änderungsgeschwindigkeit der relevanten Umwelt" (Servatius 1991, 112f.).

In der Tat ist plausibel, daß ein soziales System auf die Dauer nicht lebensfähig ist, wenn Veränderungen der Umwelt nicht durch entsprechende Veränderungen innerhalb des sozialen Systems aufgefangen werden: Wenn ein Produkt aufgrund von Umweltveränderungen nicht mehr verkauft werden kann (sei es, daß dafür kein Markt mehr besteht, sei es, daß ein Konkurrent dasselbe Produkt billiger anbietet), wird das entsprechende Unternehmen, das bisher dieses Produkt hergestellt hat, nur überleben, wenn sich das System selbst verändert - etwa, indem es ein neues Produkt auf dem Markt anbietet oder z.b. durch Umstrukturierung innerhalb des Systems die Herstellungskosten reduziert.

Andererseits aber dürfte das Überleben eines sozialen Systems jedoch auch dann gefährdet sein, wenn es sich wesentlich schneller verändert als die relevante Umwelt: Ein Unternehmen, das fortwährend neue Produkte anbietet, ist ebenso gefährdet wie eine Bildungsabteilung, die fortwährend umstrukturiert wird und damit gerade in Gefahr gerät, für überflüssig gehalten zu werden.

Damit läßt sich der Grundsatz der Evolution sozialer Systeme etwas umformulieren:

**Ein soziales System überlebt solange, wie die Veränderungsgeschwindigkeit innerhalb des Systems ungefähr ebenso groß ist wie die Veränderungsgeschwindigkeit der relevanten Umwelt:**

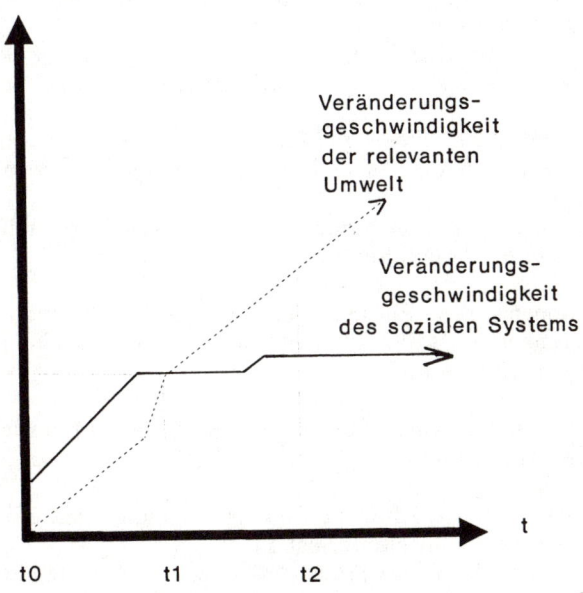

tO bis t1: Existenz gesichert

ab t1: überleben langfristig gefährdet

Daraus ergeben sich Konsequenzen für die evolutionäre Steuerung sozialer Systeme:

- **Es sind relevante Veränderungen der Umwelt zu erfassen.**

- **Es sind die Potentiale (Comps) innerhalb des sozialen Systems zu erfassen, die erforderlich sind, um adäquat auf Umweltveränderungen reagieren zu können.**

- **Es sind Veränderungsgeschwindigkeit und Veränderungsrichtung innerhalb des sozialen Systems zu beeinflussen.**

### 9.2.1 Diagnose relevanter Veränderungen der Umwelt

Je mehr sich ein soziales System von der Umwelt abgrenzt, desto mehr ist es in Gefahr, auf relevante Veränderungen nicht mehr reagieren zu können, desto mehr ist letztlich die Überlebensfähigkeit des sozialen Systems gefährdet. Soziale Systeme sind nur als offene Systeme lebensfähig, die regelmäßig in Austausch mit der Umwelt stehen.

D.h. Evolution eines sozialen Systems setzt voraus, daß dieses System Informationen darüber besitzt,
- welche Anforderungen die Umwelt zum gegenwärtigen Zeitpunkt stellt
- welche Veränderungen in der Umwelt zu erwarten sind.

Relevant sind dabei diejenigen Informationen, die das eigene System betreffen. Z.B. wären für den Automobilbereich relevante Umwelt-Informationen:
- Informationen über bestehende oder zu erwartende gesetzliche Vorgaben, zu erwartende politische Einschränkungen usw.

- Informationen über Einstellungen von Kunden und zu erwartende Veränderungen (z.B. hinsichtlich des Kundenbewußtseins in Bezug auf Sparsamkeit eines Autos)

- Informationen über anstehende Veränderungen bei Mitbewerbern, deren neue Produktlinien usw.

Entsprechend wären z.B. für die Bildungsabteilung eines größeren Unternehmens relevante Umweltinformationen:
- Informationen über zu erwartende Änderungen im Gesamtunternehmen: Sind größere Umstrukturierungen zu erwarten, steht die Entwicklung neuer Produkte an, steht Personalabbau an?

- Informationen über allgemeine Trends im Organisations- und Bildungsbereich: Z.B. kann es für eine Bildungsabteilung hilfreich sein, frühzeitig Informationen etwa über eine anstehende Einführung von Lean-Production zu erhalten, um dafür Konzepte entwickeln zu können.

- Informationen über gegenwärtige und zukünftige Veränderungen bei Kunden: Z.B. zeichnet sich im Bildungsbereich bei vielen Kunden (wobei Kunden durchaus auch andere Abteilungen desselben Unternehmens sein können) ein Rückgang des Interesses an klassischen Trainings zugunsten anderer Formen (Coaching, Mentoring, Counseling, Moderation von Projektteams usw.) ab.

- Informationen über Mitbewerber: Z.B. tut eine zentrale Bildungsabteilung eines großen Unternehmens gut daran, sich über anstehende Entwicklungen der vor Ort befindlichen Bildungsabteilung zu informieren: Welcher Bedarf wird hier erwartet? Welche Schwerpunkte werden hier gesetzt? Welche Konzepte werden entwickelt? In welchen Bereichen wird Unterstützung benötigt?

Zur Gewinnung dieser Umweltinformationen stehen die in den vorangegangenen Kapiteln genannten Verfahren zur Verfügung:

(1) Ein großer Teil relevanter Umweltinformationen wird unsystematisch gewonnen: Grundsätzlich jeder Angehörige eines sozialen Systems hat auch Kontakte mit der "Außenwelt" - und nimmt dabei eine Reihe von Informationen auf: Ein Mitarbeiter einer Bildungsabteilung erfährt nebenher etwas über Probleme und Schwierigkeiten oder anstehende Veränderungen in seinem Betreuungsbereich. Und er gewinnt damit relevante Umweltinformationen, die dann nur als solche identifiziert und aufgearbeitet werden müssen.

(2) Der Informationsaustausch zwischen einem sozialen System und bestimmten Systemen der Außenwelt kann institutionalisiert werden. So gibt es z.B. regelmäßige Gespräche zwischen Anbietern und wichtigen Kunden, um neue Trends rechtzeitig zu identifizieren. Oder es gibt regelmäßige Gespräche zwischen Mitbewerbern (v.a. Turnheim 1991, 65ff.), was durchaus zu wechselseitigen Anregungen führen kann.

(3) Die Umweltdiagnose kann systematisiert werden, wobei es dann darum geht, analog den in Kap. 4 beschriebenen Vorgehensweisen Informationen über relevante Außenbereiche bzw. anstehende Veränderungen zu erhalten. Das können systematische Diagnosen von Kunden sein (wobei hier eine in die Tiefe gehende Diagnose einzelner wichtiger Kunden häufig mehr Informationen bringt als eine breit gesteuerte Frage-

bogenuntersuchung), das kann auch eine systematische Beobachtung der drei bis vier wichtigsten, d.h. an der Spitze stehenden Mitbewerber sein (vgl. Turnheim 1991, 165ff.).

(4) Und schließlich spielen bei der Analyse relevanter Umweltveränderungen analoge Diagnose-Verfahren eine relativ große Rolle. Sich abzeichnende Veränderungen werden häufig zunächst unbewußt wahrgenommen, bevor sie rational formulierbar sind. Und dafür ist die Anwendung analoger Verfahren wie Szenarien usw. eine entscheidende Möglichkeit (vgl. Turnheim 1991, 60ff.), z.B.:
- ein Szenario der Umwelt in ca. fünf oder zehn Jahren erstellen
- Szenarien-Spiele, in denen Kundenrollen gespielt werden
- Bilder oder Symbole für die Zukunft in fünf oder zehn Jahren wählen.

Im Grunde verfügt jedes soziale System über eine Fülle von Informationen über die Umwelt. Das Problem besteht jedoch häufig darin, diese Informationen bewußt zu machen und in das strategische Wissen, auf dessen Basis Entscheidungen getroffen werden, einzubeziehen: Es nützt wenig, wenn z.B. ein Außendienstmitarbeiter über relevante Informationen verfügt, ihre Relevanz aber nicht erkennt bzw. die Informationen nicht weitergeleitet werden. Damit stellt sich die Aufgabe, z.B. "schwache Signale" sich anbahnender Veränderungen (Krystek/Müller-Stewens 1993, 165ff.) rechtzeitig aufzunehmen und im System weiterzuleiten. Wie das im einzelnen geschieht, ist dann eine Frage der Organisationsstruktur, die entsprechende Abläufe der Aufnahme und Verteilung (Dissemination) entwickeln muß.

### 9.2.2 Diagnose der internen Struktur des sozialen Systems im Blick auf relevante Veränderungspotentiale

Die Diagnose der Außenwelt muß begleitet und ergänzt werden von der Diagnose der internen Struktur des sozialen Systems. Geht man hier von dem Begriff des "Comps" als Träger relevanter Informationen innerhalb des sozialen Systems aus, dann stellt sich die Frage, welches die im Blick auf eine positive Weiterentwicklung des sozialen Systems förderlichen, welches die hinderlichen Comps sind: Welches Wissen, welche Regeln, welche Verfahren sind geeignet, die Evolution des sozialen Systems voranzutreiben - welche Comps behindern eine solche Entwicklung?

Im einzelnen stellen sich dabei dann folgende Fragen:

**(1) Welches sind die förderlichen/hinderlichen Comps hinsichtlich der Entwicklung von Produkten im Rahmen des sozialen Systems?**
Was ist dazu geeignet, das Überleben des sozialen Systems in Zukunft zu stützen? Gibt es Produkte, die in Zukunft (z.B. im Blick auf anstehende Veränderungen des Marktes) weniger Chancen haben? Gibt es Produkte, die einen Höhepunkt bereits überschritten haben und bei denen in Zukunft mit einem Rückfall zu rechnen ist, was eine Ablösung nahelegen würde?

**(2) Welches sind die förderlichen/hinderlichen Comps hinsichtlich der internen Struktur des sozialen Systems?**
Welche Regeln haben sich für die Weiterentwicklung des sozialen Systems bewährt?
Welches sind die Regeln, die erfolgreiche Teams (erfolgreiche Sub-Systeme) auszeichnen und die es wert wären, kopiert und tradiert zu werden?
Gibt es Regeln, die schnelles Reagieren des sozialen Systems auf Umweltveränderungen fördern bzw. behindern?
Was zeichnet Bereiche aus, die schnell reagieren?
Was sind Regeln, die ein Sub-System starr werden lassen und es von dem Austausch mit der Umwelt abgrenzen?
Gibt es hinderliche (dysfunktionale) Strukturen, die eine positive Weiterentwicklung behindern (z.B. regelmäßiges Klagen über schlechte Marktchancen, was häufig Innovationen behindert)?
Welche Kriterien werden innerhalb des sozialen Systems zur Selektion von Varianten zugrundegelegt?
Wie weit sind die Selektionskriterien an der Umwelt/am Markt ausgerichtet?
Wie weit sind Selektionskriterien lediglich intern stabilisiert?

Die Verfahren zur Diagnose der internen Struktur des Systems und der im System erfolgten bzw. zu erwartenden Veränderungen sind im Grunde dieselben wie bei der Diagnose von Umweltveränderungen:

(1) Ein großer Teil der Information wird auch hier unsystematisch gewonnen. Genau das ist der rationale Kern der Forderung nach "Managing by walking around": Allein durch unsystematisches Beobachten (durch Umherwandern in verschiedenen Bereichen) erhält man eine Fülle von Informationen über mögliche Störungen innerhalb des sozialen Systems, über negative und positive Comps: Man kann dysfunktionale Strukturen häufig an der "Stimmung" in einem Bereich wahrnehmen - ebenso wie man positive Entwicklungen und Entwicklungspotentiale zunächst häufig unsystematisch ahnt, bevor man sie genauer identifizieren kann.

(2) Daneben ist eine systematische Erhebung positiver und negativer Comps notwendig. Der Erfolg eines sozialen Systems hängt davon ab, wie weit es gelingt, Informationen über interne Strukturen und ihre Funktionalität möglichst schnell zu systematisieren. Auch hier gilt wieder, daß eine detaillierte Diagnose (z.B. mit Hilfe von Leitfragen) in der Regel effektiver ist als ein Fragebogen, der die Stärken und Schwächen häufig "nur an der Oberfläche" erfasst.

Bei der Frage, wer innerhalb des Unternehmens im Rahmen von Interviews über positive und negative Comps befragt werden soll, schlägt Turnheim ein ebenso einfaches wie plausibles Verfahren vor, nämlich neben dem Top-Management die "informellen Führer" des sozialen Systems (bzw. verschiedener Subsysteme) zu erfassen:

"Die informellen Führer findet man relativ einfach, indem man einem Personenkreis von max. 15-20 Personen verschiedener Hierarchieebenen dieselbe Frage stellt: Wer ist im Unternehmen menschlich und fachlich unumstritten? Der befragte Personenkreis nennt meistens 2-3 wiederkehrende Namen, die sozusagen in der Gauß'schen Kurve einer Befragung sich als informelle Führer dieses Unternehmens qualifizieren. Diesen menschlich und fachlich von den meisten akzeptierten Personen fließen alle wesentlichen Informationen zu, sie sind eine Art "Informationssenke" (Attraktor), wo der Erfahrungspool des Unternehmens zu finden ist und damit die Fragen nach der Gegenwart und Zukunft des Unternehmens situationsgerecht beantwortet werden." (Turnheim 1991, 211f.).

(3) Und schließlich können auch hier wieder analoge Verfahren von der Erstellung von Visionen, Szenarien bis hin zu Symbolen (Symbole für den Zustand des Systems), Skulpturen oder Bildern gewählt werden, um latent vorhandenes Wissen zu erfassen.

## 9.3. Beschleunigung und Verlangsamung der Evolution

Soziale Systeme, das ist eine der zentralen Thesen systemischen Denkens, sind nicht im Blick auf ein vorgegebenes Ziel hin eindeutig steuerbar. Wohl aber kann die Evolution beschleunigt oder verzögert werden. Und es können Anstöße gegeben werden, die Evolution in eine ganz bestimmte Richtung voranzutreiben.

In Analogie zum biologischen Evolutionsmodell sind dabei grundsätzlich drei unterschiedliche Vorgehensweisen denkbar (vgl. Ringelstetter 1988, 90ff.; Semmel 1984, 91ff.):

**(1) Verstärkung der Variation**
Verstärkung der Variation, d.h. Heranbildung von alternativen Varianten (bezogen auf Produkte oder auf Organisationsregeln usw.) beschleunigt grundsätzlich die Evolution. Je mehr Varianten vorhanden sind, desto mehr Möglichkeiten bestehen, das soziale System zu verändern.

**(2) Verstärkung der Selektion**
Selektion lenkt die Evolution in eine bestimmte Richtung, wobei zugleich andere Richtungen der Evolution ausgeschaltet werden.

**(3) Verstärkung der Retention (Bewahrung)**
Wie bei der biologischen Evolution bewährte Gen-Kombinationen beibehalten und tradiert werden (bis sie unter neuerlich veränderten Umweltbedingungen von einer verbesserten Variation dann auch abgelöst werden), werden bei sozialen Systemen bewährte Comps-Kombinationen zunächst bewahrt werden: Ein bewährtes Produkt oder bewährte Abläufe werden sinnvollerweise zunächst einmal beibehalten und tradiert.

Grundsätzlich ist die Steuerung sozialer Systeme ein Wechsel zwischen Variation, Selektion und Retention, wobei sich je nach dem Gegenstand (ob es sich um Evolution hinsichtlich der Produkte oder der Systemstruktur handelt), aber auch nach dem Entwicklungsstand des sozialen Systems und der Umwelt Unterschiede ergeben.

Was die Evolution von Produkten betrifft, so bietet hier Grundlage für theoretische Modelle immer noch Schumpeter's Theorie des technischen Wandels (Schumpeter 1934; vgl. Gerybadze 1982, 89ff.). Schumpeter geht davon aus, daß technische Entwicklung sowohl durch Phasen kontinuierlicher Veränderungen als auch durch Brüche (diskontinuierliche Veränderungen) gekennzeichnet ist: Eine bestimmte Technik entsteht und wird zunächst kontinuierlich weiterentwickelt, bis sie in einer diskontinuierlichen (bruchhaften) Veränderung durch eine andere Technik abgelöst wird.

Entsprechend führt ein erfolgreiches Produkt zu einem Wachstum (deutliche Umsatzsteigerung), dann aber ab einem bestimmten Punkt zu einer Sättigung und einer Degeneration (Abfall), was auch durch kontinuierliche Veränderungen in der Regel nicht auszugleichen ist (Turnheim 1991, 37ff.):

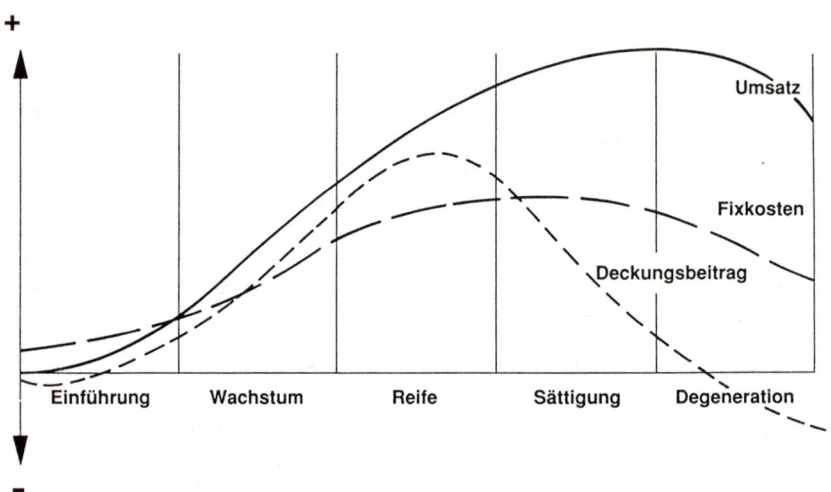

Für die Evolution hinsichtlich von Produkten bedeutet das, daß Retention (d.h. Beibehaltung bewährter Produkte, was sicherlich deren kontinuierliche Weiterentwicklung nicht ausschließt) immer begleitet sein sollte von der Steigerung der Variation im Blick auf neue Produkte, die dann in Phasen der Degeneration bisherige Produkte ablösen können - ein Vorgehen, das gerade in großen Konzernen heute auch weitgehend üblich ist. Grundsätzlich gilt derselbe Zyklus auch für Comps hinsichtlich der internen Organisationsstruktur: Auch Organisationsstrukturen scheinen bestimmten Zyklen unterworfen zu sein, so daß in der Gestaltung von sozialen Systemen Variation, Selektion und Retention einander ablösen müssen: Fortwährende Retention führt zu Stagnation einer bestehenden Struktur (typisches Beispiel dafür sind bürokratische Strukturen) und ist letztlich für das Gesamtsystem ebenso negativ wie fortwährende Variationen, d.h. fortwährende Veränderungen.

Dabei sind erfolgreiche Veränderungen der internen Struktur in besonderem Maße abhängig von dem jeweiligen Entwicklungsstand des sozialen Systems:

Anfangsphasen sozialer Systeme sind üblicherweise gekennzeichnet durch geringe interne Strukturierung: Es gibt relativ großen Freiraum, Aufgaben zu erfüllen. Es gibt hohe Variation und es gibt andererseits wenig festgelegte Regeln und damit auch wenig Tradierung und Retention: Nahezu alles ist möglich.

Fortschreitende Entwicklung des sozialen Systems führt dann stets auch zur Ausdifferenzierung der internen Struktur: Es werden bestimmte Regeln selektiert, festgeschrieben und tradiert. Dieser Prozeß ist zum einen notwendig: Vergrößerung eines sozialen Systems etwa führt automatisch dazu, daß der bisherige Freiraum (daß z.B. jeder jeden ansprechen kann, um etwas abzuklären) nicht mehr beizubehalten ist und daß statt dessen Regeln ausgewählt werden müssen, die Informationsaustausch kanalisieren. Zum anderen bedeutet diese Festlegung zugleich Einschränkung der Variation und damit die Gefahr, daß die Entwicklungsmöglichkeiten des Systems eingeschränkt werden: Bürokratische Systeme sind ein Standardbeispiel dafür, daß fortschreitende Regelung die Möglichkeit, auf Umweltveränderung adäquat zu reagieren, zunehmend einschränkt.

Das bedeutet, daß in solchen Situationen wieder Gegenbewegungen in Richtung größerer Variation notwendig sind: Es sind neue Organisationsformen zu entwickeln, neue Informationswege "neben" offiziellen Hierarchien zu schaffen, es erfolgt eine teilweise Auflösung bisheriger interner Strukturen durch Projektorganisation, oder es werden möglicherweise auch neue Visionen geschaffen.

Generell gilt, daß soziale Systeme in der Tat in jeder Entwicklungsphase ein in Bezug auf die Umwelt sinnvolles "Gleichgewicht" zwischen Flexibilität und Bewahrung erreichen müssen: Sie müssen in der Lage sein, schnell auf Umweltveränderungen zu reagieren, dürfen andererseits aber nicht der Gefahr erliegen, sich in fortwährenden Variationen aufzulösen.

Dabei scheint sich anzudeuten, daß die Organisation biologischer Systeme durchaus in manchen Bereichen als Vorbild für die interne Organisation entwicklungsfähiger sozialer Systeme genommen werden kann. In der Literatur finden sich dazu eine Reihe von Anregungen (vgl. z.B. Laszlo u.a. 1992, 100ff.; Turnheim 1991):

**(1) Aufgliederung in relativ autonome Subsysteme.**
Je zentraler ein System gesteuert ist, desto schwieriger sind unmittelbare Reaktionen auf Umweltveränderungen. Aufgliederung in relativ autonome Subsysteme (Dezentralisierung, Spartenbildung) kann dabei sowohl Veränderbarkeit als auch Retention des gesamten Systems sichern (vgl. Aldrich 1979, 81ff.): Interne Veränderungen, die sich im Blick auf Umweltveränderungen als notwendig ergeben, bleiben auf einen Bereich (das betreffende Subsystem) beschränkt, während erfolgreiche Comps in anderen Subsystemen unverändert weiter tradiert werden können. Umweltanpassungen sind in bestimmten Bereichen relativ schnell möglich und erfordern nicht eine völlige Umstrukturierung des Gesamtsystems.

**(2) Selbstorganisation**
Aufgliederung in Subsysteme setzt voraus, daß innerhalb des Subsystems selbständige Entscheidungen getroffen werden können. Das deckt sich mit der seit längerem bekannten Kritik an starren Hierarchien: Eine hierarchische Strukturierung ist nicht in der Lage, adäquat und schnell gegenüber Umweltveränderungen zu reagieren. Sondern hier ist es notwendig, daß einzelne Subsysteme selbst Entscheidungskompetenz und Handlungsmöglichkeiten besitzen. Das bedeutet, daß z.B. auch tiefere Hierarchien ebenfalls die Möglichkeit haben müssen, schnell auf Störungen zu reagieren und Entscheidungen zu treffen (vgl. Probst 1987, 91ff.).

**(3) Fraktale Strukturen**
Vorgeschlagen als Gliederungsprinzip für soziale Systeme werden sog. "fraktale Strukturen" (z.B. Turnheim 1991, 27ff., 225ff.; Warnecke 1993). Vorbild dafür ist eine Struktur, wie sie sich in der Natur etwa beim Blumenkohl oder beim Farnkraut wiederfindet: Bestimmte Formen wiederholen sich immer wieder. Die Form eines gesamten Farnblattes findet sich z.B. auch in der Struktur einzelner Teile wieder. Der Mathematiker Mandelbrot hat Anfang der 80er Jahre versucht, solche Strukturen auf der Basis rückgekoppelter Gleichungen darzustellen (Mandelbrot 1987; vgl. auch Kriz 1992, 45ff.), wobei sich dann etwa folgendes Bild ergibt:

(KRIZ 1992, 8)

Wenn man versucht, dieses Prinzip auf Organisationen anzuwenden, so ergibt sich eine Aufgliederung in Subsysteme, die sich ihrerseits durch zum Teil gleiche Aufgaben, gleiche Strukturierung, gleiche Geschäftsordnung usw. auszeichnet (Turnheim 1991, 30ff.). Der Vorteil liegt zum einen in einer deutlichen Aufgliederung, zum anderen in einer deutlichen Überschaubarkeit und Verzahnung der einzelnen Bereiche: Ein Subsystem fungiert dann gleichzeitig als Element des jeweils höheren Systems. Einzelne Subsysteme können sich von sich aus weiterentwickeln, sind aber zugleich dagegen gesichert, sich zu weit aus der Gesamtstruktur zu lösen.

**(4) Schaffung von Rückkopplungsprozessen**

Die Aufgliederung sozialer Systeme in relativ autonome Subsysteme birgt stets die Gefahr in sich, daß sich die einzelnen Subsysteme zu weit voneinander entfernen. Was hier wieder notwendig ist, ist eine Verzahnung und Rückkopplung zwischen den verschiedenen Bereichen. Dafür stehen eine Reihe von Möglichkeiten zur Verfügung:

- Rückkopplungsprozesse auf der Basis fraktaler Strukturen dergestalt, daß alle relevanten Informationen aus einzelnen Subsystemen in das jeweils höhere System eingebracht werden.

- Schaffung von zeitlich begrenzten Subsystemen (z.B. Projektteams) zwischen verschiedenen Bereichen mit der Möglichkeit, Rückkopplung zwischen diesen Bereichen zu sichern.

- Schaffung von Informationsnetzwerken, die Informationen zwischen verschiedenen Subsystemen unabhängig von der Organisationsstruktur ermöglichen.

- Schaffung eines kleinen effizienten Stabes, der die interne Kommunikation zwischen verschiedenen Subsystemen diagnostiziert, koordiniert und steuert und z.B. versucht, zukunftsträchtige Comps in verschiedenen Bereichen zu identifizieren und die Weiterentwicklung zu unterstützen.

- Job-Rotation zwischen verschiedenen Subsystemen mit der Möglichkeit, unterschiedliche Erfahrungen und unterschiedliche Comps auszutauschen - was z.B. auch regelmäßige Managementrotation einschließen könnte.

**(5) Schaffung von Freiräumen**

Je stärker das Verhalten in Organisationen durch Regeln festgelegt ist, desto mehr werden Variationsmöglichkeiten eingeschränkt. Das bedeutet, daß Regeln zugleich einen Freiraum offen lassen müssen. Spielregeln, so Turnheim, müssen so beschaffen sein, daß sie "vieles offen lassen und damit auch ermöglichen, daß 'gemogelt' werden kann... Würden unsere gegenwärtigen Organisationen entsprechend ihren Richtlinien arbeiten (also Arbeit nach Vorschrift), so würde in unserer modernen Welt nichts funktionieren. Man sollte daher den Freiraum für das "Mogeln" bewußt akzeptieren und sogar fördern" (Turnheim 1991, 123).

Richtung, Geschwindigkeit und nächste Schritte der Evolution eines sozialen Systems sind nicht von außen festzulegen - eben das ist der Grundfehler von außen festgelegter (technischer) Organisationsveränderungen. Sondern Richtung, Möglichkeiten und nächste Schritte können sich immer nur aus dem jeweiligen System unter Berücksichtigung der Umweltveränderungen, des Systemzustandes und des vorhandenen Potentials ergeben. Evolution ist nicht von außen festlegbar - wohl aber kann ein soziales System beim Prozeß der Evolution begleitet werden. Begleitung von Evolution ist aber nichts anderes als Organisationsberatung mit dem Ziel, das System dabei zu unterstützen, eine Diagnose der Umwelt, der internen Struktur und der jeweiligen Veränderungen vorzunehmen und auf dieser Basis selbst das Gleichgewicht zwischen Variation, Selektion und Retention zu bestimmen.

## Kapitel 10: Beratung und Professionalisierung

In Sozialwissenschaften gibt es seit den 70er Jahren eine umfangreiche Diskussion um die Frage nach der sog. "Professionalisierung" bestimmter Tätigkeiten.

Professionalisierung ist im Anschluß an Goode (1972; zur Diskussion vgl. u.a. Dewe u.a. 1992; Koring 1989; Ottersbach 1980) im wesentlichen bestimmt durch folgende Faktoren:

(1) durch bestimmte Tätigkeiten, für die der Betreffende zuständig ist (und wobei häufig der Zugang zu diesen Tätigkeiten eigens geregelt ist)

(2) ein bestimmtes Fachwissen, das sich etwa in einer speziellen Fachsprache, in speziellen Methoden und in der Regel auch in einer spezialisierten Ausbildung ausdrückt

(3) eine bestimmte "Ethik", die so etwas wie moralische Verpflichtungen und moralische Verantwortung der jeweiligen Profession festlegt.

Als Standardbeispiel für hohe Professionalisierung gilt üblicherweise die Tätigkeit des Mediziners (vgl. z.B. Brunkhorst 1992, 50ff.):

(1) Ärztliches Handeln ist bestimmt durch ganz bestimmte Tätigkeiten (grob umschrieben als "Wiederherstellung der Gesundheit"), für die nur Mediziner zuständig sind, die besorgt darauf wachen, daß (nach Möglichkeit) niemand anderes Zuständigkeit für solche Tätigkeiten erlangt.

(2) Ärztliches Handeln ist gekennzeichnet durch einen bestimmten Wissensbestand, der sich ausdrückt in einer bestimmten medizinischen Fachsprache, bestimmten wissenschaftlichen Theorien und bestimmten Methoden (Diagnose- und Behandlungsmethoden, die sich auf wissenschaftliche Theorien stützen).
Und dieser Wissensbestand wird in ganz bestimmten Ausbildungsgängen (dem Medizinstudium) tradiert, womit auch der Zugang zur Profession der Mediziner geregelt wird.

(3) Und schließlich ist medizinisches Handeln gekennzeichnet durch die Orientierung an bestimmten moralischen Standards, die sich etwa in dem klassischen "Eid des Hypokrates" ausdrücken.

Vergleicht man die herkömmliche Beratungspraxis in Organisationen etwa mit der Tätigkeit von Medizinern, so wird deutlich, daß Beratung in Organisationen bislang weithin kaum oder wenig professionalisiert ist:

(1) Die Tätigkeit der Beratung ist wenig von anderen Tätigkeiten abgegrenzt. Das zeigt sich vielleicht am deutlichsten in den sehr unterschiedlichen Berater-Rollen, die in der Literatur immer wieder aufgeführt werden: Wenn unter Beratung Rollen zusammengefaßt werden wie Gesprächsförderer, Verhandler, Politiker, technischer Experte, Ratgeber, Lehrer, Zeremonienmeister, Nachrichtenübermittler usw. (Grinell 1990), so wird in solchen und ähnlichen Zusammenstellungen zumindest deutlich, daß es hier eben nicht die besondere Tätigkeit der Beratung gibt, sondern daß hier eine Fülle von unterschiedlichen und zum Teil miteinander schwer verträglichen Tätigkeiten verknüpft werden.

(2) Herkömmliche Beratung ist wenig professionalisiert in dem Sinn, daß sich viele Berater wenig oder kaum auf gesicherte und allgemein verbindliche Wissensbestände einschließlich der entsprechenden Fachsprache und der entsprechenden Methoden stützen. Berater stützen sich auf sehr unterschiedliche Wissensbestände, die zum Teil aus sehr unterschiedlichen Disziplinen (Ingenieurswissenschaften, Betriebswirtschaftslehre, aber auch Psychologie, Pädagogik, Sozialarbeit) stammen, zum großen Teil jedoch auf subjektiv erworbenes Wissen, das aus eigenen praktischen Erfahrungen, vielleicht aus eigenen Fortbildungen und den Erfahrungen in den jeweiligen Beratungsunternehmen stammt - aber es ist bei vielen Beratern damit ein nicht-professionalisiertes Wissen.

(3) Sicher ist Beratung grundsätzlich immer getragen von bestimmten Grundüberzeugungen. Und sicher ist Beratung (wie Organisationsentwicklung überhaupt) ursprünglich auch ausgerichtet auf moralische Standards - die klassische Forderung nach "Humanisierung der Arbeitswelt" als Grundsatz der Organisationsentwicklung ist dafür ein Beispiel. Und trotzdem gilt, daß im Beratungsalltag nur allzu leicht solche Sichtweisen verlorengehen - ein Sachverhalt, den Schein herausgestellt hat, wenn er beklagt, daß die ursprüngliche Philosophie der Organisationsberatung in Gefahr ist, verloren zu gehen (Schein 1990).

Doch es mehren sich Anzeichen, daß eine solche Art unprofessioneller Beratung in der gegenwärtigen Situation nicht ausreicht: Probleme in sozialen Systemen sind so komplex geworden, daß es eben nicht genügt, nur "irgendwie" darüber zu reden. Sondern zu ihrer Lösung ist professionelle Beratungskompetenz erforderlich.

Systemische Organisationsberatung, wie sie hier konzipiert ist, versucht, die Professionalisierung von Beratung in Organisation voranzutreiben:

(1) Beratung ist definiert als eine von anderen Tätigkeiten deutlich abgegrenzte Aufgabe: Damit Beratung erfolgreich ist, muß die Beratungssituation als solche definiert werden. Beratung ist kein Neben- und Ineinander verschiedenster und widersprüchlichster Tätigkeiten, sondern ist abgrenzbar von anderen Handlungen in einer Organisation.

(2) Systemische Organisationsberatung ist gestützt auf ganz bestimmte theoretische Grundlagen (den kognitiven Systembegriff in der Tradition von Bateson) und gekennzeichnet durch bestimmte Verfahren, wie sie in den vorangegangenen Kapiteln dargestellt wurden.

Beratung ist kein irgendwie Miteinander-Reden (als solches ist es im besten Fall wirkungslos, häufig dürfte es eher noch Probleme vergrößern), sondern der entscheidende Punkt liegt in der präzisen Anwendung entsprechender Verfahren. Sicher gibt es an jeder Stelle in einem Beratungsprozeß verschiedene Möglichkeiten, den Prozeß weiterzuführen (man kann z.B. mit dem Meta-Modell nachfragen oder fokussieren oder mit Symbolen arbeiten). Aber entscheidend ist, daß diese Weiterführung methodisch abgesichert erfolgt: Es genügt eben nicht, im Rahmen von Prozeßarbeit lediglich einmal eine Meta-Modell-Frage zu stellen und nach der Antwort des Gesprächspartners wieder im allgemeinen und an der Oberfläche zu bleiben. Es genügt eben nicht, lediglich "im groben" die Schritte einer Skulpturarbeit zu kennen, ohne die im Detail auftretenden Probleme erkennen und beherrschen zu können - was zweifelsohne die Konsequenz hat, daß Beratungskompetenz eben nicht "nebenher" erworben werden kann, sondern der professionellen Ausbildung, der Übung und der Erfahrung bedarf.

(3) Im Unterschied zu einem bloßen Irgendwie-miteinander-Reden sind professionelle Beratungsverfahren keineswegs ungefährlich: Wir verfügen mittlerweile über Fragetechniken, die relativ schnell Probleme aufdecken können, Probleme, die ansonsten (möglicherweise mit gutem Grund) zugedeckt waren. Beratung kann damit durchaus zu einer Gefährdung der psychischen Gesundheit und Stabilität des Gesprächspartners führen.

Das aber bedeutet, daß Beratung überhaupt nur verantwortbar ist, wenn sie mit einer Ethik verbunden ist, d.h. als verantwortliches Handeln auf der Basis moralischer Standards geschieht:

Wenn man sich verschiedene therapeutische Konzepte genauer betrachtet, dann fällt auf, daß bei den Begründern dieser Konzepte in der Regel nicht die Techniken, sondern grundlegende Überlegungen über Menschenbild und zentrale Werte der Beratung im Vordergrund stehen: Von Rogers (1972; 1991) über Perls (1979) und Berne (1970, 1975) zu Cohn (1975) oder Satir (1987) wird (in unterschiedlichen Formulierungen) immer wieder die Autonomie des Menschen und die Achtung vor dem anderen (Rogers spricht hier z.b. von Akzeptanz) als Grundlage von Beratung und Therapie betont (vgl. auch Reiter-Theil 1988).

Und auf der anderen Seite gibt es gerade in der Anwendung therapeutischer Verfahren in der Praxis genügend Beispiele für Probleme, die daraus resultieren, daß bestimmte Techniken von solchen grundlegenden Überzeugungen und von einem solchen Menschenbild getrennt werden:

(1) Die Verbalisierung der Empfindungen des anderen (präzises einfühlendes Verstehen) bei Rogers (z.b. 1977, 20ff.) bzw. Aktives Zuhören bei Gordon (z.B. 1979, 64ff.) als bloße Technik gebraucht (ohne die Akzeptanz des anderen, d.h. ohne die Bereitschaft des Beraters, sich auf den Klienten einzulassen) wird zu einer bloßen Farce, die keineswegs dazu führt, daß sich der Klient weiter öffnen kann.

(2) In der Tradition der Gestalttherapie gibt es eine Reihe von Verfahren, die relativ schnell den Klienten zu tieferen Schichten seiner Persönlichkeit (und möglicherweise dort verdeckten zentralen Problemen) führen, - es sei etwa an die Arbeit mit Symbolen erinnert.

Es gibt eine Reihe von (angeblichen) Beratern, die "irgendwo" solche Verfahren möglicherweise in einem 3-Tage-Seminar einmal gehört haben und nun meinen, sie anwenden zu können - was dann immer wieder dazu führt, daß sie zwar Probleme aufrühren, aber nicht kompetent sind, solche Probleme zu bearbeiten. Oder es gibt Selbsterfahrungsseminare, wo unter dem Anspruch, Blockaden aufzulösen und neue Möglichkeiten zu finden, der alltägliche Rahmen etwa eines Teams durchbrochen wird, ohne daß ein neuer Rahmen geschaffen wird. Wie soll ein Team am Montag wieder miteinander arbeiten, wenn es am Wochenende in einem solchen Selbsterfahrungsseminar "tiefe Erfahrungen" gemacht hat, bei denen z.B. der Abteilungsleiter in der Gruppe weinend zusammengebrochen ist?

Solche Situationen sind sicher kein grundsätzlicher Einwand etwa gegen das Konzept der Gestalttherapie - aber sie sind ein Einwand gegen die naive Anwendung entsprechender Verfahren, bei der es an Kompetenz (Problemsituationen zu bearbeiten) und an Verantwortungsbewußtsein fehlt.

(3) Und schließlich ist in diesem Zusammenhang auch das Neurolinguisti-
sche Programmieren zu erwähnen. Neurolinguistisches Programmieren
legt vom Ansatz her das Schwergewicht auf Verfahren - und ist damit in
Gefahr, Beratung auf Technik zu reduzieren. Das gilt gewiß nicht für
alle, die mit NLP arbeiten (ein Beispiel für verantwortlichen Umgang mit
den entsprechenden Verfahren bietet z.B. Cameron-Bandler: 1992).

Professionalität, so das Ergebnis, hängt also nicht nur von den jeweiligen
Verfahren ab, sondern zugleich von dem "Menschenbild", das Grundlage
der Anwendung dieser Verfahren ist: Im Grunde zieht sich durch unter-
schiedliche therapeutische Konzepte so etwas wie ein gemeinsames
Menschenbild, das auch Grundlage für das hier entwickelte Konzept
Systemischer Organisationsberatung ist:

**(1) Menschen versuchen, in ihren Handlungen etwas "Sinnvolles" zu
tun**
Das ist gleichsam eine Grundannahme, unter der in Beratung und Thera-
pie das Handeln anderer Menschen betrachtet wird: Etwa die (in ihren
Konsequenzen) zerstörende Kritik eines Vorgesetzten letztlich nicht als
Böswilligkeit zu sehen, sondern als ein - allerdings ungeeigneter - Ver-
such, sinnvolle Ziele zu erreichen, z.B. Anerkennung zu bekommen oder
Probleme zu lösen.

**(2) Menschen haben die Möglichkeit, selbst neue Lösungen für ihre
Probleme zu finden**
Das bedeutet, daß Beratung anderen nicht sagen muß, was sie zu tun
haben und was für sie richtig ist, sondern daß die Klienten auch in der
Beratung autonom in ihren Überlegungen und Entscheidungen sind.

Erst unter dieser Perspektive läßt sich absichern, daß Beratung nicht zur
Entmündigung führt, sondern in dem ursprünglichen Verständnis als
"Hilfe zur Selbsthilfe" definiert ist.

Und erst unter dieser Perspektive läßt sich auch die Verantwortlichkeit
einer Beraterin oder eines Beraters genauer bestimmen. In diesem
Zusammenhang hat Crossman schon 1966 drei zentrale Merkmale ver-
antwortlicher Beratung aufgeführt: Beratung muß dem oder den Klienten
gewähren:
- Erlaubnis (permission)

- Schutz (protection)

- Stärke (potency):

**(1) Verantwortlichkeit in der Beratung bedeutet, dem Klienten Erlaubnis zu geben:**

- Gedanken, die er hat, die er aber vielleicht nicht klar oder nicht zu Ende gedacht hat, auszusprechen - auch wenn es negative oder risikoreiche Gedanken sind

- neue Gedanken haben zu dürfen, d.h. eine andere Konstruktion der Wirklichkeit zu erschaffen

- neue Handlungsmöglichkeiten zu überlegen und auszuprobieren.

**(2) Verantwortlichkeit in der Beratung bedeutet, dem Klienten Schutz zu geben:**

Schutz gegenüber Angriffen und Vorwürfen - seien es Angriffe und Vorwürfe von Anwesenden etwa in einer Teamberatung, Angriffe und Vorwürfe von anderen Personen, die der Betreffende aus anderen Situationen kennt, oder vielleicht die eigene Kritik, die er aus der Vergangenheit (von Eltern, aus der Lehrzeit usw.) gelernt hat:

- Der Klient braucht Schutz etwa angesichts der Befürchtung, abgelehnt zu werden, wenn er Gefühle äußert.

- Er braucht Schutz, d.h. die Gewißheit, daß sich der Berater nicht mit einem Gegner verbündet.

**(3) Verantwortlichkeit bedeutet, dem Klienten Sicherheit zu geben:**

D.h. der Klient braucht die Sicherheit, daß die Beraterin oder der Berater die Beratung kompetent und verantwortlich durchführen:

- Er braucht Sicherheit, daß neue Gedanken, ein neuer Referenzrahmen ihn nicht orientierungslos machen werden, sondern daß sich daraus eine neue Orientierung ergibt.

- Er braucht Sicherheit, daß Probleme nicht nur aufgedeckt werden und unbearbeitet liegen bleiben, sondern daß sie kompetent bearbeitet werden.

- Er braucht Sicherheit, daß die Beraterin oder der Berater ihm Schutz gegenüber anderer Gesprächspartner bieten.

Diese Verantwortlichkeit einlösen zu können, setzt jedoch voraus, daß der Berater hier "die Kontrolle über die Definition der Situation" haben muß.

Haley, der in der familientherapeutischen Tradition von Bateson steht, hat nachdrücklich darauf hingewiesen, daß Therapie (und entsprechend Beratung) nur dann überhaupt erfolgreich sein kann, wenn der Berater "die Kontrolle über die Beziehung" behält (vgl. auch Haley 1978, 32f.):

Ein Berater oder eine Beraterin müssen in der Lage sein, die vereinbarte Definition der Situation als Beratung durchzusetzen. D.h. sie müssen verhindern können, daß diese Situation sich unter der Hand etwa in Beschimpfungen, Beschuldigungen und Vorwürfe verändert. Und sie müssen in der Lage sein, durchzusetzen, daß anstelle von Angriffen Wünsche vorgetragen werden, Gemeinsamkeiten und Unterschiede abgesteckt und neue Lösungsmöglichkeiten diskutiert werden.

Damit ist zugleich deutlich, daß Kontrolle über die Beziehung nichts mit willkürlicher Machtausübung zu tun hat, sondern immer Ergebnis eines Kontraktes ist:
In dem Moment, wo ein gemeinsamer Kontrakt über die Definition der Situation als Beratung geschlossen wird, wird damit gleichzeitig vereinbart, daß der Klient für eine begrenzte Zeit (nämlich die Beratung) ein Stück Kontrolle über die Beziehung an die Beraterin oder den Berater abgibt - und er wird diesen Kontrakt nur schließen in der Gewißheit oder im Vertrauen darauf, daß die Beraterin oder der Berater ihm in dieser Phase Schutz und Sicherheit gewährleistet.

Verantwortlichkeit einer Beraterin oder eines Beraters ist aber schließlich auch Verantwortlichkeit gegenüber sich selbst: in der Beratung das zu tun, wozu ich als Beraterin oder Berater persönlich stehen kann und wofür ich kompetent bin - und damit auch Verantwortlichkeit, eigene Grenzen zu akzeptieren.

# Literaturverzeichnis

ACHTERHOLT, G.: Corporate Identity. Wiesbaden (2. Aufl.) 1991.

ACKERKNECHT, L. K.: Individualpsychologische Kinder- und Jugendpsychotherapie. München 1982.

AGAR, M.: The professional strangen. New York 1980.

ALDRICH, H.: Organizations and Environments. Eaglewood Cliffs 1979.

ALVESSON, M./BERG, P. O.: Corporate Culture and Organizational Symbolism. Berlin 1992.

ANDOLFI, M.: Familientherapie. Das systemische Modell und seine Anwendung. Freiburg 1982.

ANSBACHER, H./ROWENA, D. (Hrsg.): Alfred Adlers Individualpsychologie. München (3. Aufl.) 1982.

ANTONS, K.: Praxis der Gruppendynamik. Göttingen 1973.

ARBEITSGRUPPE BIELEFELDER SOZIOLOGEN (Hrsg.) : Alltagswissen, Interaktion und gesellschaftliche Wirklichkeit. (2 Bde.) Reinbek 1973.

ASHBY, R. W.: Einführung in die Kybernetik. Frankfurt 1974.

ATTESLANDER, P.: Methoden der empirischen Sozialforschung. Berlin (6. Aufl.) 1991.

ATTESLANDER, P./KOPP, M.: Befragung. In: ROTH, E. (Hrsg.): Sozialwissenschaftliche Methoden. Wien/ München 1984, S. 144-172.

BACHMAIR, S. u. a.: Beraten will gelernt sein. Weinheim 1982.

BACHMANN, W.: Das neue Lernen. Eine systematische Einführung in das Konzept des Neurolinguistischen Programmierens (NLP). Paderborn 1991.

BALCK, H./KREIBICH, R. (Hrsg.): Evolutionäre Wege in die Zukunft. Weinheim/Basel 1991.

BAMBECK, J. J./WOLTERS, A.: Brain Power. München 1991.

BANDLER, R./GRINDER, J.: Patterns of the Hypnotic Techniques of Milton H. Erickson. Californien Cupertino 1975.

BANDLER, R./GRINDER, J.: Metasprache und Psychotherapie. Die Struktur der Magie I. Paderborn (2. Aufl.) 1984.

BANDLER, R./GRINDER, J.: Reframing: Ein ökologischer Ansatz in der Psychotherapie. Paderborn 1988.

BANG, R.: Hilfe zur Selbsthilfe für Klient und Sozialarbeiter. München 1958.

BANNISTER, D./FRANSELLA, F.: Der Mensch als Forscher. Inquiring Man. Die Psychologie der persönlichen Konstrukte. Münster 1981.

BARTLING, U.: Die Unternehmensberatung als externe Stabstelle des Managements. Frankfurt a.M. 1985.

BATESON G. u.a.: Schizophrenie und Familie. Frankfurt 1977.

BATESON, G.: Ökologie des Geistes. Frankfurt 1981.

BERGMANN, J. R.: Ethnomethodologische Konversationsanalyse. In: SCHRÖDER, P./STEGER, H. (Hrsg.): Dialogforschung. Düsseldorf 1981, S. 9-51.

BERNE, E.: Spiele der Erwachsenen: Psychologie der menschlichen Beziehungen. Reinbek 1970.

BERNE, E.: Was sagen Sie, nachdem Sie "Guten Tag" gesagt haben? München 1975.

BERTALANFFY, L. v.: Das biologische Weltbild. Bern 1949.

BERTALANFFY, L. v.: General System Theory. Foundations, Development, Applications. London/New York 1968.

BERTALANFFY, L. v.: Gesetz oder Zufall: Systemtheorie und Selektion. In: KOESTLER, A./SMYTHIES, J. R. (Hrsg.): Das neue Menschenbild. Die Revolutionierung der Wissenschaften vom Leben. München/ Wien/ Zürich 1970, S. 71- 95.

BERTALANFFY, L. v.: ...Aber vom Menschen wissen wir nichts. Düsseldorf 1970a.

BERTALANFFY, L. v. u.a.: Systemtheorie. Berlin 1972.

BIERACH, A. J.: NLP - Die letzten Geheimnisse der Starverkäufer. Landsberg/Lech (3. Aufl.) 1991.

BIRKENBIHL, M.: Train the Trainer. Landsberg (6. Aufl.) 1985.

BIRKHAN, G.: Narrative Verfahren. In: SARGES, W. (Hrsg.): Management Diagnostik. Göttingen 1990, S. 384-406.

BLEICHER, K.: Das Konzept Integriertes Management. Das St. Gallener Management - Konzept. Frankfurt/New York 1991.

BLEICHER, K. (Hrsg.): Organisation als System. Wiesbaden 1972.

BLUMER, H.: Der methodologische Standort des Symbolischen Interaktionismus. In: ARBEITSGRUPPE BIELEFELDER SOZIOLOGEN (Hrsg.): Alltagswissen, Interaktion und gesellschaftliche Wirklichkeit. (Bd1) Reinbek 1973, S. 80- 146.

BOCK, M.: "Das halbstrukturiert - leitfadenorientierte Tiefeninterview". Theorie und Praxis der Methode am Beispiel von Paarinterviews. In: HOFFMEYER-ZLOTNIK, J. H. P. (Hrsg.): Analyse verbaler Daten. Opladen 1992, S. 90- 109.

BOECKHAUS, F. (Hrsg.): Strategische Familientherapie. Dortmund 1988.

BOMMERT, H.: Grundlagen der Gesprächspsychotherapie: Theorie-Praxis- Forschung. Stuttgart (4. Aufl.) 1987.

BORWICK, I.: Systemische Beratung von Organisationen. In: FATZER, G./ECK, C. D. (Hrsg.): Supervision und Beratung. Köln 1990, S. 343-387.

BOSCOLO, L.u.a.: Familientherapie - Systemtherapie. Das Mailänder Modell. Dortmund 1988.

BRAMBRING, M.: Spezielle Eignungsdiagnostik. In: GOFFMANN, K. J./MICHEL, L. (Hrsg.): Intelligenz und Leistungsdiagnostik. (Vol.2). Göttingen 1983, S. 414-481.

BROWN, M. u. a.: Abriss der Transaktionsanalyse. Frankfurt (2. Aufl.) 1984.

BRUNKHORST, H.: Professionalität, Kollektivitätsorientierung und formale Wertrationalität. In: DEWE, B. u. a. (Hrsg.): Erziehen als Profession. Opladen 1992, S. 49-69.

BRUNNER, E. J./SCHÖNIG, W. (Hrsg.): Theorie und Praxis von Beratung. Pädagogische und psychologische Konzepte. Freiburg i. Br. 1990.

CAMERON-BANDLER, L.: Wieder zusammenfinden: NLP - Neue Wege der Paartherapie. Paderborn 1983.

CAMERON-BANDLER, L.: Wieder zusammenfinden: NLP - Neue Wege der Paartherapie. Paderborn (6. Aufl.) 1992.

CAPRA, F.: Wendezeit. Bausteine für ein neues Weltbild. München/ Bern/ Wien (2. Aufl.) 1985.

CAPRA, F.: Wendezeit. Bausteine für ein neues Weltbild. München/ Bern/ Wien (3. Aufl.) 1988.

CHRIST, H./WEDEKIND, E.: Zur Praxis systemischer Institutionsberatung. In: Zeitschrift für systemische Therapie 6/ 1988, S. 279-287.

CHRISTENSEN, J. F.: Assessment of stress. Environmental, interpersonal and outcome issues. In: MCREYNOLDS, P. (Hrsg.): Advances in Psychological Assessment. (Vol. 5.) 1981, S. 62-123.

COHN, R. C.: Von der Psychoanalyse zur themenzentrierten Interaktion. Stuttgart 1975.

CROLLA- BAGGEN, M. u. a.: Partner- und Familienberatung. Freiburg i.Br. 1978.

CROSSMANN, P.: Permission and Protection. In: Transactional Bulletin 5/ 1966, S. 152-154.

CROTT, H.: Soziale Interaktion und Gruppenprozesse. Stuttgart 1979.

DACHLER, H. P.: Führungslandschaft Schweiz. (Erfahrunegn und Konsequenzen für die Praxis.) In: Unternehmung 4 (1988), S. 297-307.

DANN, H.- D. u. a.: Analyse und Modifikation subjektiver Theorien von Lehrern. Konstanz 1982.

DANN, H.-D.: Variation von Lege-Strukturen zur Wissensrepräsentation. In: SCHEELE, B. (Hrsg.): Struktur-Lege-Verfahren als Dialog-Konsens-Methodik. Ein Zwischenfazit zur Forschungsentwicklung bei der rekonstruktiven Erhebung Subjektiver Theorien. Münster 1992, S. 2-41.

DARWIN, C.: The Origin of Species (1859). Cambridge 1967.

DAUMENLANG, K./FISCHER, U.: Beratung. In: HIERDEIS, H. (Hrsg.): Taschenbuch der Pädagogik. (Teil 1.) Baltmannsweiler 1986, S. 43-48.

DE SHAZER, S.: Wege der erfolgreichen Kurzzeit-Therapie. Stuttgart 1989.

DE SHAZER, S.: Muster familientherapeutischer Kurzzeit-Therapie. Ein öko-systemischer Ansatz. Paderborn 1992.

DEWE, B. u. a. (Hrsg.): Erziehen als Profession. Opladen 1992.

DILTS, R.B.: Die Veränderung von Glaubenssystemen. Paderborn 1993.

DILTS, R.B. u. a.: Strukturen subjektiver Erfahrung. Ihre Erforschung und Veränderung durch NLP. Paderborn (2. Aufl.) 1987.

DOPFER, K.: Causality and Consciousness in Economics: Concepts of Change. In: Journal of Economic Issues 20/ 1986, S. 509-523.

DREIKURS, R./CASSEL, P.: Disziplin ohne Strafe. Ravensburg 1977.

ECK, C. D.: Elemente einer Rahmentheorie der Beratung und Supervision. In: FATZER, G./ECK, C. D. (Hrsg.): Supervision und Beratung. Ein Handbuch. Köln 1990, S. 17-53.

ELFGEN, R./KLAILE, B.: Unternehmensberatung. Angebot, Nachfrage, Zusammenarbeit. Stuttgart 1987.

ELFGEN, R.: Systemische und kognitionstheoretische Perspektiven der Unternehmensberatung. In: HOFMANN, M. (Hrsg.): Theorie und Praxis der Unternehmensberatung. Heidelberg 1991, S. 281-308.

ELLIS, A.: Die Rational- Emotive Therapie: Das innere Selbstgespräch bei seelischen Problemen und seine Veränderung. München 1977.

ELLIS, A.: Training der Gefühle. München 1989.

EMERY, F. E./TRIST, E. L.: The causal texture of organizational environments. In: Human Relations 18/ 1965, S. 21-32.

EXNER, A. u. a.: Unternehmensberatung- systemisch. In: Die Betriebswirtschaft 47/ 1987, S. 265-284.

FARRELLY, F./BRANDSMA, J. M.: Provokative Therapie. Heidelberg/ Berlin 1986.

FATZER, G.: Prozeßberatung als Organisationsberatungsansatz der neunziger Jahre. In: WIMMER, R. (Hrsg.): Organisationsberatung. Wiesbaden 1992, S. 115-127.

FATZER, G./ECK, C. D. (Hrsg.): Supervision und Beratung. Köln 1990.

FISCH, R. u. a.: Strategien der Veränderung. Systemische Kurzzeittherapie. Bern/Stuttgart 1987.

FLICK, U.: Triangulation. In: FLICK, U. u.a.(Hrsg.): Handbuch Qualitative Sozialforschung. München 1991.

FLICK, U. u. a. (Hrsg.): Handbuch Qualitative Sozialforschung. München 1991.

FLIEGEL, S. u. a.: Verhaltenstherapeutische Standardmethoden. München (2.Aufl.) 1989.

FRENCH, J. R. P./RAVEN, B. H.: The bases of social power. In: CARTWRIGHT, D. (Hrsg.): Studies in social power. Ann Arbor 1959, S. 607-623.

FRENCH, W. L./BELL, C. H.: Organisationsentwicklung. Stuttgart (2. Aufl.) 1982.

FREUDENREICH, D./MEYER, U.: Supervision und Beratung mit der Themenzentrierten Interaktion. In: PALLASCH, W. u. a. (Hrsg.): Beratung - Training - Supervision. Weinheim/ München 1992, S. 213-223.

FRIEDRICHS, J.: Methoden der empirischen Sozialforschung. (10. Aufl.) Opladen 1982.

FROMM, M.: Die Sicht der Schüler in der Pädagogik. Untersuchung zur Behandlung der Sicht von Schülern in der pädagogischen Theoriebildung und in der quantitativen und qualitativen empirischen Sozialforschung. Weinheim 1987.

FUCHS, J. (Hrsg.): Das biokybernetische Modell. Unternehmen als Organismen. Wiesbaden 1992.

FÜRSTENAU, P.: Warum braucht der Organisationsberater eine mit der systemischen kompatible ichpsychologisch- psychoanalytische Orientierung? In: WIMMER, R. (Hrsg.): Organisationsberatung. Wiesbaden 1992, S. 43-58.

FUNKE, J.: Wissen über dynamische Systeme: Erwerb, Präsentation und Anwendung. Heidelberg/ Berlin 1992.

GARFINKEL, H./SACKS, H.: Über formale Strukturen praktischer Handlungen. In: WEINGARTEN, E./SACK, F./ SCHENKEIN, J. (Hrsg.): Ethnomethodologie. Beiträge zu einer Soziologie des Alltagshandelns. Frankfurt 1976, S. 130- 176.

GARZ, D./KRAIMER, K. (Hrsg.): Qualitativ - empirische Sozialforschung. Opladen 1991.

GAZZANIGA, M.: Das erkennende Gehirn - Entdeckungen in den Netzwerken des Geistes. Paderborn 1989.

GEBERT, D.: Zur Erarbeitung und Einführung einer neuen Führungskonzeption. Theorie und Empirie. Berlin 1976.

GEBERT, D.: Organisation. In: FLICK, U. u. a.(Hrsg.): Handbuch Qualitative Sozialforschung. München 1991, S. 299-302.

GENDLIN, E.: Focusing. Salzburg 1981.

GERHARDT, U.: Patientenkarrieren. Frankfurt 1986.

GERKEN, G.: Manager...Die Helden des Chaos: Wenn alle Strategien versagen. Düsseldorf/Wien 1992.

GERYBADZE, A.: Innovation, Wettbewerb und Evolution. Eine mikro- und mesoökonomische Untersuchung des Anpassungsprozesses von Herstellern und Anwendern neuer Produzentengüter. Tübingen 1982.

GIESEN, B.: Makrosoziologie. Eine evolutionstheoretische Einführung. Hamburg 1980.

GILLIGAN, S. G.: Therapeutische Trance. Heidelberg 1991.

GLASERSFELD, E. v.: Wissen, Sprache und Wirklichkeit. Braunschweig/Wiesbaden 1987.

GLASL, F.: Konfliktmanagement. Ein Handbuch zur Diagnose und Behandlung von Konflikten für Organisationen und ihre Berater. (2.Aufl.) Stuttgart 1990.

GLASL, F./ LIEVEGOED, B.: Dynamische Unternehmensentwicklung. Stuttgart 1993.

GÖPPNER, H. J.: Hilfe durch Kommunikation in Erziehung, Therapie und Beratung: Ziele und Handlungskriterien. Bad Heilbrunn 1984.

GOFFMAN, E.: Interaktionsrituale. Frankfurt 1971a.

GOFFMAN, E.: Verhalten in sozialen Interaktionen. Strukturen und Regeln der Interaktion im öffentlichen Raum. Gütersloh 1971b.

GOFFMAN, E.: Rahmen-Analyse. Frankfurt 1977.

GOODE, W. J.: Professionen und die Gesellschaft. Die Struktur ihrer Beziehungen. In: LUCKMANN, Th./SPRONDEL, W. M. (Hrsg.): Berufssoziologie. Köln 1972, S. 157-167.

GORDON, D.: Therapeutische Metaphern. Paderborn 1986.

GORDON, T.: Familienkonferenz. Die Lösung von Konflikten zwischen Eltern und Kind. Hamburg 1972.

GORDON, T.: Familienkonferenz. München (3.Aufl.) 1989.

GORDON, T.: Lehrer-Schüler-Konferenz. Wie man Konflikte in der Schule löst. Hamburg 1977.

GORDON, T.: Managerkonferenz: Effektives Führungstraining. Hamburg 1979.

GOTTHARDT- LORENZ, A.: Organisationsberatung. Hilfe und Last für Sozialarbeit. Freiburg i. Br. (2. Aufl.) 1992.

GOULDING, M.M./ GOULDING, R.L.: Neuentscheidung: Ein Modell der Psychotherapie. Stuttgart 1981.

GRAUMANN, C. F.: Eigenschaften als Problem der Persönlichkeitsforschung. In: LERSCH, Ph./THOMAE, H. (Hrsg.): Handbuch der Psychologie. (Bd. 4.) Göttingen 1960, S. 87-154.

GRINDER, J./BANDLER, R.: Therapie in Trance. Stuttgart 1984.

GRINDER, J./BANDLER, R.: Kommunikation und Veränderung. Die Struktur der Magie II. Paderborn (4. Aufl.) 1989.

GRINELL, Sh.: Rollenverhalten in der Supervisions-/ Beratungsbeziehung. In: FATZER, G./ECK, C. (Hrsg.): Supervision und Beratung. Köln 1990, S. 109-113.

GROEBEN, N. u. a.: Forschungsprogramm Subjektive Theorien. Tübingen 1988.

GÜNDEL, J.: Transaktionsanalyse: Was sie kann, wie sie wirkt und wem sie hilft. Mannheim 1990.

GUILFORD, J. P.: Persönlichkeit. Weinheim (6.Aufl.) 1974.

HACKNEY, H./ CORMIER, L. S.: Beratungsstrategien, Beratungsziele. München (3. Aufl.) 1993.

HÄFELE, W.: Systemische Organisationsentwicklung. Frankfurt (2. Aufl.) 1993.

HAFNER, K./REINEKE, R. D.: Beratung und Führung von Organisationen. In: WAGNER, H./REINEKE, R. D. (Hrsg.): Beratung von Organisationen: Philosophien - Konzepte - Entwicklungen. Wiesbaden 1992, S. 29-77.

HAGEHÜLSMANN, U.: Transaktionsanalyse: Wie geht denn das? Paderborn 1992.

HALEY, J.: Gemeinsamer Nenner Interaktion. Strategien der Psychotherapie. München 1978.

HARGENS, J./GRAU, U.: Konstruktivistisch orientierte Supervision-Nutzen und Nützen selbstrückbezüglicher Reflexionen. In: PALLASCH, W. u. a. (Hrsg.): Beratung - Training - Supervision. Weinheim/München 1992, S. 232-240.

HAUPERT, B.: Vom narrativen Interview zur biographischen Typenbildung. In: GARZ, D./KRAIMER, K. (Hrsg.): Qualitativ - empirische Sozialforschung. Opladen 1991, S. 213- 254.

HAYEK, F. A. v.: Freiburger Studien- Gesammelte Aufsätze. Tübingen 1969.

HAYEK, F. A. v.: Die Irrtümer des Konstruktivismus und die Grundlagen legitimer Kritik gesellschaftlicher Gebilde. München 1971.

HEIDEGGER, M.: Sein und Zeit. Tübingen 1976.

HEINEN, E.: Unternehmenskultur. In: Die Betriebswirtschaft 4/ 1986.

HEINEN, E.: Unternehmenskultur. München 1987.

HERINGER, H. J. (Hrsg.): Seminar: Der Regelbegriff in der praktischen Semantik. Frankfurt 1974.

HERMANNS, H.: Narratives Interview. In: FLICK, U. u. a. (Hrsg.): Handbuch Qualitative Sozialforschung. München 1991, S. 182-185.

HERRMANN, T.: Persönlichkeitsmerkmale. Bestimmung und Verwendung in der psychologischen Wissenschaft. Berlin/ Stuttgart/ Köln/ Mainz 1973.

HOFER, M. u. a.: Bedingungen und Konsequenzen individualisierenden Lehrerverhaltens. Abschlußbericht an die DFG. Braunschweig 1982.

HOFFMANN, L.: Grundlagen der Familientherapie. Hamburg (2. Aufl.) 1984.

HOFFMANN, W. H.: Faktoren erfolgreicher Unternehmensberatung. Wiesbaden 1991.

HOFMANN, M. (Hrsg.): Theorie und Praxis der Unternehmensberatung. Heidelberg 1991.

HOPF, C.: Qualitative Interviews in der Sozialforschung. Ein Überblick. In: FLICK, U. u. a. (Hrsg.): Handbuch Qualitative Sozialforschung. München 1991, S. 177- 182.

IRRGANG, B.: Lehrbuch der Evolutionären Erkenntnistheorie. München 1993.

JACKSON, M. C.: Systems methodology for the management sciences. New York/London 1991.

JENSEN, S.: Systemtheorie. Stuttgart 1983.

JÜTTEMANN, G. (Hrsg.): Komparative Kasuistik. Heidelberg 1990.

KAISER, H. J./SEEL, H. J. (Hrsg.): Sozialwissenschaft als Dialog. Weinheim 1981.

KALLMEYER, W./SCHÜTZE, F.: Konversationsanalyse. In: Studium Linguistik 77/ 1976, S. 1-28.

KAMLAH, W.: Philosophische Anthropologie. Sprachkritische Grundlegung und Ethik. Mannheim 1972.

KAMLAH, W./LORENZEN, P.: Logische Propädeutik. Mannheim 1972.

KAMPEN, G.: Handlungstheoretische Persönlichkeitspsychologie. Göttingen 1987.

KANFER F.H. u.a.: Selbstmanagement-Therapie. Ein Lehrbuch für die klinische Praxis. Heidelberg 1991.

KANT, I.: Kritik der reinen Vernunft. Stuttgart 1966.

KEIDEL, W. D.: Rückkopplung in biologischen Systemen. In: KURZROCK, W. (Hrsg.): Systemtheorie. Berlin 1972.

KELLY, G. A.: The psychology of personal constructs. (2 Bde.) New York 1955.

KELLY, G. A.: Die Psychologie der persönlichen Konstrukte. Paderborn 1986.

KEMMERLING, A.: Regeln. In: SPECK, J. (Hrsg.): Handbuch wissenschaftstheoretischer Begriffe. (Bd. 3.) Göttingen 1980, S. 553-555.

KEMPLER, W.: Grundzüge der Gestalt- Familientherapie. Stuttgart (2. Aufl.) 1980.

KIESER, A.: Entstehung und Wandel von Organisationen. Ein evolutionstheoretisches Konzept. In: BAUER, L./ MATIS, H. (Hrsg.): Evolution - Organisation - Management. Beiträge zur Verhaltensforschung. 27, Berlin 1989, S. 161- 190.

KLEIN, J. u. a.: Schwerpunkt- Thema: Coaching. In: Management und Seminar 18/ 1991 (12), S. 31-50.

KÖNIG, E.: In der Systemskulptur werden Führungskräfte und Mitarbeiter Stars. In: Management und Seminar 19/ 1992 (12).

KÖNIG, E.: Handlungstheoretisch orientierte Pädagogik. In: PETERSEN, J./REINERT, G. B. (Hrsg.): Pädagogische Konzeptionen. Donauwörth 1992a, S. 130-145.

KÖNIG, E./VOLMER, G.: Referenztransformation als Prinzip kognitiver Therapien. In: System Familie. 2/ 1989, S. 12-20.

KÖNIGSWIESER, R./LUTZ, C.: Das systemisch- evolutionäre Management. Der neue Horizont für Unternehmer. Wien (2. Aufl.) 1992.

KOMMESCHER, G./Witschi, U.: Die Praxis systemischer Beratung. In: Organisationsentwicklung 11/ 1992 (2), S. 22-43.

KOOPMAN, A.: Transcultural management. London 1991.

KORING, B.: Eine Theorie pädagogischen Handelns. Weinheim 1989.

KOS, M./BIERMANN, E.: Die verzauberte Familie. München 1984.

KREBS, D.: Unternehmensberatung in der Bundesrepublik Deutschland. Bochum 1980.

KRIZ, J.: Chaos und Struktur. Systemtheorie. (Bd 1.) München 1992.

KÜPPERS, B. O.: Wenn das Ganze mehr ist, als die Summe seiner Teile. In: Geo Wissen 5/ 1990, S. 28-31.

KÜPPERS, B. O.: Ordnung aus dem Chaos- Prinzipien der Selbstorganisation und Evolution des Lebens. München 1987.

KRYSTEK, U./ MÜLLER- STEWENS, G.: Frühaufklärung für Unternehmen. Stuttgart 1993.

LA METTRIE, J. O. d.: L'homme machine. Die Maschine Mensch. (übers. und hrsg. von Claudia Becker, Originalausg. 1748) Hamburg 1990.

LAMNEK, S.: Qualitative Sozialforschung. Bd. 1: Methodologie. München 1988.

LAMNEK, S.: Qualitative Sozialforschung. Bd. 2: Methoden und Techniken. München 1989.

LANKTON, C./LANKTON, S.: Geschichten mit Zauberkraft. Die Arbeit mit Metaphern in der Psychotherapie. München 1991.

LASZLO, E. u. a.: Evolutionäres Management. Globale Handlungskonzepte. Fulda 1992.

LAU, C.: Gesellschaftliche Evolution als kollektiver Lernprozeß. Zur allgemeinen Theorie sozio- kultureller Wandlungsprozesse. Berlin 1981.

LIPPITT, R.: Dimensions of the consultants job. In: Journal of Social Issues 15/ 1959.

LIPPITT, G.L./LIPPITT, R.: Der Beratungsprozeß in der Praxis. Untersuchung zur Arbeitsbeziehung zwischen Klient und Berater. In: SIEVERS, B. (Hrsg.): Organisationsentwicklung als Problem. Stuttgart 1977.

LIPPITT, G. L./LIPPITT, R.: Beratung als Prozeß: Was Berater und ihre Kunden wissen sollten. Goch 1984.

LOHAUS, A.: Möglichkeiten individuumzentrierter Datenerhebung. Münster 1983.

LOOSS, W.: Coaching für Manager. Landsberg 1991.

LUDEWIG, K.: Entwicklung eines Verfahrens zur Darstellung von Familienbeziehungen. In: Familiendynamik 8/ 1983, S. 221- 235.

LUHMANN, N.: Zweckbegriff und Systemrationalität. Frankfurt/ Main 1973.

LUHMANN, N.: Soziale Systeme: Grundriß einer allgemeinen Theorie. Frankfurt 1984.

LYNCH, D./KORDIS, P.: Delphin- Strategien. Management- Strategien in chaotischen Systemen. Fulda 1991.

MALIK, F.: Strategie des Managements komplexer Systeme. Ein Beitrag zur Management-Kybernetik evolutionärer Systeme. Stuttgart/ Bern (3. Aufl.) 1989.

MALIK, F.: Elemente einer Theorie des Managements sozialer Systeme. In: BAUER, L./ MATIS, H. (Hrsg.): Evolution - Organisation - Management. Beiträge zur Verhaltensforschung, 27, Berlin 1989a, S. 131-143.

MANDELBROT, B.: Die fraktale Geometrie der Natur. Basel 1987.

MARUYAMA, M.: The second cybernetics: Deviation-amplifying mutual casual processes. In: American Scientist 51/ 1963, S. 164-179.

MARX, W. (Hrsg.): Die Struktur lebendiger Systeme. Zu ihrer wissenschaftlichen und philosophischen Bestimmung. Frankfurt a.M. 1991.

MARX, W./HEJJ, A.: Subjektive Strukturen. Göttingen 1989.

MATURANA, H. R.: Erkennen: Die Organisation und Verkörperung von Wirklichkeit. Braunschweig/Wiesbaden 1982.

MATURANA, H. R.: Erkennen: Die Organisation und Verkörperung von Wirklichkeit. Braunschweig/Wiesbaden 1985.

MAYNTZ, R. (Hrsg.): Bürokratische Organisation. Köln/ Berlin 1968.

MAYRING, P.: Qualitative Inhaltsanalyse. Grundlagen und Techniken. Weinheim (4. Aufl.) 1993.

MAYRING, P.: Einführung in die qualitative Sozialforschung. Eine Anleitung zu qualitativem Denken. München 1990.

MEICHENBAUM, D. W.: Kognitive Verhaltensmodifikation. München 1979.

MERTON, R. K.: Die Eigendynamik gesellschaftlicher Voraussagen. In: TOPITSCH, E. (Hrsg.): Logik der Sozialwissenschaften. Köln/Berlin 1968, S. 144-161.

MEYER, W./PLÖGER, F.: Scheinbar paradoxe Wirkungen von Lob und Tadel auf die wahrgenommene eigene Begabung. In: FILIPP, S. H. (Hrsg.): Selbstkonzeptforschung. Stuttgart 1979, S. 221-235.

MINTZBERG, H.: Power and Organisation Life Cycles. In: Academy of Management Review 9/ 1984, S. 207-224.

MINUCHIN, S.: Familie und Familientherapie. Freiburg i. Br. 1977.

MINUCHIN, S./FISHMAN, H. C.: Praxis der strukturellen Familientherapie. Freiburg i. Br. 1983.

MOLLENHAUER, K.: Das pädagogische Phänomen "Beratung". In: MOLLENHAUER, K./MÜLLER, C. W. (Hrsg.): "Führung" und "Beratung" in pädagogischer Sicht. Heidelberg 1965, S. 25ff.

MUCCHIELLI, R.: Das nicht-direktive Beratungsgespräch. I. Theoretische Einführung. Salzburg (2. Aufl.) 1972.

MÜRI, P.: Chaosmanagement. Die kreative Führungsphilosophie. München 1992.

NERIN, W. F.: Familientherapie in Aktion. Paderborn 1989.

NEUBERGER, O./KOMPA, A.: Wir - die Firma. Der Kult um die Unternehmenskultur. Weinheim 1987.

NEVIS, E. C.: Organisationsberatung. Köln 1988.

NICKEL, H. u. a.: Das klient-zentrierte Beratungsgespräch. In: HELLER, K. (Hrsg.): Handbuch der Bildungsberatung. (Bd.3.) Stuttgart 1976, S. 939-961.

NISSEN, M.: Gruppendiskussion. München 1977.

NÜSE, R. u. a.: Über die Erfindung/en des Radikalen Konstruktivismus. Weinheim 1991.

OESER, E.: Evolution und Management. In: BAUER, L./ MATIS, H. (Hrsg.): Evolution - Organisation - Management. Beiträge zur Verhaltensforschung. 27, Berlin 1989, S. 7-23.

OSWALD, G./MÜLLENSIEFEN, D.: Psycho- soziale Familienberatung. Freiburg i.Br. 1985.

OTTERSBACH, H. G.: Der Professionalisierungsprozeß in der Psychologie. Weinheim/Basel 1980.

PARSONS, T.: Zur Theorie sozialer Systeme. Opladen 1976.

PARSONS, T.: Gesellschaften. Frankfurt 1986.

PASCALE, R. T.: Zen and the art of management. In: Harvard Business Review. März- April 1978.

PENN, P.: Zirkuläres Fragen. In: Familiendynamik. 8/ 1983, S. 198-220.

PERLS, F. S.: Grundlagen der Gestalttherapie. München (2.Aufl.) 1979.

PERLS, F. S. u. a.: Gestalttherapie. Lebensfreude und Persönlichkeitsentfaltung. Stuttgart 1979.

PERROW, C.: Normale Katastrophen. Die unvermeidlichen Risiken der Großtechnik. Berlin/Frankfurt a.M. 1988.

PROBST, G. J. B.: Selbst-Organisation. Ordnungsprozesse in sozialen Systemen aus ganzheitlicher Sicht. Berlin 1987.

PROBST, G. J. B.: Vernetztes Denken - Komplexität im Griff. In: Management Wissen 3/ 1989, S. 120-123.

PROBST, G. J. B.: Soziale Institutionen als selbstorganisierende, entwicklungsfähige Systeme. In: BAUER, L./ MATIS, H. (Hrsg.): Evolution- Organisation- Management. Beiträge zur Verhaltensforschung. 27, Berlin 1989a, S. 145-159.

PROBST, G. J. B./GOMES, P.: Vernetztes Denken. Wiesbaden (2. Aufl.) 1991.

PÜMPIN, C./PRANGE, J.: Management der Unternehmensentwicklung. Phasengerechte Führung und Umgang mit Krisen. Frankfurt/New York 1991.

QUEKELBERGHE, R. v.: Grundlegung und Entwicklung von kognitiven Therapien. In: QUEKELBERGHE, R. v. (Hrsg.): Modelle kognitiver Therapien. München 1979, S. 2-35.

RAHM, D.: Gestaltberatung. Paderborn 1983.

RAPOPORT, A.: Kataklysmische und strategische Konfliktmodelle. In: BÜHL, W. (Hrsg.): Konflikt und Konfliktstrategie. München 1972, S. 264-291.

REITER-THEIL, S.: Autonomie und Gerechtigkeit. Berlin/ Heidelberg/New York 1988.

RIEGAS, V./VETTER, C.: Zur Biologie der Kognition. Frankfurt 1990.

RINGELSTETTER, M.: Auf dem Weg zu einem evolutionären Management - konvergierende Tendenzen in der deutschsprachigen Führungs- bzw. Managementlehre. München 1988.

RÖPKE, J.: Die Strategie der Innovation. Tübingen 1977.

ROGERS, C. R.: Die nicht-direktive Beratung. München 1972.

ROGERS, C. R.: Therapeut und Klient. München 1977.

ROGERS, C. R.: Klientenzentrierte Psychotherapie. In: ROGERS, C. R./SCHMID, P. F. (Hrsg.): Person - zentriert. Mainz 1991, S.185-235.

ROPOHL, G.: Eine Systemtheorie der Technik: Zur Grundlegung der allgemeinen Technologie. München/Wien 1979.

ROSENTHAL, R./JACOBSON, L.: Pygmalion im Unterricht. Basel/ Weinheim 1971.

ROTH, G.: Erkenntnis und Realität: Das reale Gehirn und seine Wirklichkeit. In: SCHMIDT, S. J. (Hrsg.): Der Diskurs des Radikalen Konstruktivismus. Frankfurt 1987, S. 229-255.

RUCH, F. L./ZIMBARDO, P. G.: Lehrbuch der Psychologie. (2. Aufl.) Berlin 1975.

RUSTEMEYER, R.: Praktisch-methodische Schritte der Inhaltsanalyse. Eine Einführung am Beispiel der Analyse von Interviewtexten. Münster 1992.

SALDERN, M. v.: Erziehungswissenschaft und neue Systemtheorie. Berlin 1991.

SATIR, V.: Mit Familien reden. Gesprächsmuster und therapeutische Veränderung. München 1978.

SATIR, V.: Familienbehandlung, Kommunikation und Beziehung in Theorie, Erleben und Therapie. Freiburg (6. Aufl.) 1987.

SATIR, V./BALDWIN, M.: Familientherapie in Aktion. Die Konzepte von Virginia Satir in Theorie und Praxis. Paderborn 1988.

SATIR, V.: Kommunikation - Selbstwert - Kongruenz. Konzepte und Perspektiven familientherapeutischer Praxis. Paderborn 1992.

SATTELBERGER, T.: Lebenszyklusorientierte Personalentwicklung. In: SATTELBERGER, T. (Hrsg.): Innovative Personalentwicklung. Wiesbaden 1991, S. 287-305.

SCHEELE, B. (Hrsg.): Struktur-Lege-Verfahren als Dialog-Konsens-Methodik. Ein Zwischenfazit zur Forschungsentwicklung bei der rekonstruktiven Erhebung Subjektiver Theorien. Münster 1992.

SCHEELE, B./GROEBEN, N.: Dialog-Konsens-Methoden zur Rekonstruktion Subjektiver Theorien. Die Heidelberger Struktur-Lege-Technik (SLT). Tübingen 1988.

SCHEFLEN, A. E.: Körpersprache und soziale Ordnung. Stuttgart 1976.

SCHEIN, E. H.: Process consultation. Addison (Vol.1) 1969.

SCHEIN, E. H.: Organizational culture and leadership. San Francisco 1985.

SCHEIN, E. H.: Process consultation. Addison (Vol.2) 1987.

SCHEIN, E. H.: Organisationsberatung: Wissenschaft, Technologie oder Philosophie. In: FATZER, G./ECK, C. (Hrsg.): Supervision und Beratung. Köln 1990, 409-419.

SCHEIN, E. H.: Organisationsberatung für die neunziger Jahre. In: FATZER, G. (Hrsg.): Organisationsentwicklung für die Zukunft. Köln 1993, S. 405-420.

SCHELLER, R./HEIL, F. E.: Beratung. In: SARGES, W./FRICKE, R. (Hrsg.): Psychologie für die Erwachsenenbildung- Weiterbildung. Göttingen 1986, S. 94-98.

SCHLEIP, W.: Die Zukunft der Unternehmensberatung in Deutschland. In: Rationalisierung 17/1966, S. 107-112.

SCHLEY, W.: Organisationspsychologische Beratung an Schulen - Das Konzept der Systemberatung und Organisationsentwicklung. In: PALLASCH, W. (Hrsg.): Beratung - Training - Supervision. Weinheim/München 1992, S. 161-172.

SCHLIPPE, A. v.: Familientherapie im Überblick. Basiskonzepte, Formen, Anwendungsmöglichkeiten. Paderborn (3. Aufl.) 1984.

SCHMIDT, N.: Die Evolution von Geist und Gesellschaft. Olten 1991.

SCHMIDT, S. J. (Hrsg.): Der Diskurs des Radikalen Konstruktivismus. Frankfurt 1987.

SCHMIDT, S. J. (Hrsg.): Kognition und Gesellschaft. Der Diskurs des Radikalen Konstruktivismus. Frankfurt 1992.

SCHMITZ, C.: Erfolg durch Vielfalt. Zum Nutzen systemischen Denkens und Handelns im Management. In: Managerie. 1. Jahrbuch für systemisches Denken und Handeln im Management. Heidelberg 1992, S. 41-69.

SCHNEIDER, K. (Hrsg.): Familientherapie in der Sicht psychotherapeutischer Schulen. Paderborn 1983.

SCHOBER, H.: Irritation und Bestätigung- die Provokation der systemischen Beratung oder: Wer macht eigentlich die Veränderung? In: HOFMANN, M. (Hrsg.): Theorie und Praxis der Unternehmensberatung. Heidelberg 1991, S. 345-370.

SCHOLZ, C./HOFBAUER, W.: Organisationskultur. Wiesbaden 1990.

SCHREYÖGG, A.: Organisationsberatung in stationären Einrichtungen für Psychotherapie. In: Integrative Therapie 3/ 1991, S. 300-319.

SCHÜTZE, F.: Zur Hervorlockung und Analyse thematisch relevanter Geschichten im Rahmen soziologischer Feldforschung. In: ARBEITS-GRUPPE BIELEFELDER SOZIOLOGEN (Hrsg.): Kommunikative Sozialforschung. München 1976, S. 159-260.

SCHULZ VON THUN, F.: Miteinander reden: Störungen und Klärungen. Reinbek 1981.

SCHUMPETER, J. A.: Theorie der wirtschaftlichen Entwicklung. Berlin (3. Aufl.) 1934.

SCHWARZER, C./POSSE, N.: Beratung. In: WEIDENMANN, B./ KRAPP, A. (Hrsg.): Pädagogische Psychologie. München/ Weinheim 1986.

SCHWEITZER, J./WEBER, G.: Beziehung als Methapher. In: Familiendynamik 7/1982, S. 113-128.

SCHWEMMER, O. (Hrsg.): Vernunft, Handlung und Erfahrung. München 1981.

SEARLE, J. R.: Sprechakte. Ein sprachphilosophischer Essay. Frankfurt 1971.

SEGLER, K.: Die Evolution von Organisationen- Ein evolutionstheoretischer Ansatz zur Erklärung der Entstehung und des Wandels von Organisationen. Frankfurt 1985.

SELVINI-PALAZZOLI, M. u.a.: Hinter den Kulissen der Organisation. Stuttgart 1984.

SELVINI-PALAZZOLI, M. u.a.: Paradoxon und Gegenparadoxon. Ein neues Therapiemodell für die Familie mit schizophrener Störung. Stuttgart 1991.

SEMMEL, M.: Die Unternehmung aus evolutionstheoretischer Sicht. Eine kritische Bestandsaufnahme aktueller evolutionärer Ansätze der Organisations- und Managementlehre. Bern 1984.

SERVATIUS, H. G.: Vom strategischen Management zur evolutionären Führung. Auf dem Weg zu einem ganzheitlichen Denken und Handeln. Stuttgart 1991.

SIEVERS, B./WEIGAND, W.: Rolle und Beratung in Organisationen. In: Organisationsentwicklung 5/ 1986.

STEVENS, J. O.: Die Kunst der Wahrnehmung. München 1975.

STEWART, I.: Transaktionsanalyse in der Beratung. Paderborn 1991.

STEWART, I./JOINES, V.: Die Transaktionsanalyse: eine Einführung in die TA. Freiburg 1990.

STEWART, V. u.a.: Business apllications of repertory grid. London 1981.

STEYRER, J.: Unternehmensberatung- Stand der deutschsprachigen Theorienbildung und empirischen Forschung. In: HOFMANN, M. (Hrsg.): Theorie und Praxis der Unternehmensberatung. Heidelberg 1991.

STIEFEL, R. T./BELZ, O.: Lernen als strategischer Erfolgsfaktor. In: GfK- Jahrbuch der Absatz- und Verbrauchsforschung 1/1987, S. 47-66.

STRUNZ, K.: Das Problem der Persönlichkeitstypen. In: LERSCH, P./THOMAE, H. (Hrsg.): Handbuch der Psychologie. Persönlichkeitsforschung und Persönlichkeitstheorien.( Bd. 4.) Göttingen 1960, S. 155- 221.

SWEENEY, T. J.: Adlerian counseling: a practical approach for a new decade. Muncie 1989.

TAUSCH, R./TAUSCH, A. M.: Erziehungspsychologie. Göttingen (8.Aufl.) 1977.

THOM, N.: Organisationsentwicklung. In: FRESE, E. (Hrsg.): Handwörterbuch der Organisation. Stuttgart (3. Aufl.) 1992, S. 1477-1491.

TITSCHER, S.: Intervention: Zur Theorie und Techniken der Einmischung. In: HOFMANN, M. (Hrsg.): Theorie und Praxis der Unternehmensberatung. Heidelberg 1991, S. 309-343.

TOMM, K.: Das systemische Interview als Intervention: Teil 1. Strategisches Vorgehen als vierte Richtlinie für den Therapeuten. In: System Familie 1/ 1988, S. 145-159.

TÜRK, K.: Grundlagen einer Pathologie der Organisation. Stuttgart 1981.

TURNHEIM, G.: Chaos und Management. Wien 1991.

TYMISTER, H. J. (Hrsg.): Individualpsychologisch- pädagogische Beratung. München 1990.

ULRICH, H.: Die Unternehmung als produktives soziales System. Grundlagen der allgemeinen Unternehmungslehre. Stuttgart/ Bern 1970.

ULRICH, H./PROBST, G. J. B.: Anleitung zum ganzheitlichen Denken und Handeln. Bern/Stuttgart 1988.

VESTER, F.: Unsere Welt - ein vernetztes System. München 1983.

VESTER, F.: Neuland des Denkens - vom technokratischen zum kybernetischen Zeitalter. München 1984.

VESTER, F.: Leitmotiv vernetztes Denken. Für einen besseren Umgang mit der Welt. München (2. Aufl.) 1988.

VOLMER, G.: Autorität und Erziehung. Studien zur Komplementarität in pädagogischen Interaktionen. Weinheim 1990.

WAGNER, H./REINEKE, R. D. (Hrsg.): Beratung von Organisationen. Philosophien- Konzepte- Entwicklungen. Wiesbaden 1992.

WARNECKE, H. J.: Revolution der Unternehmenskultur. Das fraktale Unternehmen. Berlin/ Heidelberg (2. Aufl.) 1993.

WATSON, D.: Behaviorismus. Köln 1968.

WATZLAWICK, P. u.a.: Menschliche Kommunikation. Formen, Störungen, Paradoxien. Bern 1969.

WATZLAWICK, P.: Lösungen: Zur Theorie und Praxis menschlichen Wandels. Bern 1974.

WATZLAWICK, P.: Interaktion. Bern 1980.

WATZLAWICK, P.: Die Möglichkeit des Andersseins. Stuttgart/ Bern/ Wien (2. Aufl.) 1982.

WATZLAWICK, P. u.a.: Menschliche Kommunikation. Formen, Störungen, Paradoxien. Bern (8. Aufl.) 1990.

WATZLAWICK, P./KRIEG, P. (Hrsg.): Das Auge des Betrachters. Beiträge zum Konstruktivismus. München/Zürich 1991.

WEAKLAND, J. H. u. a.: Brief Therapy: Focused Problem Resolution. In: Family Process 13/ 1974, S. 141-168.

WEAKLAND, J. H. u. a.: Kurztherapie. In: TEXTOR, M. R. (Hrsg.): Das Buch der Familientherapie. Eschborn 1984.

WEICK, K. E.: The Social Psychology of Organizins. Reading 1979.

WEIDENMANN, B./KRAPP, A. (Hrsg.): Pädagogische Psychologie. Ein Lehrbuch. München 1986.

WEIDLE, R./WAGNER, A. C.: Die Methode des Lauten Denkens. In: HUBER, G. L./MANDL, H. (Hrsg.): Verbale Daten. Weinheim/Basel 1982, S. 81-83.

WEIGAND, W.: Rolle und Beratung in Organisationen. In: Supervision 7/ 1985, S. 41-61.

WEIGAND, W.: Die Analyse des Auftrags in der Teamsupervision und Organisationsberatung. In: FATZER, G./ ECK, C. D. (Hrsg.): Supervision und Beratung. Köln 1990.

WELLHÖFER, P. R.: Grundstudium Persönlichkeitspsychologie. Stuttgart 1977.

WICKER, A. W.: Nature ans assessment of behavior settings: recent contribution from the ecological perspective. In: MCREYNOLDS, P. (Hrsg.): Advances in Psychological assessment. (Vol. 5.) 1981, S. 22-61.

WIENER, N.: Mensch und Menschmaschine. Kybernetik und Gesellschaft. Frankfurt (4. Aufl.) 1952.

WILLKE, H.: Beobachtung, Beratung und Steuerung von Organisationen in systemtheoretischer Sicht. In: WIMMER, R. (Hrsg.): Organisationsberatung: Neue Wege und Konzepte. Wiesbaden 1992, S. 17-42.

WILTSCHKO, J./KÖHNE, F.: Focusing: Vom dumpfen Gefühl zur klaren Empfindung. In: REDAKTION PSYCHOLOGIE (Hrsg.): Welche Therapie? Thema: Psychotherapie heute. Basel/ Weinheim 1987, S. 133-148.

WIMMER, R.: Organisationsberatung. Eine Wachstumsbranche ohne professionelles Selbstverständnis. In: HOFMANN, M. (Hrsg.): Theorie und Praxis der Unternehmensberatung. Heidelberg 1991, S. 45-136.

WIMMER, R. (Hrsg.): Organisationsberatung. Neue Wege und Konzepte. Wiesbaden 1992.

WIMMER, R./OSWALD, M.: Organisationsberatung im Schulversuch. Möglichkeiten und Grenzen systemischer Beratung in der Institution Schule. In: BREMERICH-VOS, A./BOETTCHER, W. (Hrsg.): Kollegiale Beratung in Schule, Schulaufsicht und Referendarausbildung. Frankfurt 1987, S. 123-176.

WINCH, P.: Die Idee der Sozialwissenschaft und ihr Verhältnis zur Philosophie. Frankfurt 1974.

WITTGENSTEIN, L.: Philosophische Untersuchungen I. Oxford 1968.

WITZEL, A.: Verfahren der qualitativen Sozialforschung. Überblick und Alternativen. Frankfurt 1982.

WOHLGEMUTH, A. C.: Unternehmensberater unter der Lupe. In: Die Unternehmung. 37/ 1983, S. 342-356.

WOHLGEMUTH, A. C.: Das Beratungskonzept der Organisationsentwicklung. Stuttgart 1984.

WUKETIS, F. M.: Evolutionstheorien. Historische Voraussetzungen, Positionen, Kritik. Darmstadt 1988.

WURM, W.: Evolutionäre Kulturwissenschaft. Stuttgart 1991.

ZIMBARDO, P. G.: Psychologie. Berlin (4. Aufl.) 1983.

ZYGOWSKI, H.: Grundlagen psychosozialer Beratung. Opladen 1989.

# Sachregister

Gerda Volmer

# Autorität und Erziehung

*Studien zur Komplementarität in pädagogischen Interaktionen.*
1990. XI, 276 S. Br
DM 54,– / S 421,– / SFr 53,90
(3 89271 237 9)

Die Frage nach Autorität in der Erziehung gehört zu den klassischen Themen der Pädagogik. Während bislang das Thema Autorität ausschließlich im Rahmen der theoretischen Pädagogik abgehandelt wurde, führt diese Arbeit mit einer empirischen Untersuchung einen entscheidenden Schritt weiter, indem Autorität auf der Basis interaktionstheoretischer Ansätze im Anschluß an Watzlawick definiert wird als Dominanz in einer komplementären Interaktion. Daraus ergeben sich dann detaillierte Analysen konkreter Interaktionssituationen in Schule und Kindergarten, in denen untersucht wird, wie Komplementarität etwa zwischen Lehrerin und Schülerin entsteht. Das für die weitere Diskussion zentrale Ergebnis ist, daß Kinder ebenso wie Lehrer oder Erzieher gleichermaßen die Möglichkeit haben, durch konkrete Handlungen auf einer Mikro-Ebene Dominanz in einer Interaktion zu erreichen. Damit wird ein in der pädagogischen Praxis zunehmend bedeutsames Problem auf einem theoretisch und methodologisch weiterführenden Niveau abgehandelt und das zugleich in einer Weise, die sowohl im Blick auf die Theorie als auch im Blick auf die Praxis neue Sichtweisen des Themas Autorität ermöglicht.

# DEUTSCHER STUDIEN VERLAG

Postfach 100154
6940 Weinheim

Preisänderung vorbehalten / DSV_477